H-I-S-T-O-R-Y

历史岂有底稿 II

侯兴国 —————————————————— 著

ZHEJIANG UNIVERSITY PRESS
浙江大学出版社

历史是什么？

历史是什么？是史诗巨篇？是柴米油盐？是黄钟大吕？是葱姜蒜韭？

历史是一块酵母，可以变酸，也可以变甜。

历史是你的父亲，你的母亲，你的爷爷，你的奶奶，你的太爷爷，你的太奶奶，是你之所以为你的基因。

历史是功名利禄，是喜怒哀乐，是七情六欲，是悲欢离合，是没完没了的穿越剧。

历史是李白的一壶酒，是杜甫的一掬泪，是苏轼的月下吟，是柳永的青楼歌。

历史是范仲淹的塞下曲，是辛弃疾的离人泪，是岳武穆的满江红，是李清照的如梦令。

历史是大雪覆压弓刀的单于入关。

历史是一步一回头的昭君出塞。

历史是金戈铁马的气吞万里。

历史是大江东去的一去不返。

……

骂一个历史人物很容易，古往今来，何曾出现过完人？即使骂错了，他们也不会从地底下站出来为自己辩护。

夸一个历史人物很难,原因依旧如此简单——古往今来,你见过无懈可击的完人吗?

我们只能确定的是,很多时候,骂他人的时候其实也是在骂我们自己,肯定别人的时候却并不一定肯定自己。

……

历史复杂吗? 不复杂,只需要一个小小的 U 盘就可以装下。

历史又不简单,有那么多犹抱琵琶半遮面,有那么多帘幕重重无穷数,有那么多泥牛入海,有那么多往事如烟。

历史是一个深宅大院,我们都是偶尔透过门缝看了那么一点点。

……

该遗忘什么? 该记忆什么? 人们都喜欢追问历史。

"七八个星天外,两三点雨山前。旧时茅店社林边,路转溪头忽见。"

不用追问,她就在你身边。

目 录
content

三十功名

辋川别墅《陋室铭》

（为中条山下陋室而作）

别墅虽破，却有鸿儒，庙堂虽高，虾蟹塞道。鼓乐吹笙，夜有弦歌。何如陋巷，檐下听风。过耳鸟相迎，山涧水自生。恍恍间入梦，渺渺处生情，朝来登高望远，夜来把酒临风，风骨一身独立，情怀亘古相承。手足相携相知，友朋情深情重。高堂怡然自得，垂笤妙趣横生。猴王曰：何陋之有？

三十功名

惜哉韩非子

《韩非子》里有这样一段话：

> 子围见孔子于商太宰。孔子出，子围入，请问客。太宰曰："吾
> 已见孔子，则视子犹蚤虱之细者也。吾今见之于君。"子围恐孔子
> 贵于君也，因谓太宰曰："君已见孔子，亦将视子犹蚤虱也。"太宰因
> 弗复见也。[1]

子围引荐孔子给宋国的太宰大人，孔子走后，子围进去问太宰：孔子这人怎么样？意思是我眼光不错吧！太宰说：我见了孔子之后，看你就像看见跳蚤和虱子一样。子围当然不高兴了，想到太宰会把孔子引荐给宋国国君，这不是便宜他孔子了？他因此对太宰说：你要是把孔子引荐给了国君，那么国君看你也像看见跳蚤和虱子一样。果然，听了这番话，太宰打消了引荐孔子给国君的打算。

这段话说的是孔子的遭遇，其实说的也是韩非子的遭遇。

司马迁的《史记》中记载：

> 韩非者，韩之诸公子也。喜刑名法术之学，而其归本于黄老。
> 非为人口吃，不能道说，而善著书。与李斯俱事荀卿，斯自以为不

如非。[2]

韩非子也是名门之后，喜欢"刑名法术之学"，司马迁把法家归于道家学说，这样的分类有点意思，猴王认为儒法其实才是一家，都是非常"入世"的学问。韩非子有点口吃，说话不利索，但是善于写作，著书立说有一套，他和李斯都是荀子的学生，但李斯自认为不如韩非子，从后世评价来看，他的确不如韩非子，起码人品就低韩非子一等。

韩非子和李斯这两位同学的关系有点像康有为和梁启超这对师生的关系。梁启超也是口音很重，但著述很多，当年光绪皇帝召见他时，他普通话(北京官话)太差，君臣之间聊得不是很投机，最后只给了他一个小官做，梁启超很有挫折感，后来苦练普通话，才获得光绪赏识。而康有为不一样，一开始就有经商人的头脑，机灵，善察言观色，深得光绪帝的欢心，所以，在朝廷上比梁启超混得好。后来，康有为因种种原因逐渐被人诟病，梁启超则名满天下，成为文坛和政坛巨擘，师生二人也因政见不同，分道扬镳了。那韩非子和李斯这两位同学关系如何呢？

> 人或传其书至秦。秦王见《孤愤》《五蠹》之书，曰："嗟乎，寡人得见此人与之游，死不恨矣！"李斯曰："此韩非之所著书也。"秦因急攻韩。韩王始不用非，及急，乃遣非使秦。秦王悦之，未信用。李斯、姚贾害之，毁之曰："韩非，韩之诸公子也。今王欲并诸侯，非终为韩不为秦，此人之情也。今王不用，久留而归之，此自遗患也，不如以过法诛之。"秦王以为然，下吏治非。李斯使人遗非药，使自杀。韩非欲自陈，不得见。秦王后悔之，使人赦之，非已死矣。[3]

嬴政读到韩非子的《孤愤》和《五蠹》，大有相见恨晚之感，李斯一看，赶紧说，这是俺同学写的，厉害吧！想着嬴政一定会对他更加信任。你想我有这样厉害的同学，那我当然也不差了。不过，当嬴政想起用韩非子时，却勾起了李斯的小九九：假如秦王用了韩非子，岂不就没我李斯什么事了？李斯嫉妒韩非子之才华，在秦王嬴政面前极力诋毁韩非子,嬴政一时糊涂杀了韩非子。但终其一生,秦始皇推行的都是韩非子的学说。韩非子很可惜,没有出将入相,不过,他的光辉思想却代代相传,对于一个思想家而言,思想传世要比片时的功名重要得多。

说到同窗之间的嫉妒,不免联想到复旦大学的那个投毒案期间,网络上网民流传的那句戏谑言:多谢同学当年不杀之恩。这件事看来从战国时代就有了,嫉妒这两个字就像魔鬼,一个人一旦妒火中烧,就好比染上了毒瘾,到头来损人且不利己,李斯辛辛苦苦地辅佐嬴政成就了霸业,最后却死在宦官赵高手上,也不得善终啊!

韩非子究竟有多厉害,我们可以稍微扒拉扒拉他的思想:

国无常强,无常弱。奉法者强,则国强;奉法者弱,则国弱。[4]

这真是依法治国思想的最早表述,只有最早,没有之一。

故当今之时,能去私曲就公法者,民安而国治;能去私行行公法者,则兵强而敌弱。故审得失有法度之制者,加以群臣之上,则主不可欺以诈伪;审得失有权衡之称者,以听远事,则主不可欺以天下之轻重。今若以誉进能,则臣离上而下比周;若以党举官,则民务交而不求用于法。故官之失能者,其国乱。以誉为赏,以毁为罚也,则好赏恶罚之人,释公行,行私术,比周以相为也。忘主外交,以进其与,则其下所以为上者薄矣。交众与多,外内朋党,虽有大过,其蔽多矣。故忠臣危死于非罪,奸邪之臣安利于无功。忠臣危死而不以其罪,则良臣伏矣;奸邪之臣安利不以功,则奸臣进矣。此亡之本也。[5]

人主者,守法责成以立功者也。闻有吏虽乱而有独善之民,不闻有乱民而有独治之吏,故明主治吏不治民。[6]

摇木者一一摄其叶,则劳而不遍;左右拊其本,而叶遍摇矣。临渊而摇木,鸟惊而高,鱼恐而下。善张网者引其纲,若一一摄万目而后得,则是劳而难;引其纲,而鱼已囊矣。故吏者,民之本、纲者也,故圣人治吏不治民。

救火者,令吏挈壶瓮而走火,则一人之用也;操鞭箠指麾而趣使人,则制万夫。是以圣人不亲细民,明主不躬小事。[7]

依法治国首要在于吏治,要提纲挈领,要抓全局性的大事,不能在小事和细节上纠缠,严吏治宽民治,吏治通则民治行,韩非子的确高屋建瓴,见解不凡。那么,秦朝的吏治到了什么程度呢?据报载,在湖南省龙山县里耶镇境内出土的里耶秦简中竟有明确的公务接待标准:

接待御史卒人,主食粺米半斗,副食菜羹、韭葱,酱四分之一升;接待三级爵位以下和无爵小吏们,粝米一斗,副食菜羹,盐二十二分之二升;政府工作人员15人以上,每10人配1伙夫,每15人配1辆牛车和1个看牛人……[8]

可见法治在秦朝已经达到了很高的境界,韩非子功不可没啊!当然这也与他老同学李斯的大力推行息息相关,只可惜,牛人们往往能独当一面,却不能 teamwork(团队合作)。

韩非子的学说风行千年,"百代皆行秦政治",唯一可惜的是,要是他能担任秦国的宰相就好了,兴许秦朝就不会那么快灭亡,至少李斯不会听信赵高的馊主意逼死了贤明的扶苏而立了昏庸的胡亥,陈胜和吴广也不至于揭竿而起,即使有小规模的反叛,也不至于酿成全国性的崩盘。为什么?"会天大雨,道不通,度已失期。失期,法皆斩"[9],这是陈胜吴广起义的直接原因,迟到了要砍头,这么不近情理的法律绝非专业人士所定,干吗与老百姓过不去呢?须知韩非子法治的核心思想是"治吏不治民","闻有吏虽乱而有独善之民,不闻有乱民而有独治之吏"。

中国漫长的古代文明其实是儒家、法家和墨家共同治理的历史,儒墨法三家早已融汇一体,没有明显的界线。墨子起初也是师从儒家,韩非子也是荀子的学生,道法自然,同出一辙;即使道教的始祖老子,在许多方面也与孔子殊途同归,他骑着青驴,西出函谷关,其实也应验了孔子的一句名言:从心所欲而不逾矩。

注释:

[1] 战国·韩非《韩非子》,说林上。

[2][3] 西汉·司马迁《史记》,卷六十三,老子韩非列传。

[4][5] 战国·韩非《韩非子》,有度。

[6] 战国·韩非《韩非子》,外储说右下,经四。

[7] 战国·韩非《韩非子》,外储说右下,说四。

[8] 李丹《湖南里耶 280 多枚秦简展示古代廉政文化 首现秦朝公务接待、车辆配置标准》,2015 年 4 月 19 日,新华网。

[9] 西汉·司马迁《史记》,陈涉世家。

向墨子致敬

有一个成语曰墨守成规,意思为因循守旧,不思进取。这实在是中国文学史上最大的一桩冤案了,察其本意,意思与上面大相径庭。这个成语来自于《墨子·公输》篇,其中记载了墨子与鲁班在两千多年前的一段 PK 往事:

公输盘为楚造云梯之械,成,将以攻宋。子墨子闻之,起于齐,行十日十夜而至于郢,见公输盘。

公输盘曰:"夫子何命焉为?"子墨子曰:"北方有侮臣,愿借子杀之。"公输盘不说。子墨子曰:"请献十金。"公输盘曰:"吾义固不杀人。"子墨子起,再拜,曰:"请说之。吾从北方闻子为梯,将以攻宋,宋何罪之有?荆国有余于地,而不足于民,杀所不足,而争所有余,不可谓智。宋无罪而攻之,不可谓仁。知而不争,不可谓忠。争而不得,不可谓强。义不杀少而杀众,不可谓知类。"公输盘服。子墨子曰:"然,乎不已乎?"公输盘曰:"不可,吾既已言之王矣。"子墨子曰:"胡不见我于王?"公输盘曰:"诺。"

子墨子见王,曰:"今有人于此,舍其文轩,邻有敝舆,而欲窃之;舍其锦绣,邻有短褐,而欲窃之;舍其粱肉,邻有糠糟,而欲窃之。此为何若人?"王曰:"必为有窃疾矣。"子墨子曰:"荆之地,方五千里,宋之地,方五百里,此犹文轩之与敝舆也;荆有云梦,犀兕麋鹿满之，江汉之鱼鳖鼋鼍为天下富，宋所为无雉兔鲋鱼者也，此犹梁肉之与糠糟也；荆有长松、文梓、楩楠、豫章，宋无长木，此犹锦绣之与短褐也。臣以三事之攻宋也，为与此同类。臣见大王之必伤义而不得。"王曰："善哉！虽然，公输盘为我为云梯，必取宋。"于是见公输盘。子墨子解带为城，以牒为械，公输盘九设攻城之机变，子墨子九距之。公输盘之攻械尽，子墨子之守圉有余。公输盘诎，而曰："吾知所以距子矣，吾不言。"子墨子亦曰："吾知子之所以距我，吾不言。"楚王问其故。子墨子曰："公输子之意，不过欲杀臣。杀臣，宋莫能守，可攻也。然臣之弟子禽滑釐等三百人，已持臣守圉之器，在宋城上而待楚寇矣。虽杀臣，不能绝也。"楚王曰："善哉！吾请无攻宋矣。"

子墨子归，过宋。天雨，庇其闾中，守闾者不内也。故曰："治于神者，众人不知其功；争于明者，众人知之。"[1]

鲁班为楚国造了云梯，楚国得此利器，准备攻打宋国。楚国治于今湖北地带，宋国治于今河南商丘地带，算是邻国。这件事被墨子知道了，墨子当时在齐国，齐国国都在我们今天的山东省淄博市，所以这场战争其实离齐国还是有点距离的。可是，墨子闻之坐不住了，风雨兼程十天十夜奔向楚国，欲全力阻止这场战争，以践行他的"兼爱、非攻"的学说。那时还没有联合国，要是墨子生在当下，一定是联合国秘书长的不二人选。

墨子见到鲁班，劈头盖脸地问了一个问题：你能替我杀个人吗？鲁班说：不能。墨子说：我给你十两金子呢？鲁班说：我不是见钱眼开、见利忘义的人。墨子说：那好，你为什么替楚国造云梯来攻打宋国呢？楚国是大国，宋国是小国寡民，这难道不是强盗行径吗？鲁班心服口服，但又说：我答应楚王了，不能言而无信。墨子说：那好吧，我们一起去见楚王，我来说服他。见到楚王，他晓之以理，楚王自知理亏，但又想要赖，既然云梯已经造好了，不打宋国太可惜了。墨子说：你即使有云梯，也奈何不了宋国，因为我有防御云梯之策，可帮助宋国化险为夷。然后他与鲁班当场来了个"沙盘推演"，最后鲁班败退。墨守成规就是打这里来的，本来是一个多么积极和正面的褒义词，不知从何时起就被"描黑"了，难道就因为墨子姓墨？语言这玩意儿，褒贬完全在一念之间，就看谁拥有话语权了。

墨子拯救了宋国，回齐国途中经过宋国，天降大雨，他想进城去避雨，守城的门卫却不让他进，真是有眼不识泰山啊！墨子真是"活雷锋"，做好事不留名啊！

墨子的"兼爱、非攻、尚贤、尚同、天志、明鬼、非命、非乐、节葬、节用"的学说，说到底还是属于儒家的范畴，如果要我来归类的话，我将墨家归于儒家中的"左派"，他永远偏向弱势的一方。

儒墨之所以在春秋时期是并行不悖的显学，盖因二者都不是纸上谈兵，而是学以致用。孔子有三千弟子和七十二贤人，算是一个"独立团"，这些学生"毕业"后在各个诸侯国任职，形成了一个强大的舆论场，左右着时局。墨子呢，也不示弱，也有自己庞大的组织，这个组织比孔子的组织还要严密，老大名为"矩子"，此处"矩"同"巨"，成员叫墨者，皆短衣草鞋打扮，号令严明，行侠仗义，有点像绿林好汉，不过个个都是有文化、有修养的绿林好汉。

有人说墨者像"斧头帮"，像"黑社会"，打扮的样子倒是有那么点意思，让人不禁想起周星驰《功夫》里的造型。旧上海的"斧头帮"是暗杀大王王亚樵创办的，是一个以锄奸为己任的民间组织，与杜月笙和黄金荣的青帮还是有点区别的。据说王亚樵曾派人上庐山刺杀过蒋介石，结果未遂，蒋介石视其为眼中钉，必欲除之而后快，最终王亚樵还是被戴笠干掉了。这点墨者和斧头帮倒有点相似，都行侠仗义，也都掺和政治。

要说墨者与现在的哪个 NGO（非政府组织）相似，我看非"绿色和平组织"莫属，要不哪天咱也成立一家 NGO，名字都想好了——墨绿，专门致力于发展清洁能源和维护世界和平,立此为据,版权所有,仿冒必究哦!

言归正传,墨子之所以能阻止楚国攻打宋国,当然不仅仅是靠他一张嘴,而是因为他身后有自己强大的组织,这个组织还拥有强大的军械制造能力,所以,楚王不得不三思而后行。而孔子呢,如何维护和平?主要是靠教化,采取循循善诱之法,效果一般;墨子则不然,没有太多废话,路见不平一声吼呀,风风火火闯九州啊!以暴制暴,屡屡得法。

猴王在上一本书里写沈括时,就感叹他早熟的科学精神,深为叹服。而墨子呢,更超前,据说他造出了可飞上天的木飞机,是莱特兄弟的祖师爷啊!春秋战国时代的中国人可真是地球上的一帮牛人,要思想有思想,要动手能力有动手能力,那真称得上是"百花齐放,百家争鸣"的时代。

没有规矩,不成方圆,墨子的心灵手巧不是天生的,他是有理论支撑的。他的几何学说与欧几里得殊途同归,他发明了十进制,发现了杠杆原理,他解释了光影现象,还做了小孔成像的实验,他对声音的传播也有研究。李约瑟在《中国科学技术史》中由衷地赞叹:"墨子关于光学的研究,比我们所知的希腊的为早,印度亦不能比拟。"当代学者杨向奎先生在《墨经数理研究》里说:"墨子在自然学上的成就,决不低于古希腊的科学家和哲学家,甚至高于他们。他个人的成就,就等于整个希腊。"这些话是溢美之词吗?不是,中国代有牛人出,还不仅仅是一个墨子。我们来看看李约瑟在1988年为其《中国科学技术史》中文译本所作的序言:

> 然而现在看来,这种把旋转运动转换成直线运动的机械,公元547年即已存在了。这是《洛阳伽蓝记》的成书年代。该书记载了洛阳寺院中的奇观。关键是一个"簸"字。它指的是由水力驱动的筛粉机。看来,除非把旋转运动转换成直线运动,否则它是无法工作的。因此,现有资料表明,公元6世纪中叶是已经存在这种机械

的最早年代。

再提一下，很多中国学者无疑都了解《农书》中的描述，但却无人意识到这一事实——皮萨内洛的画晚出了一百年。现在我们知道，就这类机械而言，中国人更可能领先了九百年。我举以上两个例子说明，在机械方面，运用比较法是多么重要。它们还只是机械工程上的例子。其他学科如天文学和医学，也能充分证明这一点。

关于中国和中国文化在古代和中世纪科学、技术和医学史上的作用，在过去30年间，经历过一场名副其实的新知识和新理解的爆炸。对中国人来说，这确实应该是一个理所当然值得自豪的巨大的泉源，因为中国人在研究大自然并用以造福人类方面，很早就跻身于全世界先进民族之林了。[2]

向墨子致敬！

注释：

[1]战国·墨子《墨子》，公输。

[2]为卢嘉锡主持翻译出版的《中国科学技术史》全译本而作，李约瑟，1988年5月10日，刘祖慰译，袁翰青、卢嘉锡校。

亦庄亦谐的孔子

子路曰:桓公杀公子纠。召忽死之。管仲不死。曰:未仁乎?子曰:桓公九合诸侯,不以兵车,管仲之力也。如其仁,如其仁。子贡曰:管仲非仁者与? 桓公杀公子纠,不能死,又相之。子曰:管仲相桓公,霸诸侯,一匡天下,民到于今受其赐,微管仲,吾其被发左衽矣。[1]

春秋时,齐襄公无道,鲍叔牙带着公子小白(后来的齐桓公)逃到莒国,管仲和召忽拥立另一个公子纠逃到了鲁国。后来齐襄公死,两位公子争夺齐国王位,小白先回到齐国继承了王位,即为齐桓公。鲁国则拘留了公子纠和他的团队交由齐桓公处置,齐桓公以公子纠图谋叛乱为名杀了他,同时邀请管仲和召忽加入自己的团队。召忽不从而以死相殉,管仲也不从,说有本事你把我囚禁得了。这时,鲍叔牙慧眼识英雄,主动让贤,极力推荐管仲当了齐国的宰相,从而成就了齐桓公的霸业。《韩非子》里也描述了这段史实:

管仲、鲍叔相谓曰:"君乱甚矣,必失国。齐国之诸公子其可辅者,非公子纠,则小白也。与子人事一人焉,先达者相收。"管仲乃从公子纠,鲍叔从小白。国人果弑君。小白先入为君,鲁人拘管仲而效之,鲍叔言而相之。[2]

看来鲍叔牙和管仲本来就是好朋友,大家订了君子协定,各辅佐一位公子,谁先到齐国谁就先称王,最后鲍叔牙赢了,不过,他不仅慧眼识人,而且还高风亮节,主动让贤,成全管仲为宰相,就凭这点他不知甩了李斯多少条街啊!

可是孔子的学生子路据此认为管仲不忠,算不上仁义,孔子说:齐桓公一统天下,九合诸侯,不是靠战争,这都是管仲的功劳啊!这难道不是仁义的行为吗?一连说了两遍,可见他很认可管仲。另一个弟子子贡也质疑:桓公杀了公子纠,他不殉死,却反而当了桓公的宰相,这不能算仁义吧!孔子说:管仲自从担任了齐桓公的宰相,称霸诸侯,匡扶天下,尊王攘夷,人民到现在还享受着他的恩惠,如果没有管仲,今日之域中不知将为何家之天下,估计早就被北方的夷狄占领了,你我可都是披头散发的亡国奴了。

您看,谁说孔子倡导愚忠愚孝?孔子是就事论事、实事求是的千古第一人啊!

> 子路、曾皙、冉有、公西华侍坐。子曰:"以吾一日长乎尔,毋吾以也。居则曰:'不吾知也!'如或知尔,则何以哉?"
>
> 子路率尔而对曰:"千乘之国,摄乎大国之间,加之以师旅,因之以饥馑,由也为之,比及三年,可使有勇,且知方也。"
>
> 夫子哂之。
>
> "求,尔何如?"
>
> 对曰:"方六七十,如五六十,求也为之,比及三年,可使足民。如其礼乐,以俟君子。"
>
> "赤,尔何如?"
>
> 对曰:"非曰能之,愿学焉。宗庙之事,如会同,端章甫,愿为小相焉。"
>
> "点,尔何如?"
>
> 鼓瑟希,铿尔,舍瑟而作,对曰:"异乎三子者之撰。"
>
> 子曰:"何伤乎?亦各言其志也。"

曰:"莫春者,春服既成,冠者五六人,童子六七人,浴乎沂,风乎舞雩,咏而归。"

夫子喟然叹曰:"吾与点也。"

三子者出,曾皙后。曾皙曰:"夫三子者之言何如?"

子曰:"亦各言其志也已矣!"

曰:"夫子何哂由也?"

曰:"为国以礼,其言不让,是故哂之。唯求则非邦也与?安见方六七十,如五六十而非邦也者?唯赤则非邦也与?宗庙会同,非诸侯而何?赤也为之小,孰能为之大?"[3]

孔子和四位弟子聊天,有子路、冉有、公西华和曾皙,孔子说:"不要认为我比你们年长,就不敢在我面前说话,你们平时总说:'没有人理解我呀!'如果有人理解了你们,那么你们打算做什么呢?"

子路爱出风头,性子急,率先回答:"一个拥有一千辆兵车的国家,夹在大国夹缝之间,屡被侵犯,内部又有饥荒,如果让我去治理,也就三年功夫,就可以使其国富民强且人民知书达理。"孔子听了,笑了笑。

孔子又问:"冉有,你有何打算?"冉有回答说:"一个纵横六七十里或者五六十里的国家,如果让我去治理,也就三年,就可以使国富民强。至于知书达理,还需另请高明了。"

孔子又问公西华:"你呢?"公西华比较谦和,回答说:"我不敢说我能够做到,只是愿意学习。在宗庙祭祀的工作中,或者在同别国的会盟中,我愿意穿着礼服,戴着礼帽,做一个小小的赞礼人。"

孔子最后问曾皙:"你有什么想法?"曾皙正在弹琴,略微停顿了一下,然后说:"我的想法与他们三个人不一样。"孔子说:"无伤大雅,每个人志趣都是不同的,说说看。"曾皙说:"我喜欢春天时,穿上华服,约上五六好友,带上六七小孩,在沂水上沐浴,登高望远,在舞雩台上,临风起舞,引吭高歌,乘兴而归。"孔子感叹说:"我和曾皙的想法相同啊!"

子路、冉有、公西华三个人都出去了,曾皙走在了最后。曾皙问:

"先生如何看他们三位的话?"孔子说:"也不过是各自谈谈自己的志向罢了。"曾皙说:"那您为什么笑仲由呢?"孔子说:"治理国家要讲礼让,可是他说话一点也不谦让,所以我笑他。难道冉有所讲的就不是国家吗?哪里见得纵横六七十里或五六十里就不是国家呢?公西华所讲的不是国家吗?有自己的宗庙,有同别国的盟会,这不是诸侯国家又是什么呢?如果公西华只能为诸侯做小事,那谁能为诸侯做大事呢?"

孔子的教学总是启发式和开放式的,谁说他是一位正襟危坐、一本正经的人?显然不是,他也不是一位官迷,虽然后世的儒生皆以"学而优则仕"为人生目标,但孔子却喜欢"浴乎沂,风乎舞雩,咏而归",他其实是一位非常有生活情趣的人。他的看法是对的,一个国家治理的好坏,最终要看她的人民快乐不快乐。

或曰:以德报怨,何如?子曰:何以报德?以直报怨,以德报德。[4]

孔子不只是一位谦谦君子,他也是一位有男子汉气概的人,他说得再清楚不过了,人若犯我,我必犯人,人若敬我,我必敬人。只有软骨头、伪君子或书呆子才"以德报怨"呢。

子曰:莫我知也夫!子贡曰:何为其莫知子也?子曰:不怨天,不尤人,下学而上达,知我者其天乎。[5]

孔子总说:人不知而不愠。可是,不被他人理解终究是一件烦恼的事,对于早在两千五百年以前的他而言,身高八尺,善驾车,使长剑,力大无比,上知天文,下知地理,经天纬地,安邦治国的帅哥一枚,岂是以后的文弱书生和"小鲜肉"们所能相比?有多少人能真正理解他呢?所以,他被误读是一个高概率的事件,知孔子者注定寥寥。

注释：

[1]〔4〕〔5〕《论语》,宪问第十四。

〔2〕战国·韩非《韩非子》,说林下。

〔3〕《论语》,先进篇,侍坐章。

四十要动心

孟子尝曰:我四十而不动心。后进儒生不敢违逆,争相效法,就好比现在一些明星跟着某些大师绝食以为寻到了养生之道一般,美其名曰"辟谷",饿得头昏眼花而终不悔。据说明代大儒王阳明的学生罗近溪据此而修行,差点要了命。看经典,须看看原文,这句话的原文出处为《孟子·公孙丑上》。

公孙丑问曰:"夫子加齐之卿相,得行道焉,虽由此霸王,不异矣。如此,则动心否乎?"

孟子曰:"否,我四十不动心。"

曰:"若是,则夫子过孟贲远矣。"

曰:"是不难,告子先我不动心。"[1]

公孙丑问孟子:"如果您有做卿相的机会,不仅可以实现自己的道德主张,而且可以成就霸业,您会不会心动呢?"

孟子说:"不,我从四十岁以后,就不再动心了。"

公孙丑说:"这么看来,您比大力士孟贲强多了。"

孟子说:"这个不难,告子不动心比我还早呢。"

人家孟子说四十岁以上对功名就不太动心了,古代人四十岁已经是高寿了,后面的人不管这个,也跟着糊里糊涂地"不动心"了。

不动心则心脏不给力,心脏不给力则血脉不畅通,血脉不畅通则气血不足,气血不足则体弱多病,所以,宋明以降,才有"文弱书生"的概念,岂知儒学鼻祖孔夫子教授的六艺中,礼乐射御书数,骑马射箭可是必修课啊!那时的书生可都是文能治国、武能安邦的帅哥,可惜的是,孟子的一句"不动心"便将后世的书生们纷纷拉下马来,变成今天这个样子。

气息奄奄的罗近溪一日幻梦中遇一老者,对话曰:"人之心体出自天常,随物感通,原无定执。"[2]意思是说,人之内心和人之身体都与自然中万物一样,鸢飞戾天,鱼翔浅底,杂花生树,群鸦乱飞,本无定法,何必过度压抑呢?一语惊醒梦中人,罗惊出一身冷汗来,疾病遂无。

告子曾与孟子有一段辩论,告子说:"性犹湍水也,决诸东方则东流,决诸西方则西流。人性之无分于善不善也,犹水之无分于东西也。"[3]他还说:"食色,性也。"[4]至宋明理学,农耕文明到了全盛,就开始拘泥于规矩了,好修心,取法自然,不动心,无妄念,存天理,灭人欲,但不免走火入魔。

最近与友人论及建设生态和低碳城市之事,有一说法,舍弃现代建筑,回归原始之状态,这样碳减排肯定达标。高,实在是高!照此法,那还不如人类直接回到原始社会得了,那样必定蓝天白云,没有任何污染。

遇美女而不动心者,伪;遇美景而不动心者,俗;遇美食而不动心者,弱。万事皆有美,不动心者,自非人,归于草木之列。

注释:

[1]战国·孟子《孟子》,公孙丑上。

[2]清·黄宗羲《明儒学案》,卷三十四,泰州学案三。

[3]语出《孟子》,告子上。告子曰:"性犹湍水也,决诸东方则东流,决诸西方则西流。人性之无分于善不善也,犹水之无分于东西也。"孟子曰:"水信无分于东西,无分于上下乎?人性之善也,犹水之就下也。人无有不善,水无有不下。今夫水,搏而跃之,可使过颡;激而行之,可使在山。是岂水之性哉?其势则然也。人

之可使为不善,其性亦犹是也。"

[4] 语出《孟子》,告子上。告子曰:"食色,性也。仁,内也,非外也。义,外也,非内也。"孔子在《礼记》里曰"饮食男女,人之大欲存焉"。人生不外两件大事——饮食、男女,即生活和性,饮食是生存之本,性乃繁衍之道。

庆父不死,鲁难未已

"庆父不死,鲁难未已。战犯不除,国无宁日。这个真理,难道现在还不明白吗?"这是毛泽东在《南京政府向何处去?》[1]中的一句话,其意直指当时已经下野奉化溪口但依旧操纵南京时局的蒋介石,把老蒋比作祸乱鲁国的庆父。

"庆父不死,鲁难未已",语出《左传·闵公元年》。

> 冬,齐仲孙湫来省难。书曰"仲孙",亦嘉之也。
>
> 仲孙归曰:"不去庆父,鲁难未已。"
>
> 公曰:"若之何而去之?"
>
> 对曰:"难不已,将自毙,君其待之。"
>
> 公曰:"鲁可取乎?"
>
> 对曰:"不可,犹秉周礼。周礼,所以本也。臣闻之,国将亡,本必先颠,而后枝叶从之。鲁不弃周礼,未可动也。君其务宁鲁难而亲之。亲有礼,因重固,间携贰,覆昏乱,霸王之器也。"[2]

猴王粗略翻译如下:

冬季,齐国的仲孙湫前来参加鲁庄公的葬礼,并表示慰问,《春秋》称之为"仲孙",也是赞美他。仲孙回国后向齐桓公汇报说:"如果不除掉庆父,鲁国的灾难将无穷无尽。"齐桓公说:"怎样才能除掉他呢?"仲孙回答说:"祸患无法停止,不过,将会自取灭亡,您就等着瞧吧!"齐桓公说:"我们可以讨伐鲁国吗?"仲孙说:"不行。鲁国还遵守周礼。周礼,乃一国立国的根本。臣听说:'国将亡,如同大树一样,主干倾覆,枝叶必然随之飘落。'鲁国不抛弃周礼,是不能讨伐它的。您应当想办法消弭鲁国的祸患并且亲近它。亲近遵守周礼的国家,依靠政局稳定的国家,离间一盘散沙的国家,灭亡昏聩动乱的国家,这就是称王称霸之道。"

庆父是春秋时鲁庄公(前706—前662)的弟弟,鲁庄公还有另外两个弟弟,一为叔牙,一为季友,其中庆父最有野心,他联合弟弟叔牙并私通他嫂子哀姜欲窃取王位。

面对咄咄逼人的庆父,鲁庄公很担忧他的接班人问题,他有三个儿子,夫人哀姜没有生子,并且听说私通他的弟弟庆父,哀姜的妹妹叔姜生了公子启,姐妹二人是一条心的,启也靠不住,自己最喜欢的妾生了公子般,另一妾生了公子申,他想在般和申之间选择。还好,他的另一位弟弟季友,正直且有担当,全力支持他选择般。这里需要交代一下,其中哀姜和叔姜是齐桓公的女儿,所以鲁国傍在齐国这棵大树下,齐桓公是春秋五霸之一,鲁国自然要看齐国的脸色,鲁庄公是有点吃软饭的意思。

鲁庄公去世后,公子般在叔叔季友的帮助下继承了王位,庆父不甘心,发动政变,联合哀姜杀了公子般并立叔姜的儿子启为王,是为鲁闵公,即使如此,还不满意,又与哀姜一起干掉了鲁闵公,自立为王。哀姜这个女人可真下得了手,启可是她的亲外甥啊!要不说恋爱中的女人智商低呢?

这时,一个关键人物出场了,齐桓公不答应:这公子启怎么说也是我外孙啊!你不能杀了我外孙自立吧?遂派大臣湫到鲁国调查,才有了前面那番对话。

鲁国人民早已忍无可忍了,听说齐国来调查庆父,纷纷揭竿而起,反对庆父。庆父仓皇逃到莒国,鲁国发出"猎狐行动",与莒国谈判,庆父被莒国拘押,在押解回鲁国的途中,他自知罪孽深重,自杀了,哀姜也从邾国被引渡至齐国处死了。齐桓公大义灭亲,这对男女终没有好下场。

庆父当然不是一个人在作乱,他有帮凶,有同伙;有骑墙者,有左右逢源者;有迫于淫威者,有噤若寒蝉者;有事不关己者,有不闻不问者;有表面一套,背后一套者;有明事理者,有糊涂者;当然也有横刀立马,力挽狂澜者。庆父的案例放之四海皆准,东方、西方、国家、企业、组织,皆可对号入座。

中晚唐时,出了一位大宦官,名仇士良,称得上中国最厉害的宦官了。史载,他杀两王、一妃、四宰相,贪酷二十余年,逼得唐文宗向近臣抱怨说:你看看我像不像周赧王和汉献帝,人家是受藩王制约,我是被家奴管制,还比不上人家呢!

> 开成四年,苦风痹,少间,召宰相见延英,退坐思政殿,顾左右曰:"所直学士谓谁?"曰:"周墀也。"召至,帝曰:"自尔所况,朕何如主?"墀再拜曰:"臣不足以知,然天下言陛下尧、舜主也。"帝曰:"所以问,谓与周赧、汉献孰愈?"墀惶骇曰:"陛下之德,成、康、文、景未足比,何自方二主哉?"帝曰:"赧、献受制强臣,今朕受制家奴,自以不及远矣!"因泣下,墀伏地流涕。后不复朝,至大渐云。[3]

仇士良最后告老还乡,寿终正寝,临走时还给继任的太监面授机宜,如何来调教皇帝:

> "诸君善事天子,能听老夫语乎?"众唯唯。士良曰:"天子不可令闲暇,暇必观书,见儒臣,则又纳谏,智深虑远,减玩好,省游幸,吾属恩且薄而权轻矣。为诸君计,莫若殖财货,盛鹰马,日以毬猎声色蛊其心,极侈靡,使悦不知息,则必斥经术,暗外事,万机在我,恩泽权力欲焉往哉?"众再拜。士良杀二王、一妃、四宰相,贪酷二十余年,亦有术自将,恩礼不衰云。[4]

一句话,教帝王不学好。

都说恶有恶报,仇士良是个例外,至少这家伙生前没有被绳之以法。

其实,这是符合常识的。善有善报,恶有恶报,这只是一个高概率的事情,善也有不善报的时候,恶也有不恶报的时候,总是有漏网之鱼。那些作恶的人都希望自己是那条漏网之鱼。不过,这中间的心路历程也不会那么好过,从来不乏以其人之道还治其人之身的人,所以,作恶多端的人都是小心脏每天扑通扑通地乱跳,不胜重负,岂能安生?仇士良虽然安全落地,但那也是唐武宗极力挤兑他的结果,他怎么舍得主动离开长安呢?

> 死之明年,有发其家藏兵数千物,诏削官爵,籍其家。[5]

仇士良死后第二年,被削官爵,抄家,打入佞臣行列,子孙后代可是要受累了。话说回来,仇士良是太监,怎会有后代呢?史载他有子四人,皆是宦官,看来都是攀附的义子罢了。人常讲,做坏事会断子绝孙,他们已经断子绝孙了,当然可以放心大胆地做坏事了。

明朝开国皇帝朱元璋深知汉唐以来的为政之失,留祖训给后代:谨防后宫干政,外戚跋扈,宰相独裁,宦官作乱。前两项有明一代都做得不错,后两项基本上就被束之高阁,明亡恰好就亡在这阉党上。

庆父死后,鲁国的灾难算是平息了。仇士良死了,但唐朝的宦官之祸并没有半点消减,我大唐盛世的后半场可谓是阉人治国,不复阳刚之气了。

注释:

[1]《毛泽东选集》第四卷,文章写于 1949 年 4 月 4 日。

[2]战国·左丘明《左传》,闵公元年。

[3][4][5]北宋·欧阳修等《新唐书》,列传第一百三十二,宦者上。

笑话和寓言

　　父亲曾给我讲过一个真实的笑话：十年动乱中的一个冬天，他去下乡。在他蹲点的那个村庄，午后的阳光很温暖。村里的老头们都喜欢挤在大队前的场子上晒太阳，他推着自行车走过，父亲人缘好，老头们都和他打招呼，孩童们也都跟在他的永久牌自行车后面。这时，大队的广播里开始播新闻，里面的男中音声音浑厚，作义正词严状："林彪披着马列主义的外衣……"一位老头对另一位老头说："你说这人怎么这么不知足？林彪都当了那么大的官，还偷人家列宁的外衣。"另一位老头说："哎！也是，多亏被毛主席发现了，多丢人啊！"

　　近读《韩非子·说林下》，看到一则故事：

　　　　尧以天下让许由，许由逃之，舍于家人，家人藏其皮冠。夫弃天下家人藏其皮冠，是不知许由者也。

　　尧想把天下禅让给许由，许由觉得自己的才能不如舜，不愿意接受便逃走了，投宿在一户老百姓的家里。这家人害怕许由偷他家的皮帽子，就把皮帽子藏了起来。韩非子感慨道：许由舍弃了天下不要，而小老百姓却防备他偷他们家的皮帽，这是因为小老百姓不了解许由啊！

　　汉蔡邕《琴操·河间杂歌·箕山操》中记载：

　　　　（许由）以清节闻于尧。尧大其志，乃遣使以符玺禅为天子。于是许由喟然叹曰："匹夫结志，固如磐石。采山饮河，所以养性，非以求禄位也;放发优游,所以安己不惧,非以贪天下也。"使者还,以状报尧,尧知由不可动,亦已矣。

贪天下和偷外衣,弃天下和藏皮帽,笑话可真不是笑话啊!

《韩非子·说林下》还有一段话:

> 知伯将伐仇由,而道难不通,乃铸大钟遗仇由之君。仇由之君大说,除道将内之。赤章曼枝曰:"不可。此小之所以事大也,而今也大以来,卒必随之,不可内也。"仇由之君不听,遂内之。赤章曼枝因断毂而驱,至于齐,七月而仇由亡矣。

这篇文大意如下:

(晋国)知伯将要讨伐仇由,但是道路难行不通,知伯就铸了一口大钟送给仇由国君。仇由国君非常高兴,准备休整道路以接受它。大臣赤章曼枝说:"不行。一般都是小国讨好大国的,然而现在,他知伯却用大国的身份来给咱们小国送礼。我猜测其中一定有诈,他们的军队一定会尾随着大钟而来,万万不能接受啊。"仇由的国君不听,欣然接受了大钟,赤章曼枝赶快截短了车毂,这样可以提高车速,马不停蹄地离开了仇由国,投奔了齐国,他知道仇由离亡国不远了,果然,七月份,仇由就被晋国所灭。

古往今来,人们很忌讳送礼送钟表,看来果然不太吉利啊!

公元前 9 世纪,古希腊盲人诗人荷马写了一部史诗《伊利亚特》,其中描述了一个"特洛伊木马"(Trojan horse)的故事:

特洛伊王子帕里斯应邀来到希腊斯巴达王麦尼劳斯宫里做客,受到了麦尼劳斯的盛情款待。但是,帕里斯却色胆包天,觊觎麦尼劳斯妻子海伦的美貌,两人也一见倾心,暗中私奔回特洛伊。麦尼劳斯岂能受此大辱?他决定讨伐特洛伊。由于特洛伊早有防备,固若金汤,易守难攻,两国战争延续了 10 年未能分出胜负。最后希腊英雄奥德赛献上锦囊妙计,让迈锡尼士兵故意烧毁营帐,造成仓皇逃跑的假象,并故意在海滩处留下一具巨大的木马,特洛伊人信以为真,以为希腊人知难而退了,就把木马当作战利品拖进了城内,当晚正当特洛伊人为庆祝胜利喝得酩酊大醉时,藏在木马中的希腊勇士悄悄溜出来,打开了城门,放进早已埋伏在城外的希腊军队,里应外合,一夜之间将特洛伊化为了废墟。

知伯送仇由大钟,希腊人送特洛伊人木马,这两件事都发生在公元前数百年,占小便宜吃大亏看来在东西方都有发生。寓言真不是寓言啊!

汉租天下最轻

夜读《齐东野语》,看到"汉租最轻"篇,颇多感触。

> 自井田之法废,赋名日繁,民几不聊生。余尝夷考,在昔独两汉为最轻,非惟后世不可及,虽三代亦所不及焉。自高、惠以来,十五税一。文帝再行赐半租之令,二年、十二年,至十三年,乃尽除而不收。景帝元年,亦尝赐半租,至明年,乃三十而税一,即所谓半租耳。盖先是十五税一,则三十合征其二,今乃止税其一,乃所谓半租之制也。自是之后,守之不易。故光武诏曰:"顷者,师旅未解,故行什一之税。今粮储差积,其令三十税一,如旧制。"是知三十税一,汉家经常之制也。[1]

周密(1232—1298)是宋末元初的著名词人,也是记录野史的爱好者,是个有心人,他的著作包括《齐东野语》《武林旧事》《癸辛杂识》等。人常说高手在民间,此言不虚,野史虽是野史,但是大多数是上乘之作,不仅补正史之不足,而且会让历史立体起来。

周密感叹从秦汉到两宋,汉代的税赋是最轻的。其实,不只是到两宋,整个封建时代,没有比汉代更轻的税赋了。汉代是中国古代最重要的一个王朝,说它开天辟地,一点也不为过,中国几千年的经济政策,版图格局,甚至文化基因,都在汉代定了型,其后的唐宋不过是它的"升级版"而已。

宋朝诗人冯必大有诗云:"亭长何曾识帝王,入关便解约三章。只消一勺清冷水,冷却秦锅百沸汤。"[2]这是表扬汉高祖刘邦,一个小小的科长几曾知道帝王之道呢?可是他却知道入了函谷关后在咸阳约法三章,眼看秦末乱世,无法收拾,他用一瓢冷水就解决问题了。这瓢冷水是什么?于民休息,轻徭薄赋。

有表扬刘邦的,自然就有批评项羽的,谁让他们俩导演了"楚汉争霸"呢?宋代诗人钱舜选有诗云:"项羽天资自不仁,那堪亚父作谋臣。鸿门若遂樽前计,又一商君又一秦。"[3]啥意思?项羽只不过是另一个秦始皇而已,他要是上了台,只不过是秦朝的翻版而已,他是秦王,范增则是另一个商鞅。言外之意,人民还处于水深火热之中,陈胜、吴广还会揭竿造反,反正换汤不换药。中国的儒生好生厉害,眼光够犀利。

周密在文中提到了"井田制",说到底是一种早期的粗糙的"共产主义",大锅饭,生产力比较低下,全靠人力。先秦典籍《榖梁传·宣公十五年》里记述道:"古者三百步为里,名曰井田。井田者,九百亩,公田居一。"土地国有,庶民耕种,先耕完公田,再耕私田,有点像土地联产承包责任制,但是这种制度后来实行不下去了,逐渐被废止,原因很简单,因为铁器和牛耕的出现,生产力的变化带来了生产效率的提升,生产效率的提升冲破了既有的制度藩篱。反观我们时下的土地政策,也需要与时俱进,大规模机械化作业已经大大解放了人力,还需要一家一户的小规模耕种模式吗?

商鞅变法后,土地完全变为了私有,国家机器如何运作?万里长城如何修起来?这就需要征税。征税多少算是合适呢?这可是一个大问题,仁者见仁,智者见智。几千年来,靠天吃饭,民以食为天。税赋过重,则民不聊生,甚至揭竿而起,税赋过轻,则国家机器羸弱,不足以支持维持国家独立的国防力量和日常运行的官僚体系,这是一个两难的命题。高明的执政者无他,唯实事求是,与时俱进;昏庸的执政者也无他,寅吃卯粮,无所作为。

汉高祖刘邦和他儿子汉惠帝刘盈治下的税率只有 1／15，即 6.7％，到汉文帝时，税负减半，变成了 1／30，3.3％，其中还有三个年头完全免税，到他的儿子汉景帝，继续遵照执行。东汉光武帝说：执行低税率是我们汉家的祖制啊！看来"文景之治"绝不是什么空穴来风，完全是一个减税政策催生出来的盛世，正是基于休养生息和轻徭薄赋的国策，在秦末战乱中遭受大破坏的生产力才很快恢复到正常的水平。

> 以武帝南征北伐，东巡西幸，奢靡无度，大司农告竭。当时言利者析秋毫，至于卖爵、更币、算车船、租六畜、告缗、均输、盐铁、榷酤，凡可以佐用者，一孔不遗。独于田租，不敢增益。
>
> 虽至季世，此意未泯。田有灾害，吏趣其租，于定国以是报罢；用度不足，奏请增赋，翟方进以是受责。重之以灾伤免租（始元二，本始三，建始元、元康二，初元元，鸿嘉四）。初郡无税（《食货志》），行军劳苦者给复（高二年），陂、湖、园、池假贫民者勿租赋（初元元年）。又至于即位免，祥瑞免，行幸免（文帝三。武帝元封元、四、五年，永始四，天汉三，宣帝神爵元，元帝初元四），民资不满三万免（平帝元始二年）。而逋租之民，又时贷焉，何与民之多耶！此三代而下，享国所以独久者，盖有以也。[4]

汉代之所以成为中国第一个自夏商周以来延续两百多年的王朝，低税负是其主因之一。不仅税负低，一遇到灾荒，还予以减免，每逢皇帝登基，或遇到祥瑞之事，通通赦免，竟然还有国家贷款制度资助那些欠租的农民，我大汉焉能不兴盛起来？

但是，国家不能总基于低税赋，如此何以厉兵秣马，抵御外侮？如此何以兴修水利，治理河流？如此何以赈济灾民，扶危济困？如此何以给官员阶层发工资，发奖金？汉武帝之前，汉匈战争基本上是以汉王朝败北为结局，汉王朝忍气吞声，息事宁人，到了汉武帝，不想再忍了，但是打仗是要花银子的，不能增加税赋，银子从何而来？

汉武帝有两位理财高手，一位是桑弘羊，给汉武帝出了主意——盐铁专卖和算缗，一位是张汤，给汉武帝也出了主意——告缗。

人不可一日无盐，耕田也须臾离不开铁，此两进项被国家专营，生意当然好了，汉武帝捞了一把，可以去西域买汗血宝马了。

桑弘羊的经济新政不仅于此，他还推出均输、平准的政策，国家变为商人，参与大宗货物的交易，贱买贵卖，调剂余缺，不仅可以平抑物价，同时还增加了财政收入。他还收回了铸币权，统一币制，帝国的经济运行效率大大提高，后来他还推出捐官、酒类专营的法子，为汉武帝又挣了不少银子。

要说更天才的经济政策，非算缗和告缗莫属了。何谓算缗和告缗？缗在汉代是穿铜钱用的绳子，一缗是一千文。这个政策说得通俗点，算缗就是商人自行报税，告缗是对隐匿不报者重罚，并鼓励检举揭发，凡揭发属实者重赏。都说"无商不奸"，谁愿意心甘情愿给国家交税啊！结果，正常的报税和罚没又给汉武帝大赚了一笔，而这一切都是在没有提高农业税的基础上实现的，看来汉武帝是以重农轻商的宏观调控达到了富国强兵的目的。有了这些银子，其后，大汉骑兵在卫青和霍去病的率领下横扫大漠，所向披靡，汉匈战争的天平倒向了汉朝这一端，攻守之势易也。

当然，知识分子会批评汉武帝穷兵黩武、好大喜功、奢靡无度、封禅、巡游、赏赐、败家子等等，但是不当家不知柴米贵，既要北击匈奴，保家卫国，又要与民休息，不增加田赋，不打你们商人的主意，你说还有别的更好的办法吗？不过，汉武帝同志铺张浪费，不遵守"八项规定"，理当受到批评。难能可贵的是汉武帝同志很有自知之明，也有自我批评的精神，在征和四年(前89)下罪己诏，历数自己的不当之处，史家称之为"轮台诏"，连司马光也赞他能知错就改，所以汉朝没有重蹈秦始皇的覆辙。

癸巳，禅石闾，见群臣，上乃言曰："朕即位以来，所为狂悖，使天下愁苦，不可追悔。自今事有伤害百姓，糜费天下者，悉罢之！"[5]

这一段话，《汉书》里并没有，是司马光同志的《资治通鉴》里的，估计是为了教训当时的圣上吧！

当然对于桑弘羊，当时还有更"学术"的批评，就是指责朝廷"与民争利"，为此还举办了一次专门的会议，后人把它叫作"盐铁会议"。不过，《汉书》里对它的记载只有一句话：

> （汉昭帝六年）二月，诏有司问郡国所举贤良、文学民所疾苦。议罢盐、铁、榷酤。[6]

这里的"贤良"和"文学"都是汉昭帝提议让大臣推荐的能人，算是智囊吧，汉朝时还没有科举制度，不过皇帝开始有了秘书。

> （汉昭帝五年）诏曰："朕以眇身获保宗庙，战战栗栗，夙兴夜寐，修古帝王之事，诵《保傅传》《孝经》《论语》《尚书》，未云有明。其令三辅、太常举贤良各二人，郡国文学高第各一人。赐中二千石以下至吏、民爵，各有差。"[7]

这次会议的结果如何？只是废除了酒类专卖（榷酤），其他"涛声依旧"。

桑弘羊是地球上奉行国家资本主义的千古第一人，其后的漫长的历史中，举凡要富国强兵的变法多循桑弘羊的路径，王安石也罢，张居正也罢，亚当·斯密也罢，凯恩斯也罢，要说有所不同只是版本差异而已，时下的经济政策说到底也不过是桑弘羊的3.0或4.0版吧。看看时下的经济学家吵得甚嚣尘上的"国进民退"还是"民进国退"，这"盐铁会议"看来开了近两千年还没有开完啊！

可惜，《史记》和《汉书》里竟都没有给桑弘羊同志列传，不公平啊！猴王有个建议，中国应该设立一个桑弘羊经济学奖，诺贝尔算什么？一个卖炸药的何以能言经济？桑弘羊才实至名归。

重农？重商？重工业？重互联网？重某某某？到哪个山头就唱哪首山歌，世界上没有一成不变和放之四海皆准的税赋政策，变化之妙，存乎一心。

注释：

[1][4] 南宋·周密《齐东野语》，卷一。

[2] 南宋·冯必大《咏史》。

[3] 南宋·钱舜选《项羽》。

[5] 北宋·司马光《资治通鉴》，卷二十二，汉纪十四。

[6][7] 东汉·班固《汉书》，卷七，昭帝纪第七。

霍光,践行民主集中制的第一人

很多年前有部电视剧叫《乌龙闯情关》,搞笑片,但基本情节还是遵循了史实,里面孙耀威扮演汉宣帝刘病已,林心如扮演他娘,曹颖饰演霍光的女儿。刘贺是里面的倒霉蛋,刚刚坐了二十七天皇帝就被废了,扮演者是一位獐头鼠目之辈,不过,有可能是造型师故意为之吧!演员本人并不丑,再说,历史上的刘贺没准还是个大帅哥呢。

废刘贺的具体经过在《汉书·霍光传》里有详细的记载:

> 贺者,武帝孙,昌邑哀王子也。既至,即位,行淫乱。光忧懑,独以问所亲故吏大司农田延年。延年曰:"将军为国柱石,审此人不可,何不建白太后,更选贤而立之?"光曰:"今欲如是,于古尝有此不?"延年曰:"伊尹相殷,废太甲以安宗庙,后世称其忠。将军若能行此,亦汉之伊尹也。"光乃引延年给事中,阴与车骑将军张安世图计,遂召丞相、御史、将军、列侯、中二千石、大夫、博士会议未央宫。光曰:"昌邑王行昏乱,恐危社稷,如何?"群臣皆惊鄂失色,莫敢发言,但唯唯而已。田延年前,离席按剑,曰:"先帝属将军以幼孤,寄将军以天下,以将军忠贤能安刘氏也。今群下鼎沸,社稷将倾,且汉之传谥常为孝者,以长有天下,令宗庙血食也。如令汉家绝祀,将军虽死,何面目见先帝于地下乎?今日之议,不得旋踵。群臣后应者,臣请剑斩之。"光谢曰:"九卿责光是也。天下匈匈不

安,光当受难。"于是议者皆叩头,曰:"万姓之命在于将军,唯大将军令。"

光即与群臣俱见白太后,具陈昌邑王不可以承宗庙状。皇太后乃车驾幸未央承明殿,诏诸禁门毋内昌邑群臣。王入朝太后还,乘辇欲归温室,中黄门宦者各持门扇,王入,门闭,昌邑群臣不得入。王曰:"何为?"大将军跪曰:"有皇太后诏,毋内昌邑群臣。"王曰:"徐之,何乃惊人如是!"光使尽驱出昌邑群臣,置金马门外。车骑将军安世将羽林骑收缚二百余人,皆送廷尉诏狱。令故昭帝侍中中臣侍守王。光敕左右:"谨宿卫,卒有物故自裁,令我负天下,有杀主名。"王尚未自知当废,谓左右:"我故群臣从官安得罪,而大将军尽系之乎?"顷之,有太后诏召王,王闻召,意恐,乃曰:"我安得罪而召我哉!"太后被珠襦,盛服坐武帐中,侍御数百人皆持兵,期门武士陛戟,陈列殿下。群臣以次上殿,召昌邑王伏前听诏。光与群臣连名奏王,尚书令读奏曰:

"丞相臣敞、大司马大将军臣光、车骑将军臣安世、度辽将军臣明友、前将军臣增、后将军臣充国、御史大夫臣谊、宜春侯臣谭、当涂侯臣圣、随桃侯臣昌乐、杜侯臣屠耆堂、太仆臣延年,太常臣昌、大司农臣延年、宗正臣德、少府臣乐成、廷尉臣光、执金吾臣延寿、大鸿胪臣贤、左冯翊臣广明、右扶风臣德、长信少府臣嘉、典属国臣武、京辅都尉臣广汉、司隶校尉臣辟兵、诸吏文学光禄大夫臣迁、臣畸、臣吉、臣赐、臣管、臣胜、臣梁、臣长幸、臣夏侯胜、太中大夫臣德、臣卬昧死言皇太后陛下:臣敞等顿首死罪。天子所以永保宗庙总一海内者,以慈孝、礼谊、赏罚为本。孝昭皇帝早弃天下,亡嗣,臣敞等议,礼曰'为人后者为之子也',昌邑王宜嗣后,遣宗正、大鸿胪、光禄大夫奉节使征昌邑王典丧。服斩缞,亡悲哀之心,废礼谊,居道上不素食,使从官略女子载衣车,内所居传舍。始至谒见,立为皇太子,常私买鸡豚以食。受皇帝信玺、行玺大行前,就次发玺不封。从官更持节，引内昌邑从官驺宰官奴二百余人，常与居禁闼内敖戏。自之符玺取节十六，朝暮临，令从官更持节从。为书曰：'皇帝问侍中君卿：使中御府令高昌奉黄金千斤，赐君卿取十妻。'大行在前殿，发乐府乐器，引内昌邑乐人，击鼓歌吹作俳倡。会下还，上前殿，击钟磬，召内泰壹宗庙乐人辇道牟首，鼓吹歌舞，悉奏众乐。发长安厨三太牢具祠阁室中，祀已，与从官饮啖。驾法驾，皮轩鸾旗，驱驰北宫、桂宫，弄彘斗虎。召皇太后御小马车，使官奴骑乘，游戏掖庭中。与孝昭皇帝宫人蒙等淫乱，诏掖庭令敢泄言要斩。"

太后曰："止！为人臣子当悖乱如是邪！"王离席伏。尚书令复读曰：

"取诸侯王、列侯、二千石绶及墨绶、黄绶以并佩昌邑郎官者免奴。变易节上黄旄以赤。发御府金钱刀剑玉器采缯，赏赐所与游戏者。与从官官奴夜饮，湛沔于酒。诏太官上乘舆食如故。食监奏未释服未可御故食，复诏太官趣具，无关食监。太官不敢具，即使从官出买鸡豚，诏殿门内，以为常。独夜设九宾温室，延见姊夫昌邑关内侯。祖宗庙祠未举，为玺书使使者持节，以三太牢祠昌邑哀王园庙，称嗣子皇帝。受玺以来二十七日，使者旁午，持节诏诸官署征发，凡千一百二十七事。文学光禄大夫夏侯胜等及侍中傅嘉数进谏以过失，使人簿责胜，缚嘉系狱。荒淫迷惑，失帝王礼谊，乱汉制度。臣敞等数进谏，不变更，日以益甚，恐危社稷，天下不安。

"臣敞等谨与博士臣霸、臣隽舍、臣德、臣虞舍、臣射、臣仓议，皆曰：'高皇帝建功业为汉太祖，孝文皇帝慈仁节俭为太宗，今陛下嗣孝昭皇帝后，行淫辟不轨。《诗》云：籍曰未知，亦既抱子。五辟之属，莫大不孝。周襄王不能事母，《春秋》曰天王出居于郑，繇不孝出之，绝之于天下也。宗庙重于君，陛下未见命高庙，不可以承天序,奉祖宗庙,子万姓,当废。'臣请有司御史大夫臣谊、宗正臣德、太常臣昌与太祝以一太牢具,告祠高庙。臣敞等昧死以闻。"

皇太后诏曰:"可。"光令王起拜受诏,王曰:"闻天子有争臣七人,虽亡道不失天下。"光曰:"皇太后诏废,安得天子!"乃即持其手,解脱其玺组,奉上太后,扶王下殿,出金马门,群臣随送。王西面拜,曰:"愚戆不任汉事。"起就乘舆副车。大将军光送至昌邑邸,光谢曰:"王行自绝于天,臣等驽怯,不能杀身报德。臣宁负王,不敢负社稷。愿王自爱,臣长不复见左右。"光涕泣而去。群臣奏言:"古者废放之人屏于远方,不及以政,请徙王贺汉中房陵县。"太后诏归贺昌邑,赐汤沐邑二千户。昌邑群臣坐亡辅导之谊,陷王于恶,光悉诛杀二百余人。出死,号呼市中曰:"当断不断,反受其乱。"[1]

总有人喜欢为古人打抱不平,但猴王以为,废刘贺还是经得住推敲的。这小子据说在位二十七天就干了一千多件坏事,"受玺以来二十七日,使者旁午,持节诏诸官署征发,凡千一百二十七事"。这有点夸张,刘贺即使不睡觉,也干不了这么多件事啊!其实,总结起来无外乎两件:

一、不识时务,一上任就用自己的亲信,不把霍光、张敞这些大佬放在眼里,实在是稚嫩。

二、忘乎所以,大行淫乱,特别是染指先帝的女人,有点作死的节奏,还是稚嫩。

所以,他下台了,不过是和平下台的,这是我要着重强调的,强调三遍也不为过。霍光要废他还是做足了功课,没有太多瑕疵,程序可谓合情、合理、合法,这个决定几乎是所有在京司局级以上官员集体做出的,并报皇太后认可,当众宣布,光明正大,没有刀斧之灾,没有暗箱操作。当时的宰相是张敞,此人很爱老婆,每天早起总喜欢给老婆画眉毛。当年汉武帝取笑他:听说你每天早上给老婆画眉毛。张说:这算啥?闺房内还有比这更厉害的事情,你愿意听吗?汉武帝连忙摆摆手:不听了。

就是这位张敞代表朝廷当庭宣布废了刘贺,理由一箩筐,刘贺虽然被废,但人身安全还是得到了保障,依旧享受国家领导人的待遇,霍光还专门陪着他回到住所,还流了伤心的眼泪,究竟是真情还是应景,这我就不知道了。后来上台的汉宣帝着实也干得不错,汉朝一度中兴,国力日盛。

有人说,刘贺是被暗算了,霍光们暗箱操作。言外之意,刘贺还是很优秀的。问题是,如此优秀怎么能被轻易地废掉?如此优秀,废掉以后岂能苟活?严格说,这是自秦汉以来,中国第一次以和平手段实现了领导人的更替,有点像议会表决弹劾总统的意思,并且成功了,而且没有什么"后遗症"。最能说明结果的就是这位海昏侯刘贺的墓,墓葬规模和陪葬器具表明,这绝对是一位帝王级的坟墓。可见刘贺生前日子过得还不错,霍光包括后来的汉宣帝都没怎么为难他,这小子估计也受此大挫折,长了记性,老实多了,长安不是咱待的地方,还是回到咱这小地方过得自在啊!

倒霉的倒是霍光一家,霍光刚死,汉宣帝就抄了他的家,有点像明朝万历皇帝抄了张居正的家一样,一点面子都不给。霍光兢兢业业几十年,这位霍去病的同父异母弟弟,自十岁起就被哥哥带到了长安,做事不可谓不谨小慎微,但是,管得了自己,管不了亲戚啊!

不过,还是要为霍光点赞,因为在他的身后,比不上他的权臣实在是太多太多了,他真是俺们中国践行民主集中制的优秀代表。

当然刘贺本人音容笑貌及个人素养究竟如何,已然没有确切记载了,当初被霍光们看上,料他也不会差到哪里去,只是离帝王标准还差那么一点。网上看到一位不知名网友的诗句,写得很好,不妨引来做结语:

入睡千年至此终，生时忐忑今犹同。

曾为汉帝应无悔，后作王侯亦有衷。

已惜嫔妃书信渺，仍惊恶役宝淘空。

墓翻非是刘郎意，泪寄长安洒旧宫。

注释：

[1] 东汉·班固《汉书》，卷六十八，霍光金日磾传第三十八。

宁作高贵乡公死,不作汉献帝生

永安三年,逆贼尔朱兆囚庄帝于寺。时太原王位极心骄,功高意侈,与夺任情,臧否肆意。帝怒谓左右曰:"朕宁作高贵乡公死,不作汉献帝生!"九月二十五日,诈言产太子,荣、穆并入朝,庄帝手刃荣于明光殿,穆为伏兵鲁遑所煞。荣世子部落大人亦死焉。荣部下车骑将军尔朱阳都等二十人,随入东华门,亦为伏兵所杀。唯右仆射尔朱世隆素在家,闻荣死,总荣部曲,烧西阳门,奔河桥。至十月一日,隆与荣妻北乡郡长公主至芒山冯王寺为荣追福荐斋。即遣尔朱侯讨伐、尔朱那律归等领胡骑一千,皆白服来至郭下,索太原王尸丧。帝升大夏门望之,遣主书牛法尚谓归等曰:"太原王立功不终,阴图衅逆,王法无亲,已依正刑,罪止荣身,余皆不问。卿等何为不降?官爵如故。"归曰:"臣从太原王来朝陛下,何忽今日枉致无理?臣欲还晋阳,不忍空去,愿得太原王尸丧,生死无恨。"发言雨泪,哀不自胜。群胡恸哭,声振京师。帝闻之,亦为伤怀。遣侍中朱元龙赍铁券与世隆,待之不死,官位如故。世隆谓元龙曰:"太原王功格天地,道济生民,赤心奉国,神明所知。长乐不顾信誓,枉害忠良,今日两行铁字,何足可信?吾为太原王报仇,终不归降!"元龙见世隆呼帝为长乐,知其不款,且以言帝。帝即出库物置城西门外,募敢死之士以讨世隆。一日即得万人。与归等战于郭外,凶势不摧。归等屡涉戎场,便利击刺;京师士众未习军旅,虽皆义勇,力不从心。三日频战,而游魂不息。帝更募人断河桥。

有汉中人李苗为水军,从上流放火烧桥。世隆见桥被焚,遂大剽生民,北上太行。帝遣侍中源子恭、黄门郎杨宽,领步骑三万,镇河内。世隆至高都,立太原太守长广王晔为主,改号曰建明元年。尔朱氏自封王者八人。长广王都晋阳,遣颍川王尔朱兆举兵向京师,子恭军失利,兆自雷陂涉渡,擒庄帝于式乾殿。帝初以黄河奔急,谓兆未得猝济,不意兆不由舟楫,凭流而渡。是日水浅,不没马腹,故及此难。书契所记,未之有也。衔之曰:"昔光武受命,冰桥凝于滹水;昭烈中起,的卢踊于泥沟。皆理合于天,神祇所福,故能功济宇宙,大庇生民。若兆者,蜂目豺声,行穷枭獍,阻兵安忍,贼害君亲,皇灵有知,鉴其凶德!反使孟津由膝,赞其逆心。《易》称天道祸淫,鬼神福谦,以此验之,信为虚说。"时兆营军尚书省,建天子金鼓,庭设漏刻,嫔御妃主,皆拥之于幕。锁帝于寺门楼上。时十二月,帝患寒,随兆乞头巾,兆不与。遂囚帝送晋阳,缢于三级寺。帝临崩礼佛,愿不为国王。又作五言曰:"权去生道促,忧来死路长。怀恨出国门,含悲入鬼乡。隧门一时闭,幽庭岂复光?思鸟吟青松,哀风吹白杨。昔来闻死苦,何言身自当!"至太昌元年冬,始迎梓宫赴京师,葬帝靖陵,所作五言诗即为挽歌词。朝野闻之,莫不悲恸;百姓观者,悉皆掩涕而已。[1]

夜读《洛阳伽蓝记》,读到永宁寺篇,北魏孝庄帝与权臣尔朱荣斗法,不敌,被诛,令人唏嘘。

《洛阳伽蓝记》是由北魏人杨衒之撰写。南北朝时,由于北方的鲜卑拓跋氏尚未被完全汉化,所以,儒家文化并不是主流,相反,佛教日渐风靡,看看北魏政权在大同和洛阳开凿的石窟,佛教之盛可见一斑。另外,寺庙的数量呈几何级数增长,唐朝杜牧曾写过一首诗:"千里莺啼绿映红,水村山郭酒旗风。南朝四百八十寺,多少楼台烟雨中。"虽然说的是南朝,但北朝也一样,那个年代,整个中国就是一个大寺庙,作为北魏的首都洛阳,寺庙之多更是令人咋舌。伽蓝就是寺庙的意思,《洛阳伽蓝记》就是关于洛阳寺庙的传记,作者通过寺庙的兴废来折射国家的盛衰,虽说是野史,却比正史还要准确,与当时郦道元的《水经注》、贾思勰的《齐民要术》齐名,被公认为北朝野史的经典著作。

永安三年是公元 530 年,"永安"是北魏孝庄帝元子攸的年号,元子攸原为长乐王,并不是皇帝的接班人。当时朝廷是胡太后当政,这位太后是一朵奇葩,一直把持朝政胡作非为,他的儿子孝明帝元诩实在受不了了,密令太原王尔朱荣来洛阳帮忙。这本是母子之间的矛盾,闹闹别扭就完了,结果,这位胡太后够狠,直接就毒死了自己的儿子,随便在宗室里找了一位 3 岁的孩子当皇帝。有道是虎毒不食子,这当娘的能对亲生儿子下手,在历史上可真是少见啊! 当年光绪帝与慈禧太后闹别扭,那还是外甥与姨妈之间的矛盾,慈禧最后也只是软禁了光绪并且只是涉嫌毒死了他而已,与这位胡太后相比,真是小巫见大巫。

太原王尔朱荣一看皇帝被毒死了,赶紧抓住这个机会,发兵洛阳,把胡太后逮住直接扔到黄河里淹死了,然后拥立元子攸为帝,并通知先朝遗老遗少来参加新皇帝的登基仪式,来了有三千多人,他趁机把这帮老臣全杀了,一网打尽,史称"河阴之变"。南北朝时期真是一个比狠的年代,没有最狠,只有更狠。

元子攸虽然当上了皇帝,但是身边全是尔朱荣的人,名为皇帝,形同傀儡,别说朝政做不了主,娶媳妇也由不了他,尔朱荣直接把自己的女儿尔朱英娥塞给了他做皇后。这与当年曹操挟持汉献帝以令诸侯一样,尔朱荣取而代之只是时间的问题了。但元子攸是热血青年,不甘心做傀儡皇帝,决心要拼一把。

此时有臣下献计,就说皇后生了太子,然后诏谕尔朱荣及其党羽进宫探视,这样不容易起疑心,你想女儿生了儿子,当爹的能不来吗?

元子攸依计而行,尔朱荣果然中计,屁颠屁颠地进了宫。元子攸亲自动手杀了尔朱荣。尔朱荣也是一世枭雄,其军事才能也能排到古代军事家前几十名,他料想元子攸这小子已是瓮中之鳖,弄不出什么大动静来,没想到如此刚烈,要怪只怪自己轻敌啊!

尔朱荣虽被剪除,但是他的势力依旧强大,并没有受到实质性的削弱。在随后的冲突中,没有一兵一卒的元子攸虽自掏腰包募集市民做拼死抵抗,但还是寡不敌众,兵败被俘后被囚禁在洛阳永宁寺,后来又被押解到太原,太原是尔朱荣的老巢和发迹地。就这样,一位颇想有所作为的年轻皇帝最后被缢死于三级寺,时年仅24岁,临死前,他写了一首五言诗:

　　　　　权去生道促,忧来死路长。

　　　　　怀恨出国门,含悲入鬼乡。

　　　　　隧门一时闭,幽庭岂复光?

　　　　　思鸟吟青松,哀风吹白杨。

　　　　　昔来闻死苦,何言身自当!

　　元子攸不愿像汉献帝那样贪生怕死,匍匐于曹操的羽翼之下,他以飞蛾投火的决绝犹做困兽之斗,虽然步了高贵乡公的后尘,失败了,但失败得轰轰烈烈,是条汉子。

　　那么,高贵乡公是谁呢?

　　高贵乡公本名曹髦,是曹操的重孙子,你也许对他很陌生,但是你一定不会陌生于下面这句话:"司马昭之心,路人皆知。"这正是曹髦的名言。

　　曹髦和元子攸一样,原本只是一个王爷,按照正常程序是没有机会当皇帝的,元子攸是因为尔朱荣才当上了皇帝,曹髦也一样。司马师废了齐王曹芳,然后把曹髦推为皇帝,不过,曹髦不愧是曹操的优良血脉,与司马昭费尽全力一拼,虽死犹荣。

　　中国历史上皇帝有四百多位,有千年才出一位的从草根到帝王的刘邦和朱元璋,有中兴明主刘彻、李世民、李隆基、朱棣、雍正等等,有中规中矩者,有平庸无能者,有荒淫无度者,如果说谁最有血性,我看非元子攸和曹髦莫属。

注释:

[1] 北魏·杨衒之《洛阳伽蓝记》,卷一,城内。

昭君出塞和文姬归汉

出塞

柔美的夕阳

挂在远山

晚霞暧昧

与大地做最后的缠绵

妩媚的月牙

爬上残垣

一点星光

与夕阳惜别

群山遥看

层层叠叠

总是执手相见

却从未彼此温暖

总是从同一股岩浆而来

却从未相爱

听

风过耳

出塞的昭君来了

看

胡马驶过

折断了南归的飞雁

翻过千年的雪山

翻不过千年的思念

忘掉千年的恩怨

忘不掉如花的容颜

出塞,出塞

与其说是为了下一站

不如说

美丽的草原

你就是我的终点

车过雁门关,猴王诗兴勃发。

夏日的黄昏,雁门关口,层层叠叠的远山,雾气弥漫,夕阳耷拉着脑袋趴在山头,好似一个淘气孩子的红扑扑的脸,四野寂静,耳边只有呼呼的风声和汽车引擎发出的闷闷的声音。当车进入隧道,耳畔突然响起了马蹄和铃铛的响声,说来称奇,高速公路上怎会有马蹄和铃铛的响声呢?

猴王想起了昭君出塞,两千多年前,王昭君就是经由雁门关远嫁匈奴的,这一路,估计走了很长时间。这位美貌得让塞北的大雁都忘了振翅而跌落下来的江南美女,真的如史书记载的那样心甘情愿地远嫁异国他乡?

还记得西晋的那个暴发户石崇吗?与太子党斗富输了家产还赔上

了美女绿珠的那位土豪,别忘了人家也是一位文艺青年,笔下写王昭君写得是如此百转千回,难怪那位绿珠姑娘要为他殉情,敢情人家也是一位大才子啊! 这世间真是没有无缘无故的爱啊!

王明君辞
石 崇

我本汉家子,将适单于庭。

辞诀未及终,前驱已抗旌。

仆御涕流离,辕马为悲鸣。

哀郁伤五内,泣泪沾朱缨。

行行日已远,遂造匈奴城。

延我于穹庐,加我阏氏名。

殊类非所安,虽贵非所荣。

父子见凌辱,对之惭且惊。

杀身良不易,默默以苟生。

苟生亦何聊,积思常愤盈。

愿假飞鸿翼,弃之以遐征。

飞鸿不我顾,伫立以屏营。

昔为匣中玉,今为粪上英。

朝华不足欢,甘与秋草并。

传语后世人,远嫁难为情。

好一个"昔为匣中玉,今为粪上英",好一个"传语后世人,远嫁难为情",古往今来,很多文人墨客都对王昭君持同情态度,比如杜甫就曾有《咏怀古迹》一首:"群山万壑赴荆门,生长明妃尚有村。一去紫台连朔漠,独留青冢向黄昏。画图省识春风面,环佩空归月夜魂。千载琵琶作胡语,分明怨恨曲中论。"好像王昭君去塞外一万个不愿意似的。

男人怎能读懂女人的心呢?

《后汉书》记载：

> 昭君字嫱，南郡人也。初，元帝时，以良家子选入掖庭。时，呼韩邪来朝，帝敕以宫女五人赐之。昭君入宫数岁，不得见御，积悲怨，乃请掖庭令求行。呼韩邪临辞大会，帝召五女以示之。昭君丰容靓饰，光明汉宫，顾景裴回，竦动左右。帝见大惊，意欲留之，然难于失信，遂与匈奴。生二子。及呼韩邪死，其前阏氏子代立，欲妻之，昭君上书求归，成帝敕令从胡俗，遂复为后单于阏氏焉。[1]

《西京杂记》也有记载：

> 元帝后宫既多，不得常见，乃使画工图形，案图召幸之。诸宫人皆赂画工，多者十万，少者亦不减五万。独王嫱不肯，遂不得见。匈奴入朝，求美人为阏氏，于是上案图，以昭君行。及去，召见，貌为后宫第一，善应对，举止闲雅。帝悔之，而名籍已定，帝重信于外国，故不复更人。乃穷案其事，画工皆弃市，籍其家，资皆巨万。画工有杜陵毛延寿，为人形，丑好老少，必得其真。安陵陈敞，新丰刘白、龚宽，并工为牛马飞鸟众势，人形好丑，不逮延寿。下杜阳望，亦善画，尤善布色。樊育亦善布色。同日弃市。京师画工，于是差稀。[2]

《后汉书》乃正史，官方承认王昭君是自请外嫁的，你信吗？反正我是百分之一百信的，"昭君入宫数岁，不得见御，积悲怨，乃请掖庭令求行"。王昭君被选入后宫几年，得不到汉元帝的宠幸，很郁闷，觉得这么干等不是办法，虽然每天锦衣玉食，却和守活寡没啥区别，眼见后宫倾轧，潜规则当道，哪一天当朝帝王驾崩了，万一被陪葬也未可知，汉武帝时就有勾弋夫人的前车之鉴。汉武帝快死时，考虑到"子幼母壮"，所以"杀其母而立其子"，假如汉元帝将死，会不会也心血来潮，把未宠幸的女人们一并带走？一切皆有可能。所以，王昭君必须做出决断，与其做一只笼里的金丝雀，不如飞到窗外那无尽的春色里。虽说呼韩邪单于是胡人,那也是匈奴男人中的翘楚,按时下的流行语,是匈奴女人眼里的"男神",为什么不去勇敢地试一试呢?

王昭君当年果真如此想的?不得而知,不过,事后诸葛亮来论,符合逻辑。汉元帝刘奭体弱多病,虽琴棋书画样样精通,但身子骨太稀松了。《西京杂记》是野史,添加了一些戏剧元素,画工毛延寿因王昭君不肯贿赂于他,故意把她画得很丑,所以,害得昭君一直得不到汉元帝的宠幸。我看未必是真,史家为帝王遮掩,编了一个冠冕堂皇的理由罢了,当时的汉元帝估计就是个性冷淡。《汉书·史丹传》上说:"建昭之后,元帝被疾,不亲政事,留好音乐。"建昭元年是公元前38年,汉元帝死于竟宁元年(前33),王昭君什么时候入的宫?正是建昭元年。有个叫张博的外戚写信给刘奭的弟弟淮阳王刘钦说"陛下春秋未满四十,发齿堕落",不满四十岁的壮小伙竟如六七十岁的老头一般,可苦了这后宫春秋正盛的三千佳丽。元帝当政的最后三年,估计怨妇早就被充满掖庭后宫了,以王昭君的聪明,她不会觉察不到,所以,王昭君决定远嫁匈奴绝非一时心血来潮,与其盼望被糟老头临幸,不如投入草原"男神"的怀抱,做一回真正的女人。王昭君出塞,胡汉之间相安无事半个多世纪,是偶然吗?就凭一位弱女子?唯一说得过去的解释是:王昭君非普通女子也,她绝对是一位有头脑、有想法的奇女子。

霜天晓角·塞门桂月

吴淑贞

塞门桂月,蔡琰琴心切。弹到筘声悲处,千万恨、不能雪。

愁绝。泪还北,更与胡儿别。一片关山怀抱,如何对、别人说。

这阕宋词提到了另一位远嫁匈奴的女子,名蔡文姬(蔡琰),在王昭君之后大约200年,这位女子与王昭君相比,可要悲惨多了。

东汉末年,董卓作乱,荼毒中原,涂炭百姓,匈奴趁机南侵,蔡文姬被掳至大漠,虽然嫁给了南匈奴的左贤王[3],但似乎非正娶。其时,汉匈两个民族势不两立,哪像汉元帝时汉匈两家亲如兄弟,这分明是抢亲,哪里是和亲啊!

曹操在建安十一年(206)用高额赎金把蔡文姬赎了回来[4]。曹操的动机是什么?就因为蔡文姬是老朋友蔡邕的女儿?可是当时蔡邕早已经去世15年,难道就没有一点男女之间那种私情的推动?曹操也是一个文艺青年,文艺青年之间难免会起点波澜。

蔡文姬在匈奴那边已经生了两个儿子,虽然回到了故土,却失去了亲生骨肉,真是"断舍离"啊!所以,"泪还北,更与胡儿别"。你听蔡文姬创作的《胡笳十八拍》,焉能不生悲?

《全宋词》对本词的小注曰:"右听水云弹胡笳十八拍因而有作","宋旧宫人赠汪水云南还词"。词人吴淑贞也是在宋亡后被掳至大漠的宫女,当听到汪水云弹奏蔡文姬的《胡笳十八拍》时,她内心深处那块最柔软的地方被触动。试想在那改朝换代的动荡年月,人权被践踏一地,如蔡文姬和吴淑贞这样的女人不知有成百上千,她们二人还算幸运,还有话语权,其余的都如草木一般,早已经零落成泥,好像压根儿就没有来过这世界。

蔡文姬归汉后,曹操并没有娶她,估计是曹操要面子,不肯忘掉蔡文姬北嫁匈奴的那段经历,也许是还有其他不得而知的原因吧,反正曹操把她许配给了大臣董祀。史书并无记载两人有无子嗣,只是记载了有一次董祀犯了错,文姬去曹操那里求情,曹操看在文姬的面子上饶了他,看来曹操还是很在乎文姬的。

与文姬归汉相比,昭君出塞还是幸运的,至少她带有一定的主动性,明媒正娶,而不是被迫远嫁。另外,她所处的汉元帝时期,正是历史上少有的汉强胡弱的时期,元帝的高祖父汉武帝和父亲汉宣帝打造的帝国如日中天,无往而不胜,"明犯强汉者,虽远必诛"[5],历史上喊出如此霸气口号的朝代能有几个?娘家人厉害,王昭君在塞外日子过得怎样也就可想而知了,她被封为宁胡阏氏就能说明问题,在匈奴这也应该是女人所能享受的最高待遇了吧。试想,要是我是呼韩邪单于,娶了汉朝的第一美女,那还不把她当宝贝养着?至于蔡文姬在匈奴那边的名分,史书里并无记载,想必也不会尊贵到哪里去。

女人要幸福,一要有个强大的娘家,二要有个强大的自我,勇敢地往前冲,冲了不一定幸福,不冲则绝对不幸福,为什么要剩下来呢?

注释:

[1] 南朝·范晔《后汉书》,卷八十九,南匈奴列传第七十九。

[2] 东晋·葛洪《西京杂记》。一说托名汉刘歆作。卷二,画工弃市。

[3] 南朝·范晔《后汉书》,列女传:兴平中,天下丧乱,文姬为胡骑所获,没于南匈奴左贤王,在胡中十二年,生二子。

[4] 南朝·范晔《后汉书》,列女传:曹操素与邕善,痛其无嗣,乃遣使者以金璧赎之,而重嫁于祀。

[5] 东汉·班固《汉书》,陈汤传:于是延寿、汤上疏(汉元帝)曰:"臣闻天下之大义,当混为一,昔有唐、虞,今有强汉。匈奴呼韩邪单于已称北藩,唯郅支单于叛逆,未伏其辜,大夏之西,以为强汉不能臣也。郅支单于惨毒行于民,大恶通于天。臣延寿、臣汤将义兵,行天诛,赖陛下神灵,阴阳并应,天气精明,陷陈克敌,斩郅支首及名王以下。宜县头槁街蛮夷邸间,以示万里,明犯强汉者,虽远必诛。"

金缕衣和晚唐姑息

劝君莫惜金缕衣,劝君惜取少年时。

花开堪折直须折,莫待无花空折枝。

春日的早上,儿子在阳台朗诵《金缕衣》,这首诗是《唐诗三百首》中的最后一首,作者是杜秋娘,与那个怒沉百宝箱的杜十娘没有半毛钱关系。杜秋娘有人说是唐朝中期金陵人,有人说是润州人,即当今镇江的辖区,这些都不重要。搞历史的有两类人,一类是搞基础性发掘工作,一类是基于这些底稿说三道四,猴王属于后一类。

话说这元和十年(815)仲夏日,唐朝长安的大明宫中,宫灯迷离,万籁俱寂,唐宪宗李纯久久不能入睡,在堂前踟蹰不已,是何烦心事让他如此坐卧不宁?

《资治通鉴》记载:

> (元和十年)六月,癸卯,天未明,元衡入朝,出所居靖安坊东门。有贼自暗中突出射之,从者皆散走,贼执元衡马行十余步而杀之,取其颅骨而去。又入通化坊击裴度,伤其首,坠沟中,度毡帽厚,得不死。傔人王义自后抱贼大呼,贼断义臂而去。京城大骇,于是诏宰相出入,加金吾骑士张弦露刃以卫之,所过坊门呵索甚严。朝士未晓不敢出门。上或御殿久之,班犹未齐。[1]

这段话是什么意思?粗略翻译一下:这年的六月三日,天还未亮,大唐的宰相武元衡上朝。刚刚出了他住的小区靖安坊的东门,刺客在暗中射灭了灯笼,随从吓得四散而去,刺客牵着他的马前行了十几步一剑刺死了他,取了头颅而去。又一批刺客在通化坊刺杀武元衡的副手裴度,伤其头,推入沟中,幸好裴度戴着厚毡帽,幸免于难。要特别点赞的是他的仆人王义,抱住刺客呼救,刺客砍断了王义的胳膊后方才逃走。此事一出,京城笼罩在一片恐怖气氛之中,唐宪宗采取了保护措施,宰相出入都加派特警护卫,加强小区的排查和管控,即使如此,大臣们天不亮还是不敢出门,以至于皇上早早都到了,大臣们还是迟迟未来。

武元衡的曾祖父是武则天的堂兄,可谓出身显赫,他号称唐朝第一美男子,诗书俱佳,风流倜傥,和唐朝第一才女薛涛的情史可谓是当时"娱记"们茶余饭后津津乐道的谈资。裴度是中唐时期最有名和最能干的宰相,号称"天下无二裴",是猴王的河东籍老乡(山西运城市闻喜县裴柏村人)。这正副宰相被刺,非同小可,唐宪宗当然寝食难安。但为什么刺客竟敢如此胆大妄为? 公然在首都撒野,所为者何?

这要从中唐的局势细细道来,唐朝自唐玄宗之后,面临两大难题:一是藩镇割据,一是宦官专权。藩镇的长官自行世袭罔替,自行收税,自行任免官吏,自行指挥军队,藩镇俨然一个个独立王国,唐王朝的中央机构成了名义上的领导,中央权威不再,帝王指挥不了藩镇。为了巩固仅剩的权力,帝王不得不倚重身边人,身边都是些什么人? 要么嫔妃,要么太监,所以与太监结盟。皇帝因此有了另一个噩梦,一旦太监反叛,就一点退路都没有了。中唐和晚唐,皇上的废立基本都是由太监操控的,唐宪宗也不例外。

他的父亲唐顺宗曾有心改变太监专权,发动"永贞革新",结果失败了,倚重的革新派"二王八司马"被悉数赶出了朝廷。哪"二王"? 哪"八司马"? "二王"指王伾、王叔文,一个善书法,一个善下棋,都是顺宗当太子时的心腹;"八司马"指韦执谊、韩泰、陈谏、柳宗元、刘禹锡、韩晔、凌准、程异,他们被贬为州司马,故名"八司马",其中有位列"唐宋八大家"的柳宗元和刘禹锡,可见阵容之华丽。不过,变革仅仅持续了146天,可见这种"百日维新"不是清末才有的事,历史上这种冲动很多,但是因为有两位大文豪的参与,在历史上显得格外耀眼。

变革失败了,皇帝的宝座也坐不稳了,光绪皇帝"百日维新"失败后被困瀛台,唐顺宗呢?只做了八个月的皇帝就被太监逼迫着禅让给了他的儿子唐宪宗李纯,史称"永贞内禅"。

有了前车之鉴,唐宪宗对宦官就不敢动啥念头了,不过他很想做一番大事,不甘于成为一个窝囊的皇帝,那么,出路何在?唯有削藩。

削藩起初很顺利,小的藩镇削起来很爽,但到后来就越来越难。从元和八年到元和十年,对淮西军阀吴元济的讨伐已经进入了第三个年头,前线战事胶着,毫无进展,唐宪宗的策略是以藩治藩,中央军只是督阵而已,这与蒋介石江西剿共策略一致,效果可想而知。各个藩镇各怀心思,并不齐心协力,与其说是剿匪,不如说是养匪,互通款曲,勾搭连环,吴元济毫发无损,甚至势力有所壮大,唐宪宗能不忧心忡忡?在这节骨眼上,京师竟发生恐怖袭击,两大力主削藩的股肱之臣一死一伤,这可如何是好?

这时,杜秋娘出现了,扭着娉娉婷婷的小蛮腰抚琴唱道:"劝君莫惜金缕衣,劝君惜取少年时。花开堪折直须折,莫待无花空折枝。"这歌声不啻夏夜里的一股清风,令唐宪宗焦虑的思绪有所抚平,是啊,人生苦短,要惜取少年时啊!此时不大干一场,更待何时?他立马振作起来,决意将削藩进行到底。

杜秋娘,本是浙江节度使李锜的妾,也是一位官太太,唐宪宗刚当政时,李锜假惺惺地说要来长安朝觐,结果迟迟不肯出发,意为试探宪宗的底牌,宪宗不含糊,派人催促他,李锜还是不肯出发,这不是自找不自在嘛!宪宗伐之,李锜被诛,杜秋娘就成了宪宗的后宫佳丽之一,这首《金缕衣》本是为李锜所作,没想到一语成谶,这朵花被人家李纯给摘了。

说到这位李锜，还有一位妾，郑氏，后来也被唐宪宗临幸，生下一个男孩，这位男孩可了不得，就是后来开创"大中之治"（847—859）的唐宣宗，人称"小太宗"的李忱。

过了几日，好消息传来，裴度苏醒过来，宪宗感到更加振奋了，拜之为相。裴度力主一鼓作气，把削藩进行到底。裴度不愧是中唐时期最能干的宰相，在位二十余年，培养了一大批能臣，其中就有一位大文豪韩愈，还有一位在削藩中起了关键作用的大将军李愬。他的出马彻底改变了削藩的被动局面，为"元和中兴"留下了浓墨重彩的一笔。

中学课文里有一篇文章，《李愬雪夜入蔡州》，描述了李愬带领三千敢死队雪夜奔袭蔡州，生擒叛军吴元济的经过。

> 辛未，李愬命马步都虞候、随州刺史史旻留镇文城，命李祐、李忠义帅突将三千为前驱，自与监军将三千人为中军，命李进诚将三千人殿其后。军出，不知所之；愬曰："但东行！"行六十里，夜，至张柴村，尽杀其戍卒及烽子。据其栅，命士少休，食干糒，整羁靮，留义成军五百人镇之，以断洄曲及诸道桥梁，复夜引兵出门；诸将请所之，愬曰："入蔡州取吴元济！"诸将皆失色。监军哭曰："果落李祐奸计！"时大风雪，旌旗裂，人马冻死者相望。天阴黑，自张柴村以东道路，皆官军所未尝行，人人自以为必死；然畏愬，莫敢违。夜半，雪愈甚，行七十里，至州城；近城有鹅鸭池，愬令击之以混军声。

> 自吴少诚拒命，官军不至蔡州城下三十余年，故蔡人不为备。壬申，四鼓，愬至城下，无一人知者。李祐、李忠义钁其城，为坎以先登，壮士从之；守门卒方熟寐，尽杀之，而留击柝者，使击柝如故。遂开门纳众，及里城，亦然，城中皆不之觉。鸡鸣，雪止，愬入居元济外宅。或告元济曰："官军至矣！"元济尚寝，笑曰："俘囚为盗耳！晓当尽戮之。"又有告者曰："城陷矣！"元济曰："此必洄曲子弟就吾求寒衣也。"起，听于廷，闻愬军号令曰："常侍传语。"应者近万人。

元济始惧,曰:"何等常侍,能至于此!"乃帅左右登牙城拒战。

时董重质拥精兵万余人据洄曲。愬曰:"元济所望者,重质之救耳!"乃访重质家,厚抚之,遣其子传道持书谕重质;重质遂单骑诣愬降。

愬遣李进诚攻牙城,毁其外门,得甲库,取器械。癸酉,复攻之,烧其南门,民争负薪刍助之,城上矢如猬毛。晡时,门坏,元济于城上请罪,进诚梯而下之。甲戌,愬以槛车送元济诣京师,且告于裴度。是日,申、光二州及诸镇兵二万余人相继来降。[2]

北宋末南宋初的名将李纲有词云:

晚唐姑息,有多少方镇,飞扬跋扈。淮蔡雄藩连四郡,千里公然旅拒。同恶相资,潜伤宰辅,谁敢分明语?婘婘群议,共云旄节应付。

于穆天子英明,不疑不贰处,登庸裴度。往督全师威令使,擒贼功名归愬。半夜衔枚,满城深雪,忽已亡悬瓠。明堂坐治,中兴高映千古。[3]

这是李纲写的七首咏史词之一,提及了淮西割据,藩镇勾结,刺杀宰相,举朝恐怖,宪宗有为,启用裴度,用人不疑,裴度领命,李愬建功等实现唐朝中兴的主要过程。李纲是大宋的主战派,屡建功勋,可惜宋钦宗不给力,虽然手书《裴度传》勉励李纲效法裴度,助北宋中兴,可惜,李纲可以成为裴度,宋钦宗却成不了唐宪宗。

消灭了吴元济,宪宗乘胜追击,又消灭了李师道(就是这家伙派刺客谋杀了武元衡),眼看大唐又要回到贞观和开元的光景,可惜,人性的弱点往往在优点发挥到极致的时候就不识时务地出现了。唐宪宗迫不及待地想要享受胜利后的愉悦。他从童年时起就一直提心吊胆地过日子,在他爷爷德宗当政时他就经历了藩镇叛乱,差点死于乱军中,现在削藩取得了如此巨大的成功,怎能不抓紧时间酣畅淋漓享受一番?

汉朝时,刘邦分封异姓王,诸王都握有重兵,结果韩信反;汉文帝汲取教训,分封同姓王,结果酿成"七国之乱";唐朝时,藩镇割据,安禄山反,唐朝衰落;大宋建立时,赵匡胤忌惮于悍将造反,抑武扬文,兵不知将,将不知兵,结果,军队柔靡,败于金元;朱元璋立国时,宰相胡惟庸擅权,大将蓝玉谋反,朱元璋罢丞相,诛蓝玉,延续兵将不相习,正统年间,英宗亲征瓦剌,几十万人马竟打不过几万瓦剌军,英宗自己也被俘做了囚徒;晚清时,八旗军竟然不会骑马,只知提笼架鸟,保卫大清的是湘军和淮军;民国时,军阀林立,各居一隅,混战不已,日寇趁机渔翁得利。军队是大事,既要有强大的战斗力,又要保证忠诚不贰,在哪朝哪代哪国都是大课题,都不能懈怠啊!

可惜,飞鸟尽,良弓藏,帝王往往可以共患难,不能共享福,刚刚削平了几个藩镇,唐宪宗就懈怠了,裴度也被疏远了。

想当年武元衡和裴度被刺杀的当天,白居易也恰好上早朝,他与武元衡住得不算太远,他居住在昭国坊,离靖安坊大概是一里多地的样子,算是目击者之一。白居易当时只是太子东宫里的五品官左赞善大夫,鉴于皇帝还在,太子或储君就应该保持低调的规矩,太子都不敢妄议朝政,何况他手下的官吏呢?也许是白居易目睹了这桩惨剧,所以怒不可遏,一股"兼济天下"的责任心把他推向了前台,他于当天就第一个呈上了奏章,要求缉拿凶手,明正典刑,《新唐书·白居易传》曰:

> 是时,盗杀武元衡,京都震扰。居易首上疏,请亟捕贼,刷朝廷耻,以必得为期。宰相嫌其出位,不悦。俄有言:"居易母堕井死,而居易赋《新井篇》,言浮华,无实行,不可用。"出为州刺史。中书舍人王涯上言不宜治郡,追贬江州司马。[4]

在给妻子的堂兄杨虞卿的一封信中,他还提及当时写奏章的动机:

> 去年六月,盗杀右丞相于通衢中,迸血髓,碟发肉,所不忍道。合朝震栗,不知所云。仆以为书籍以来,未有此事,国辱臣死,此其

时耶！苟有所见，虽畎亩皂隶之臣，不当默默，况在班列，而能胜其痛愤耶？故武相之气平明绝，仆之书奏日午入。两日之内，满城知之。其不与者，或诬以伪言，或构以非语，且浩浩者不酌时事大小，与仆言当否，皆曰：丞郎、给舍、谏官、御史尚未论请，而赞善大夫何反忧国之甚也？仆闻此语，退而思之：赞善大夫诚贱冗耳。朝廷有非常事，即日独进封章，谓之忠，谓之愤，亦无愧矣。谓之妄，谓之狂，又敢逃乎？且以此获辜，顾何如耳？况又不以此为罪名乎？[5]

拳拳之心溢于言表，可是，事与愿违，他越级上奏之举拨动了唐宪宗敏感的神经，也拨动了那些高高在上的当权者的神经。我们还未发言，就你多嘴。唐宪宗斥白居易"闭门思过"，旋即将其贬为江州司马，白居易旋即在浔阳江头遇到那位"老大嫁作商人妇"的歌女，有了那首千古绝唱——《琵琶行》，此为后话。

白居易是何等的聪明人，自此看透了宫廷政治的鬼把戏，也看透了唐宪宗，不再"认真"了。不过，唐宪宗的一位儿子却特别欣赏他，就是前文提到过的唐宣宗，唐宣宗刚刚登基，就急着宣旨召见白居易，要拜他为相。可惜，下诏当日，白居易已仙逝了八个月，伤心的唐宣宗悲从中来，写下了一首广为流传的诗篇——《吊白居易》：

> 缀玉联珠六十年，谁教冥路作诗仙。
>
> 浮云不系名居易，造化无为字乐天。
>
> 童子解吟长恨曲，胡儿能唱琵琶篇。
>
> 文章已满行人耳，一度思卿一怆然。

一位皇帝为一位臣子写赞诗，诗中没有一点上下级的意思，通篇是对一位诗人的仰慕之情，白居易获此殊荣，古往今来，可谓绝无仅有。

李唐王朝的当政者都有一个共同的爱好——嗑药，即吸食丹药。唐太宗吸食丹药暴毙而亡，开了坏的先例，唐宪宗吸食丹药也不遗余力，开创"大中之治"的唐宣宗也是如此，李唐宗室都好这一口，吸完以后精神焕发,欲仙欲死,久而久之,性情大变,在丹药所含重金属的作用下,暴虐无常,滥杀无辜,最后必然死于被欺负得忍无可忍、无处可逃的太监之手。

注释:

[1] 北宋·司马光《资治通鉴》,卷二百三十九,唐纪五十五。

[2] 北宋·司马光《资治通鉴》,卷二百四十,唐纪五十六。

[3] 北宋·李纲《念奴娇·宪宗平淮西》。

[4] 北宋·欧阳修等《新唐书》,卷一百一十九,列传第四十四。

[5] 清·董诰等《全唐文》,第七部卷六百七十四,白居易(十九),与杨虞卿书。

当君白首同归日，是我青山独往时

在机场候机时，喜欢逛逛书店，书店最醒目的位置多被各种管理学大师所占据，这还不够，他们还喜欢在电视里喋喋不休，兜售的不外乎各类"成功学"。所以，猴王说，全中国的忽悠大师全在机场。

何谓成功？这个题目可够大了，不过，其实很简单，对于成功，人们并无歧见，有歧见的是如何获得成功。

遍览古今，成功人士多如繁星，不胜枚举，不过我比较心仪白居易，不仅仅是因为他才华横溢，才华横溢的人多了去了；不仅仅是因为他官运亨通，比他官做得大的人也多得是；不仅仅因为他受美女青睐，自古美女都爱英雄，一点也不稀奇。是因为他的人生进退自如，游刃有余，知道啥时激流勇进，啥时见好就收。

> 观居易始以直道奋，在天子前争安危，冀以立功，虽中被斥，晚益不衰。当宗闵时，权势震赫，终不附离为进取计，完节自高。而稹中道徼险得宰相，名望溘然。呜呼，居易其贤哉！[1]

欧阳修在《新唐书》里对他评价甚好，说他在天子面前，直言相谏，不惧危险，虽然受到不公待遇，但是乐观自处，当李宗闵当政时，无人不阿谀逢迎，白居易则不为所动，高风亮节。相比之下，与他齐名的元稹则靠小聪明当了宰相，名望大打折扣。呜呼，还是白居易是贤人啊！

> 居易敏悟绝人，工文章。未冠，谒顾况。况，吴人，恃才少所推

可,见其文,自失曰:"吾谓斯文遂绝,今复得子矣!"[2]

白居易是山西太原人,也算猴王的老乡。太原在唐朝时地位特殊,相当于陪都。人们普遍传颂他拜见顾况时的佳话,好像有点出入,那句"长安很大,白居不易啊"不知出自何处。不过,白居易"敏悟绝人"倒是真的,元和十年(815),他因为宰相武元衡和裴度被刺而仗义执言得罪了朝中权贵,中书舍人王涯更是落井下石,本来白居易被贬为刺史,王涯说白居易不适合担任刺史,应该被贬为司马,于是白居易被贬为了江州司马,结果有了旷世名篇《琵琶行》。话说这位王涯也是太原人,是白居易的老乡,相煎何太急啊?

大和八年(834),白居易辞官回到了洛阳,写了一首诗,题目起得很有意思。

饱食闲坐

红粒陆浑稻,白鳞伊水鲂。

庖童呼我食,饭热鱼鲜香。

箸箸适我口,匙匙充我肠。

八珍与五鼎,无复心思量。

扪腹起盥漱,下阶振衣裳。

绕庭行数匝,却上檐下床。

箕踞拥裘坐,半身在日旸。

可怜饱暖味,谁肯来同尝。

是岁大和八,兵销时渐康。

朝廷重经术,草泽搜贤良。

尧舜求理切,夔龙启沃忙。

怀才抱智者,无不走遑遑。

唯此不才叟,顽慵恋洛阳。

饱食不出门,闲坐不下堂。

子弟多寂寞,僮仆少精光。

衣食虽充给,神意不扬扬。

为尔谋则短,为吾谋甚长。

这首诗体现了白居易的高明之处,他敏锐地指出,现在不是建功立业的时候,而应归隐田园了。他已经觉察到了朝廷将有巨变发生,果不其然,第二年,大和九年(835),唐朝发生了一起著名的事件——"甘露之变"。宰相李训和王涯欲助唐文宗除掉宦官仇士良,结果打草惊蛇,反被蛇咬,仇士良大肆反扑,朝廷上下株连致死的官员达千人之多。白居易听闻此事,不胜唏嘘,又写了一首诗,诗中感慨:你们都命归黄泉时,我却独自一人在香山寺逍遥地游玩呢,你们大难临头时估计连嵇康弹一曲《广陵散》的待遇都没有,像李斯牵着黄犬出城打猎那样的美事就更别想了,麒麟做了果脯,龙做了酱,还比不上在泥中摇着尾巴自在行走的乌龟呢。

九年十一月二十一日感事而作

祸福茫茫不可期,大都早退似先知。

当君白首同归日,是我青山独往时。

顾索素琴应不暇,忆牵黄犬定难追。

麒麟作脯龙为醢,何似泥中曳尾龟。

后世很多人都认为白居易有点幸灾乐祸,苏东坡则不然,"乐天岂幸人之祸者哉?盖悲之也"[3]。白居易是可惜他们不知道见好就收啊!

孟子曾说过:"莫非命也,顺受其正;是故知命者不立乎岩墙之下。尽其道而死者,正命也;桎梏死者,非正命也。"[4]

君子不立于危地,乐天知命,白居易显然做到了,难怪唐宣宗夸他:浮云不系名居易,造化无为字乐天。

注释：

［1］［2］北宋·欧阳修等《新唐书》，卷一百一十九，列传第四十四。

［3］北宋·苏轼《书乐天香山寺诗》：白乐天为王涯所谗，谪江州司马。甘露之祸，乐天在洛，适游香山寺，有诗云："当君白首同归日，是我青山独往时。"不知者，以乐天为幸之，乐天岂幸人之祸者哉？盖悲之也！

［4］战国·孟子《孟子》，尽心上。

1154年,史上最牛的一届"高考生"

1154年是南宋绍兴二十四年,当年殿试头名状元是张孝祥,同科进士有范成大、杨万里、虞允文,探花则是秦桧的孙子秦埙。据说,秦埙已经被内定为状元,这不劳秦桧亲自出面,有拍马屁者自然会领会上意,可惜,这次宋高宗却钦点张孝祥为状元,将秦埙降为第三名探花,上意就是风向标,谁即将得宠,谁即将失宠,内行一眼就能看得出来。

> 张孝祥,字安国,历阳乌江人。读书一过目不忘,下笔顷刻数千言。年十六,领乡书,再举冠里选。绍兴二十四年,廷试第一。时策问师友渊源,秦埙与曹冠皆力攻程氏专门之学,孝祥独不攻。考官已定埙冠多士,孝祥次之,曹冠又次之。高宗读埙策皆秦桧语,于是擢孝祥第一,而埙第三,授承事郎、签书镇东军节度判官。谕宰相曰:"张孝祥词翰俱美。"[1]

宋高宗开始有点讨厌秦桧了,刻意要拉开点距离,民间的舆论多多少少会吹进深宫内院里,但他又不敢拿掉秦桧,因为秦桧有金国罩着,宋金绍兴和议事实上确立了秦桧终身宰相的地位。

不过,秦桧很知趣,知道是该消失的时候了,第二年(1155)寿终正寝。赵构这下放心了,他们一起干的坏事都可以推到这个死人身上了。

《宋史》里是如何评价宋高宗的呢?

> 恭俭仁厚,以之继体守文则有余,以之拨乱反正则非其才也。

况时危势逼,兵弱财匮,而事之难处又有甚于数君者乎?君子于此,盖亦有悯高宗之心,而重伤其所遭之不幸也。然当其初立,因四方勤王之师,内相李纲,外任宗泽,天下之事宜无不可为者。顾乃播迁穷僻,重以苗、刘群盗之乱,权宜立国,确乎艰哉。其始惑于汪、黄,其终制于奸桧,恬堕猥懦,坐失事机。甚而赵鼎、张浚相继窜斥,岳飞父子竟死于大功垂成之秋。一时有志之士,为之扼腕切齿。帝方偷安忍耻,匿怨忘亲,卒不免于来世之诮,悲夫![2]

一句话:赵构是一个窝囊废。当然,是人都有闪光的一面,赵构也不完全是一无是处,也是有优点的,比如不好女色,据说他本身是阳痿患者,没那个欲望,当年还是康王时,仓皇南渡,兴许是骑马太多又受了惊吓的缘故吧,那个玩意失灵了。另外,他还有一个优点,就是知错能改,他的养子宋孝宗在给岳飞平反时,他还在世,也没有表示反对。

1154年的进士里理应还有一位牛人,没准也是一位状元之才,此人便是大名鼎鼎的陆游。

> 陆游字务观,越州山阴人。年十二能诗文,荫补登仕郎。锁厅荐送第一,秦桧孙埙适居其次,桧怒,至罪主司。明年,试礼部,主司复置游前列,桧显黜之,由是为所嫉。桧死,始赴福州宁德簿……[3]

在1153年的"锁厅"考试中,陆游曾力压秦埙中了头名,搞得秦桧很是不爽,所以,省试中陆游就被落了榜。所谓"锁厅试",类似于乡试的一种,不过只是针对在职官员和官二代的,算是皇帝对士大夫们的照顾,好比我们多年前的顶班制度,父母退休了,子女可承袭父母的岗位。不过,也要象征性地考一下子。宋朝时对文人多优待,变着法给他们发福利。

陆游也是官二代,祖上也多显赫之辈,他母亲的爷爷即是北宋神宗时的宰相唐介,陆游的第一任妻子也姓唐,可见是他母亲的娘家人,结果不招陆母待见，逼迫其休妻云云，真是女人何苦为难女人啊！此为后话，在此不表。

但是，官二代也分三六九等，也是县官不如现管，秦桧是当朝宰相，炙手可热，人家孙子自然是近水楼台先得月，陆游除了愤愤然，写几首抒怀诗外，还能咋样？

不过，名气比职位更重要，天下谁人不知陆游呢？后来宋孝宗特意赐他同进士出身，不用再考了，直接发一张文凭给你。孝宗是陆游的粉丝，粉丝给偶像颁个奖那不是玩似的？

宋高宗钦点张孝祥为状元不是没有道理，"词翰俱美"啊！张孝祥后来成为南宋词坛豪放派的舵主之一，也是主战派之一，其词直追苏辛，其代表作《水调歌头·闻采石矶战胜》写得气魄雄浑，引领词坛风骚一时：

> 雪洗虏尘静，风约楚云留。何人为写悲壮？吹角古城楼。湖海平生豪气，关塞如今风景，剪烛看吴钩。剩喜燃犀处，骇浪与天浮。
>
> 忆当年，周与谢，富春秋。小乔初嫁，香囊未解，勋业故优游。赤壁矶头落照，淝水桥边衰草，渺渺唤人愁。我欲乘风去，击楫誓中流。

采石矶大捷发生在 1161 年，指挥者何人？正是与张孝祥 1154 年同科的进士虞允文，虞允文以一万八千精兵对敌十五万精兵，以弱胜强，以少胜多，而且是在主帅李显忠不在的情况下，临危受命，临时指挥取得的战绩，你说厉害不厉害？得悉同学在前线大胜的消息，张孝祥当然喜不自胜，挥毫泼墨，欣然命笔。要说感情深，还得说是同学，要说有骨气，还是这帮饱读圣贤书的文人。

虞允文是南宋继岳飞之后最有名的中兴名将，宋史载：

> 允文姿雄伟，长六尺四寸，慷慨磊落有大志，而言动有则度，人

望而知为任重之器。早以文学致身台阁,晚际时艰,出入将相垂二十年,孜孜忠勤无二焉。尝注《唐书》《五代史》,藏于家。有诗文十卷,《经筵春秋讲义》三卷,《奏议》二十二卷,《内外志》十五卷,行于世。[4]

宋时一尺大约31厘米,换算过来,虞允文身高近两米,大帅哥一枚啊!能文能武,文武全才,难怪毛泽东在读到《续通鉴纪事本末》时慨然夸他:伟哉虞公,千古一人。

采石矶之前,金主完颜亮所向披靡,哪里受过这样的打击?采石矶惨败导致内部哗变,其终死于内讧之中,南宋赢得了片刻安宁。第二年,宋高宗赶紧禅位于养子宋孝宗赵昚,当了三十六年的奇葩皇帝,他要借这片刻安宁游山玩水去了。宋朝皇帝都喜欢撂挑子,看见时机不对,脚底抹油,开溜。

2015年7月8日,卢沟桥事变纪念日的第二天,猴王携小猴王凭吊卢沟桥,仿张孝祥亦作一首《水调歌头》,向力御外侮的民族英雄表达敬意。

水调歌头·卢沟桥

(车过赵登禹路,忆当年二十九军大刀队,御倭寇,砍敌颅,尽忠报国。)

雪洗虏尘静,风烟望五津。何人续写悲壮?吹角古城楼。关山平添豪气,大刀剁向敌颅,谁敢犯神州?回望狼烟处,英雄遍田畴。

忆当年,旌旗裂,骤雨歇,金戈铁马,枪林如注,伤痕可忘却?卢沟桥头落照,永定河边衰草,登临使人愁。何处祭英豪?把酒酹滔滔。

张孝祥的其他同学也都不是等闲之辈,范成大、杨万里,这都是能进我们语文课本里的人物,鼎鼎大名,妇孺皆知,比如范成大的《四时田园杂兴》：

> 昼出耘田夜绩麻，
>
> 村庄儿女各当家。
>
> 童孙未解供耕织，
>
> 也傍桑阴学种瓜。

比如杨万里的《小池》：

> 泉眼无声惜细流，
>
> 树阴照水爱晴柔。
>
> 小荷才露尖尖角，
>
> 早有蜻蜓立上头。

当年的落榜生陆游更是了不得，他是中国文学史上留存诗词最多的诗人。当然，要算最多，首推乾隆，号称几万首，不过，托作太多，拿得出手的也没几首，可以忽略不计。

这届考生很行，文能治国，武能安邦，更重要的是，他们的出现终结了奸相秦桧的政治生命，南宋开始有了中兴气象，还有比他们更牛的吗？

注释：

[1] 元·脱脱等《宋史》，卷三百八十九，列传第一百四十八，张孝祥传。

[2] 元·脱脱等《宋史》，卷三十二，本纪第三十二，高宗九。

[3] 元·脱脱等《宋史》，卷三百九十五，列传第一百五十四，陆游传。

[4] 元·脱脱等《宋史》，卷三百八十三，列传第一百四十二，虞允文传。

不怕狼对手，就怕猪伙伴

疾风知劲草，版荡识诚臣。勇夫安知义，智者必怀仁。

雄才多磨难，纨绔少伟男。不怕狼对手，就怕猪伙伴。

近读《旧唐书·萧瑀传》偶感，在李世民的诗句后再添上四句。

这首诗是唐太宗表扬萧瑀的，《旧唐书》里有详细记载：

> 太宗尝从容谓房玄龄曰："萧瑀大业之日，进谏隋主，出为河池郡守。应遭剖心之祸，翻见太平之日，北叟失马，事亦难常。"瑀顿首拜谢。太宗又曰："武德六年以后，太上皇有废立之心而不之定也，我当此日，不为兄弟所容，实有功高不赏之惧。此人不可以厚利诱之，不可以刑戮惧之，真社稷臣也。"因赐瑀诗曰："疾风知劲草，版荡识诚臣。"又谓瑀曰："卿之守道耿介，古人无以过也。然而善恶太明，亦有时而失。"瑀再拜谢曰："臣特蒙诫训，又许臣以忠谅，虽死之日，犹生之年也。"魏徵进而言曰："臣有逆众以执法，明主恕之以忠；臣有孤特以执节，明主恕之以劲。昔闻其言，今睹其实，萧瑀不遇明圣，必及于难！"太宗悦其言。[1]

李世民在与太子李建成争夺王位时，屡屡处于下风，惶恐不已，战战兢兢，若无萧瑀、秦琼、长孙无忌、尉迟恭等二十四位功臣鼎力相助，霸业恐怕难成。魏徵和萧瑀遇到李世民，李世民遇到秦琼和尉迟恭，真犹如琴瑟之和鸣，互相造化，互相栽培，因此必奏出悦耳之乐章；反之，若彼此犹疑寡断,皆取明哲保身之术,岂有贞观之治?岂有大唐气象?

这二十四位功臣是谁呢?

左武卫大将军长孙无忌,检校千牛卫大将军李孝恭,左仆射杜如晦,谏议大夫魏徵,右仆射房玄龄,尚书高士廉,尚书尉迟敬德,鹤城太守李靖,尚书令萧瑀,颇炉将军段志玄,尚书刘弘基,洛阳郡守屈突通,荆州长史殷开山,右武卫上将军柴绍,京兆尹长孙顺德,洛州长史张亮,扬州郡守侯君集,武威长史张公谨,虎贲将军程知节,尚书虞世南,左令刘政会,右令唐俭,上将军李勣和虎威将军秦琼。

陈国公侯君集在贞观十七年与太子联合谋反篡逆,事败被捉,当时画家阎立本还没有完成画像,侯君集还上不上凌烟阁?大家都把眼光投向了李世民,李世民不愧为伟大的帝王,他与侯君集有一番对话。

> 太宗亲临问曰:"我不欲令刀笔吏辱公,故自鞠验耳。"君集辞穷。太宗谓百僚曰:"往者家国未安,君集实展其力,不忍置之于法。我将乞其性命,公卿其许我乎?"群臣争进曰:"君集之罪,天地所不容,请诛之以明大法。"太宗谓君集曰:"与公长诀矣,而今而后,但见公遗像耳!"因歔欷下泣。遂斩于四达之衢,籍没其家。[2]

功是功,过是过,瑕不掩瑜,泾渭分明。李世民处理得非常得当。正是由于这些铁哥们,在隋末乱世里帮他父亲打下了大唐江山,才奠定了他的"贞观之治"。做人不能小肚鸡肠,要有感恩之心。侯君集是在功成名就时为图一时私利而谋反,也是一时糊涂,凌烟阁上其他成员个个得善终,李世民的这个团队可真是"梦之队"。

不怕狼对手,就怕猪伙伴。狼对手固然强大,但会促你奋进,猪伙伴无节操,无底线,专事落井下石,实乃真正之敌人。

当年于谦祭拜岳飞祠时曾写过两句感慨:"如何一别朱仙镇,不见将军奏凯歌。"岳飞在朱仙镇大破金兵,士气高昂,大军只距汴梁城不过四十余里,收复指日可待,金兀术已经打算弃城而去,但可惜啊!他的猪伙伴们开始登场了。

> 方指日渡河，而桧欲画淮以北弃之，风台臣请班师。飞奏："金人锐气沮丧，尽弃辎重，疾走渡河，豪杰向风，士卒用命，时不再来，机难轻失。"桧知飞志锐不可回，乃先请张俊、杨沂中等归，而后言飞孤军不可久留，乞令班师。一日奉十二金字牌，飞愤惋泣下，东向再拜曰："十年之力，废于一旦。"飞班师，民遮马恸哭，诉曰："我等戴香盆、运粮草以迎官军，金人悉知之。相公去，我辈无噍类矣。"飞亦悲泣，取诏示之曰："吾不得擅留。"哭声震野。飞留五日以待其徙，从而南者如市，亟奏以汉上六郡闲田处之。

> 方兀术弃汴去，有书生叩马曰："太子毋走，岳少保且退矣。"兀术曰："岳少保以五百骑破吾十万，京城日夜望其来，何谓可守？"生曰："自古未有权臣在内，而大将能立功于外者，岳少保且不免，况欲成功乎？"兀术悟，遂留。飞既归，所得州县，旋复失之。飞力请解兵柄，不许，自庐入觐，帝问之，飞拜谢而已。[3]

中原百姓知岳家军而不知高宗赵构，功高镇主，在哪里都一样，换来的必是无节操无底线的反扑，在这一点上，历史上没有一个例外，算是定理，小人也是有职业操守的，不把英雄干倒，他们绝不罢休。

> 初，飞在诸将中年最少，以列校拔起，累立显功，世忠、俊不能平，飞屈己下之，幕中轻锐教飞勿苦降意。金人攻淮西，俊分地也，俊始不敢行，师卒无功。飞闻命即行，遂解庐州围，帝授飞两镇节，俊益耻。杨幺平，飞献俊、世忠楼船各一，兵械毕备，世忠大悦，俊反忌之。淮西之役，俊以前途粮乏诱飞，飞不为止，帝赐札褒谕，有曰："转饷艰阻，卿不复顾。"俊疑飞漏言，还朝，反倡言飞逗遛不进，以乏饷为辞。至视世忠军，俊知世忠忤桧，欲与飞分其背嵬军，飞议不肯，俊大不悦。及同行楚州城，俊欲修城为备，飞曰："当戮力以图恢复，岂可为退保计？"俊变色。[4]

狱之将上也,韩世忠不平,诣桧诘其实,桧曰:"飞子云与张宪书虽不明,其事体莫须有。"世忠曰:"'莫须有'三字,何以服天下?"时洪皓在金国中,蜡书驰奏,以为金人所畏服者惟飞,至以父呼之,诸酋闻其死,酌酒相贺。[5]

"中兴四将"中的张俊嫉妒岳飞之能,与秦桧沆瀣一气,为猪伙伴之首也。韩世忠虽然也嫉妒岳飞,但还有点良心,怒问秦桧:岳飞何罪之有?秦桧不屑道:莫须有。为什么非要有呢?当时出使金国的使臣洪皓密奏朝廷,金人只害怕岳飞,听到岳飞死了,无不酌酒相贺啊!

岳飞很不幸,遇到一帮猪伙伴。

韩非子在《说林下》中说过:"虫有虺者,一身两口,争食相龁,遂相杀。人臣之争事而亡其国者,皆虺类也。"韩非子真是先知先觉者,两千多年前就洞悉了一个组织内耗的严重后果。他在《有度》篇里还有一段话,仿佛是专门为岳飞写的。

故忠臣危死于非罪,奸邪之臣安利于无功。忠臣危死而不以其罪,则良臣伏矣;奸邪之臣安利不以功,则奸臣进矣。此亡之本也。

修宋史的元朝丞相脱脱都不禁发出感慨,每一个朝代建功立业的武臣名将不乏其人,但像岳飞这般文武全才者,凤毛麟角,即使关羽通《左氏春秋》,但没有文章传世,岳飞文采斐然有诸葛之风,可惜遇到一帮猪伙伴和一头猪老板。

论曰:西汉而下,若韩、彭、绛、灌之为将,代不乏人,求其文武全器、仁智并施如宋岳飞者,一代岂多见哉。史称关云长通《春秋左氏》学,然未尝见其文章。飞北伐,军至汴梁之朱仙镇,有诏班师,飞自为表答诏,忠义之言,流出肺腑,真有诸葛孔明之风,而卒死于秦桧之手。盖飞与桧势不两立,使飞得志,则金仇可复,宋耻可雪;桧得志,则飞有死而已。昔刘宋杀檀道济,道济下狱,嗔目曰："自坏汝万里长城！"高宗忍自弃其中原,故忍杀飞,呜呼冤哉！呜呼冤哉！[6]

猴王斗胆谬评:岳飞聪明一世,可惜糊涂一时,大宋江山乃赵姓江山,与你何干？你本中原汤阴人,何必留恋那西湖景致,好男儿自应直捣黄龙,自立门户,何愁天下百姓不箪食壶浆以迎岳家军乎？他赵宋江山不是赵匡胤兄弟黄袍加身而得？你岳家父子不能如法炮制吗？中国历史多一个岳姓王朝,多乎哉？不多也！读史至此,醍醐灌顶,宜将剩勇追穷寇,不可沽名学岳飞。

注释:

[1] 后晋·刘昫等《旧唐书》,卷六十三,列传第十三,萧瑀传。

[2] 后晋·刘昫等《旧唐书》,卷三十九,列传第十九,侯君集传。

[3]—[6] 元·脱脱等《宋史》,卷三百六十五,列传第一百二十四,岳飞(子云)。

汴梁有多繁华？

描述一国之富有，多喜欢用 GDP 和税收来说事，这是现代人发明的玩意。古代也差不多，岁入和支出清清楚楚，富足和亏空一目了然，这是国家层面的事情。于小老百姓而言，各家各户也是有一本账的，不管是耕田、做工，还是做买卖，一年下来收成如何、工钱多少，我们不可能深入古人的家里去一探究竟，也不可能像央视记者年终街头随机采访：请问，你幸福吗？那个时候没有电视，没有互联网，你怎么能说唐宋就是盛世，三国就是乱世呢？

还好，一般盛世，人们都能吃饱穿暖，文人墨客喜欢吟风弄月，你看唐朝和宋朝，一个是诗的王朝，一个是词的盛世，哪个朝代能比得过？这至少说明上层文人们过得不错，才有闲情逸致赋诗填词嘛。小老百姓的生活呢？自有野史来补充，大文人们喜欢留下阳春白雪，小文人们则乐于写写野史。

北宋的都城汴梁城据说当时有一百万人口，绝对是当时世界上最大的城市。《水浒传》第七十二回是"柴进簪花入禁院，李逵元夜闹东京"，说的是黑旋风李逵嫉妒他宋江哥哥与美艳的李师师把酒言欢，而让他站岗放哨，气得多喝了两杯就大闹汴梁城，坏了宋江面见圣上的好事。你想一帮窝在水泊梁山没见过世面的土老帽一旦见识了汴梁的繁华，岂不一下子就傻了眼？哪能把持住自己啊！

《水浒传》里有几段描写汴梁的文字，虽然有点夸张，但也多少反映出当年汴梁城的富庶。

　　州名汴水,府号开封。逶迤接吴楚之邦,延亘连齐鲁之境。山河形胜,水陆要冲。禹画为豫州,周封为郑地。层叠卧牛之势,按上界戊己中央;崔嵬伏虎之形,象周天二十八宿。金明池上三春柳,小苑城边四季花。十万里鱼龙变化之乡,四百座军州辐辏之地。霭霭祥云笼紫阁,融融瑞气照楼台。[1]

　　祥云笼凤阙,瑞霭罩龙楼。琉璃瓦砌鸳鸯,龟背帘垂翡翠。正阳门径通黄道,长朝殿端拱紫垣。浑仪台占算星辰,待漏院班分文武。墙涂椒粉,丝丝绿柳拂飞甍;殿绕栏楯,簇簇紫花迎步辇。恍疑身在蓬莱岛,仿佛神游兜率天。[2]

　　融和初报,乍瑞霭霁色,皇都春早。翠幰竞飞,玉勒争驰,都闻道鳌山彩结蓬莱岛。向晚色,双龙衔照。绛霄楼上,彤芝盖底,仰瞻天表。缥缈风传帝乐,庆玉殿共赏,群仙同到。迤逦御香,飘满人间开嬉笑。一点星球小,渐隐隐鸣梢声杳。游人月下归来,洞天未晓。[3]

　　这些虽是小说里的句子,但丝毫没有夸张之感,因为在《东京梦华录》里,这些繁华景致都一一呈现。一个国家或一个朝代,看她的富庶与贫穷不能只看官家,再穷也穷不到皇帝和权贵头上,主要看普通老百姓的生活,《东京梦华录》里有几段描述,特别能说明问题。

州桥夜市[4]

　　出朱雀门,直至龙津桥。自州桥南去,当街水饭、熝肉、干脯。王楼前獾儿、野狐、肉脯、鸡,梅家鹿家鹅鸭鸡兔、肚肺鳝鱼、包子鸡皮、腰肾鸡碎,每个不过十五文,曹家从食。至朱雀门,旋煎羊白肠、鲊脯、㸆冻鱼头、姜豉、剽子、抹脏、红丝、批切羊头、辣脚子、姜辣萝卜。夏月,麻腐、鸡皮麻饮、细粉素签、沙糖冰雪冷元子、水晶皂儿、生淹水木瓜、药木瓜、鸡头穰、沙糖绿豆甘草冰雪凉水、荔枝膏、广芥瓜儿、咸菜、杏片、梅子姜、莴苣、笋、芥、辣瓜儿、细料馉饳儿、香糖果子、间道糖荔枝、越梅、锯刀紫苏膏、金丝党梅、香枨元,皆用梅红匣儿盛贮。冬月,盘兔、旋炙猪皮肉、野鸭肉、滴酥水晶鲙、煎夹子、猪脏之类,直至龙津桥须脑子肉止,谓之"杂嚼",直至三更。

看看这夜市里卖的这些小吃,想必今天我们很多人都没有见识过,那么多好吃的也就十五文钱,十五文钱相当于我们现在多少钱?有考证者说,也就相当于我们人民币的三块钱。北京王府井小吃一条街上的烤羊肉串,三块钱都买不了一串,看看北宋的都城,三块钱随便吃,厉害吧!一个城市有没有活力,就看它有没有夜市,看夜市有多繁华。汴梁城的夜市营业到夜里三点,汴梁算是北方城市了,气候不能与江南比,如此通宵达旦足见生意好得很啊!

酒楼[5]

凡京师酒店,门首皆缚彩楼欢门,唯任店入其门,一直主廊约百余步,南北天井两廊皆小阁子。向晚灯烛荧煌,上下相照,浓妆妓女数百,聚于主廊槏面上,以待酒客呼唤,望之宛若神仙。北去杨楼,以北穿马行街,东西两巷,谓之大小货行,皆工作伎巧所居。小货行通鸡儿巷妓馆,大货行通笺纸店、白矾楼,后改为丰乐楼,宣和间,更修三层相高。五楼相向,各有飞桥栏槛,明暗相通,珠帘绣额,灯烛晃耀。初开数日,每先到者赏金旗,过一两夜则已。元夜,则每一瓦陇中皆置莲灯一盏。内西楼后来禁人登眺,以第一层下视禁中。大抵诸酒肆瓦市,不以风雨寒暑,白昼通夜,骈阗如此。州东宋门外仁和店、姜店,州西宜城楼、药张四店、班楼,金梁桥下刘楼,曹门蛮王家、乳酪张家,州北八仙楼,戴楼门张八家园宅正店,郑门河王家、李七家正店,景灵宫东墙长庆楼。在京正店七十二户,此外不能遍数,其余皆谓之"脚店"。卖贵细下酒,迎接中贵饮食,则第一白厨,州西安州巷张秀,以次保康门李庆家,东鸡儿巷郭厨,郑皇后宅后宋厨,曹门砖筒李家,寺东骰子李家,黄胖家。九桥门街市酒店,彩楼相对,绣旆相招,掩翳天日。政和后来,景灵宫东墙下长庆楼尤盛。

商品经济发不发达,还要看酒楼多不多,生意好不好。你看这汴梁城,生意最好的酒楼数景灵宫东墙的长庆楼,在汴梁城的旗舰店就有七十二家,其他分店更是多不胜数,都是所谓的"脚店",可能就是我们现在的加盟店吧!

最能说明问题的是公用设施,北宋竟然有专门的消防队,恐怕想不到吧?恕猴王我孤陋寡闻,这应该是世界上关于消防队最早的记录吧!

防火[6]

每坊巷三百步许,有军巡铺屋一所,铺兵五人,夜间巡警,收领公事。又于高处砖砌望火楼,楼上有人卓望。下有官屋数间,屯驻军兵百余人,及有救火家事,谓如大小桶、洒子、麻搭、斧锯、梯子、火叉、大索、铁猫儿之类。每遇有遗火去处,则有马军奔报。军厢主、马步军、殿前三衙、开封府各领军汲扑灭,不劳百姓。

大宋的富庶由此可见一斑,也许你会说,北宋的富庶可能是偶然,但是被赶到南方的南宋朝廷一样富庶,甚至比北宋还要富,这就很能说明问题了,说明人家赵宋王朝的政策得当,起码财政、税收、吏治、法律等等都是有利于商品经济的,一样的国土,为什么宋朝就能致富,其他朝代就不能呢?

注释:

[1]—[3] 明·施耐庵《水浒传》,第七十二回"柴进簪花入禁院,李逵元夜闹东京"。

[4]—[6] 宋·孟元老《东京梦华录》。

大宋的法治精神

《宋史·许遵传》中有一段记载：

> （许遵）为审刑院详议官，知宿州、登州。遵累典刑狱，强敏明
> 恕。及为登州，执政许以判大理，遵欲立奇以自鬻。会妇人阿云狱
> 起。初，云许嫁未行，嫌婿陋，伺其寝田舍，怀刀斫之，十余创，不能
> 杀，断其一指。吏求盗弗得，疑云所为，执而诘之，欲加讯掠，乃吐
> 实。遵按云纳采之日，母服未除，应以凡人论，谳于朝。有司当为
> 谋杀已伤，遵驳言："云被问即承，应为按问。审刑、大理当绞刑，
> 非是。"[1]

这段话啥意思呢？很简单，许遵被任命为审刑院的详议官，审刑院
专门审议和复核由刑部和大理寺呈上来的疑案，然后奏报皇上定夺，这
是北宋初期为削减相权加强皇权，也是为了减少冤假错案而专门设立
的机构，位列刑部和大理寺之上。许遵先后在宿州（今安徽宿州）和登
州（今山东蓬莱）任职，处理了很多案子，都比较妥当，后来在登州任上
被提拔到大理寺任职，相当于大法官，许遵想在履新之际标新立异一
番，恰好遇到一件案子。当时有一位民女叫阿云，许配给了人家，尚未
出嫁，但阿云是外貌协会的，嫌未婚夫长得太丑，丑到什么程度？不得
而知，估计丑到影响市容、影响食欲的程度。阿云不是潘金莲，嫁鸡随
鸡，嫁狗随狗，嫁给武大郎做炊饼。某天晚上，她趁着未婚夫在田间就

寝,阿云拿刀砍之,砍了十刀,竟然没有砍死他,只是砍断了他的一根手指,看来阿云是柔弱女子一枚,也可能是她的未婚夫膘肥体壮,反正是杀人未遂。官府开始怀疑是盗贼所为,后来排除了,开始怀疑阿云,找来一问,还未用刑,她即供认不讳,许遵认为她订婚时(严格说"纳采"还不等于订婚)是母丧时期,他俩的婚约还未成立,不算谋害亲夫罪,古代有十恶不赦罪,其中一条就是不睦,包括谋害亲夫。此案经朝廷审判,法官认为是谋杀已伤成立,许遵抗辩:她有自首情节,应从轻发落。

按照程序,既然判决了,这件事就到此为止了,不过是一件普普通通的民事案件,但大宋虽起自武夫之手,却是文人治国的时代,个个都是意见领袖,一个小小的阿云注定要在大宋朝廷上掀起不小的风浪。

> 事下刑部,以遵为妄,诏以赎论。未几,果判大理。耻用议法坐劾,复言:"刑部定议非直,云合免所因之罪。今弃敕不用,但引断例,一切按而杀之,塞其自守之路,殆非罪疑惟轻之义。"[2]

许遵有不同意见,但刑部不以为然,遂成僵局,这时,皇帝出来打圆场,下诏建议判为交银子赎罪。但许遵还是有不同意见,他认为自己仗义执言而被无故弹劾实在是耻辱,觉得阿云本贫寒女子,又没了娘,哪里出得了银子赎罪啊!又上奏说:"刑部的判决是不对的,阿云应该减刑,现在弃皇上的诏书不用,只因循旧例,上来就判死刑,堵了自首之路,这难道就是所谓的罪疑惟轻的原则吗?"

好一个"罪疑惟轻"的原则,大宋的法治够超前的。中国历代王朝起初基本都行严刑峻法,从重从严从快,服了吗?服了,OK,那我们就开始讲法治吧!待到政权稳固,法律就开始讲人情味了。

> 诏司马光、王安石议。光以为不可,安石主遵,御史中丞滕甫、侍御史钱顗皆言遵所争戾法意,自是廷论纷然。安石既执政,悉罪异己者,遂从遵议。[3]

宋神宗是个讲民主的皇帝,遂又下诏让司马光和王安石再议议,王安石力挺许遵,司马光则表示反对,御史中丞滕甫、侍御史钱顗也对许遵的意见有看法,认为是违反了法律的精神。大宋朝廷个个都是学霸,讲起道理来都是滔滔不绝,口若悬河,自然是聚讼纷纭,莫衷一是。直到王安石执政,这件案子才尘埃落定,许遵赢了,因为反对王安石的人基本都被拿下了。

不过,历代史书对王安石及其变法都是持否定态度的,所以对此案件的判决自然亦持否定态度。

> 虽累问不承者,亦得为按问。或两人同为盗劫,吏先问左,则按问在左;先问右,则按问在右。狱之生死,在问之先后,而非盗之情,天下益厌其说。[4]

> 论曰:宋取士兼习律令,故儒者以经术润饰吏事,举能其官。遵惠政及民,而缓登州妇狱,君子谓之失刑。[5]

即使讯问了很多次都不承认犯罪者,也可以按照有自首情节而从轻发落,譬如两人同时犯抢劫之罪,先被讯问者就是自首,疑犯生死竟然取决于谁先被讯问,而不是按照犯罪事实,这般荒唐,自然难以服众。

所以,宋史最后给予许遵的评价就是:“遵惠政及民,而缓登州妇狱,君子谓之失刑。”虽然颇有政绩,但这件案子办得不怎么样。

王安石与宋神宗先后离世后,司马光上台,尽废王安石的新法,不知道阿云一案可有变化,阿云的命运又当如何。没有找到历史的底稿,不好揣测,只是后来犯罪者再也没有王安石时期的好运了,这一点想必是没有悬念的。

《宋史·刑法三》里也对本案有记载:

> 熙宁元年八月,诏:“谋杀已伤,按问欲举,自首,从谋杀减二等论。初,登州奏有妇阿云,母服中聘于韦,恶韦丑陋,谋杀不死。按问欲举,自首。审刑院、大理寺论死,用违律为婚奏裁,敕贷其死。知登州许遵奏,引律“因犯杀伤而自首,得免所因之罪,仍从故杀伤

法"，以谋为所因，当用按问欲举条减二等。刑部定如审刑、大理。时遵方召判大理，御史台劾遵，而遵不伏，请下两制议。乃令翰林学士司马光、王安石同议，二人议不同，遂各为奏。光议是刑部，安石议是遵，诏从安石所议。而御史中丞滕甫犹请再选官定议，御史钱顗请罢遵大理，诏送翰林学士吕公著韩维、知制诰钱公辅重定。公著等议如安石，制曰"可"。于是法官齐恢、王师元、蔡冠卿等皆论奏公著等所议为不当。又诏安石与法官集议，反覆论难。[6]

阿云一个小小的案件几乎惊动了大宋朝廷所有的高官，反复争论了十几年，这样的案件，遍览古今中外，都很罕见。

所以，别轻易说"衙门八字朝南开，有理没钱别进来"，看中国的历史不要一刀切，不要预先来个判断，读原文，case by case（逐项具体分析），中国的儒家治理也不是吹出来的，是实实在在做出来的。

熙宁间，出知寿州，再判大理寺，请知润州，又请提举崇福宫。寻致仕，累官中散大夫。卒，年八十一。[7]

救人一命，胜造七级浮屠，冒着丢乌纱帽的风险，许遵几乎穷其一生都为阿云这位弱女子奔走。仁者寿，最后他活了81岁，也算是高寿了。

猴王不是法官，不是来断案的，至于阿云该承担何罪，以时下法律来判，应该不是难事，但也绝非易事。小案件反映大时代，即使我们生活在一个法治还比较完备的时代，冤假错案甚至荒唐的案件也还是时有发生。所谓真正的法治社会就是要尽量杜绝冤假错案，即使发生了，也不害怕，因为有纠错机制，能够知错即改。

一个社会的成熟度不仅仅在于经济繁荣，唯GDP只会弄得民怨沸腾，只有经济繁荣了还远远不够，没有法治的经济繁荣只是瞬时的繁荣，很难持久。宋朝在中国历史上能保持很长时期的富庶，最大的原因或许就在于其有完备的法治，官民都有底线，诸事自然好办。

注释：

[1]—[5][7] 元·脱脱等《宋史》,卷三百三十,列传第八十九。

[6] 元·脱脱等《宋史》,卷二百一,志第一百五十四,刑法三。

文明也可以不冲突

  大约一千年前,公元1096年到1291年,是我们的北宋末到元初的时期,十字军东征历时两百年左右。当时,还有一支远征军,是蒙古的西征大军,在成吉思汗的孙子旭烈兀率领下,横扫中东,建立了西到地中海,东到阿姆河,北到高加索,南到印度洋的伊儿汗国。当然伴随它的还有另外三个汗国,分别为钦察汗国、窝阔台汗国、察合台汗国,他们的军队号称"上帝罚罪之鞭",所向披靡,震撼了整个亚欧大陆。虽然蒙古大军西征伴随着杀戮和血腥,但是很奇妙的是,没有落下难以弥合的宗教和文明之间的仇恨,反而不可思议地融合了这个地球上仅有的几大宗教——基督教、伊斯兰教、犹太教、佛教和道教,诸教在前所未有的蒙古大帝国里相安无事,的确匪夷所思。

  由于旭烈兀是忽必烈的三弟,所以,在蒙古帝国的四大汗国里,伊儿汗国与中国最亲密,因此丝绸之路畅通无阻,中西交流颇为顺畅。所谓当时的"陆上丝绸之路"和"海上丝绸之路"不过是蒙古帝国兄弟国之间的交流,这四大汗国与北京元大都之间的关系有点联邦共和国的意思,想想看,那时的马可·波罗取道这几个汗国来元大都那真是再自然不过的事情了,当时西方憧憬中国也是再自然不过的事情了。马可·波罗的游记里提到元朝忽必烈治下繁盛的经济,叹为观止,让他这位威尼斯商人不免生出小巫见大巫的感叹。

马可书中最有趣的描述之一是他勾画的中国南北两地经济活动的图画:中国北方,他继续称为契丹(该名来自原契丹人);中国南方,原来的宋王朝,他称为蛮子。从他的书中,我们知道了在中国北方已经开采煤矿。"从山上矿层中开采的一种黑石头,像木头一样地燃烧,它们很好烧,以致整个契丹不烧其他燃料。"水路的运用同样使他吃惊,他尤其提到了中国经济的主动脉长江在商业上的重要性。"这条河上往来的船只和运载的货物比基督教世界中的任何一条河和任何一个海都要多,"他还说,"每年沿该河而上的船就有20万条,更不用说顺水而下的船只了。"他还提到了帝国运河的经济作用,这条运河是忽必烈时彻底凿通的,经这条运河,大米可以从长江下游运到北京。

为管理繁荣的国内商业和开展与印度、东南亚的贸易,在中国中部港口和广州地区形成了强大的商会。这些商会可以与佛兰德尔的行会和佛罗伦萨的技术协会相比,甚至还超过它们。关于杭州的商会,马可写道:"众多商人云集在这里,他们十分富裕,经营着大宗贸易,没有人能估量出他们的财富。只知道贸易主(他们是企业的头目)和他们的妻子们都不直接从事任何事情,但是,他们过着如此奢侈豪华的生活,以致人们会想象他们是国王。"纸钞的普遍使用便利了商业交流,马可打趣地称纸钞为点金石。"我可以告诉你们,在中国,每个人都乐意接受这些纸币,因为无论他们走到大汗领地内的任何地方,都可以像使用金子似地毫不困难地用它们来做买卖。"中国人强烈的商业意识也令这位威尼斯人惊诧。他不断地回忆起那些丰富的场面:从印度回来的船只满载着香料——胡椒、生姜和肉桂;或载着稻米的帆船沿长江顺流而下,或沿大运河逆流而上;杭州或泉州的商店内,贵重货物琳琅满目,有生丝、锦缎(很厚的丝织品)和绣花织锦(有金线或银线绣成花的丝织品),以及有特殊图案的缎子,或称"刺桐布"织品。

马可以同样赞赏的语调描述了中国的主要市场:北方丝绸中心是汗八里(北京,每天都有上千辆满载生丝的大车驶入,用它们制成大量的金布和成丝);成都府(四川,成都)生产薄绢,并将这种丝织品出口到中亚;安庆或开封和苏州(江苏)生产金布;扬州(江苏,扬州)是长江下游的最大的稻米市场。最繁忙的地方是原南宋都城京师(Quinsai,浙江杭州),在蒙古人的统治下,并没有丧失它以往的商业活动。事实上,因为它现在与蒙古大帝国的一切贸易联系起来,商业贸易还获得了发展。马可把它描述成中国的威尼斯。首先是作为最大的食糖市场而提到它。无数的船只把印度和东印度的香料带到杭州,又从杭州把丝织品带到印度和穆斯林世界。于是,杭州城内住着大批阿拉伯移民,以及波斯和基督教的商人们。最后,是福建省内的两个大港口:福州和刺桐(即泉州)。福州商人"囤积了大量的生姜和良姜,城里还有一个相当大的砂糖市场和一个大的珠宝交易市场,这些珠宝是用船从印度群岛捎来的"。

元朝最大的货栈仍要算马可所记的刺桐,"从印度来的所有船只,满载着香料、宝石和珍珠停泊在刺桐,简直难以想象。蛮子(指中国南部)的所有商人们云集在此,它是全中国最大的进口中心。可以说,如果有一艘载着胡椒的船从印度群岛驶往亚历山大港,或者基督教世界的任何一个其他港口的话,那么,就有一百多艘驶往刺桐"。这些记载得到了阿拉伯旅行家伊本·白图塔的证实,他在1345年左右谈到了刺桐(泉州)。

显然,在蒙古人统治期间,中国市场与印度和马来亚市场有着密切的联系。按马可的陈述,大批中国船只定期在爪哇港停泊,带回"黑胡椒、良姜、毕澄茄、丁香和其他香料,刺桐商人们因经营这些商品而致富"。从另一些史书中,可以了解到忽必烈及其继承者们与特拉万可和卡纳蒂克的大公们缔结了真正的商业贸易协定。

中国的商船队载着大捆的生丝、彩色丝织品、缎子、薄绢和金丝锦缎定期在加韦里伯德讷姆、卡亚尔、奎隆和锡兰停泊；返回中国时，运载着印度世界的胡椒、生姜、肉桂、豆蔻、平纹细布和棉布，以及印度洋的珍珠和德干高原的钻石。

此外，元朝大汗的幼支在波斯建立的汗国促使了两国之间的频繁交往。旭烈兀家族的波斯汗们在伊斯兰环境的包围中仍在相当程度上保留着蒙古人的爱好，他们派人到中国获取诸如丝、瓷器之类的奢侈品，当时的波斯袖珍画像开始显示出中国工匠们的影响。反过来，蒙古人统治下的波斯也把地毯、马具装备、盔甲、青铜器和搪瓷制品输往中国。

最后，马可的游记和佩戈洛蒂（Pegolotti）撰写的《贸易实践》（*Pratica della mercatura*）都证实了这一点：蒙古征服使中国社会与欧洲发生联系。到 13 世纪末，贯穿大陆的两条路把欧洲与远东联系起来。第一条路是从钦察汗国到敦煌，对欧洲人来说，它起于克里米亚的热那亚和威尼斯商业据点，更准确地说，起于顿河河口处的塔那。该道的主要驿站有伏尔加河下游的萨莱，即蒙古钦察汗国的都城，接着是锡尔河中游的讹答剌和伊塞克湖以西的怛逻斯和八拉沙衮。从伊塞克湖起，有一条小道进入蒙古，途经叶密立河、也儿的石河上游（黑额尔齐斯河）、乌伦古河，到达鄂尔浑河上游的哈拉和林，从哈拉和林该路南通北京。从伊塞克湖西端出发的另一条小道，通伊犁河上游的阿力麻里（固尔扎附近）、别失八里（今济木萨）、哈密和甘肃肃州，然后进入中国本土。第二条路是穿过波斯的蒙古汗国，它的起点或者是特拉布松希腊国都城、黑海边的特拉布松城，或者是从法属叙利亚附近的西里西亚的亚美尼亚国最繁忙的港口剌牙思。无论从哪一个起点，该路都要穿过与波斯的蒙古汗国保持紧密联系的属国、小亚细亚塞尔柱克苏丹国的东境，然后到波斯汗国的实际上的都城桃里寺。从桃里寺起，主要驿站常常是可疾云（加兹温）、刺夷、莫夫（马里）、撒麻耳干（撒马尔罕）、塔什干（当时名柘析）、喀什、库车、吐鲁番、哈密和甘肃。还有另一条路可以选择，即从莫夫到巴里黑、巴达克山、喀什、于阗、罗布泊和敦煌。经过这些不同的商路，从远东来的商品被直接运往欧洲。

除了这些与古丝绸之路一致的陆路外，蒙古征服还重新开通了海路，或称香料之路。当阿拉伯人和塞尔柱克人统治的伊朗一直对欧洲实行关闭时，而波斯的蒙古汗们则对要经海路去中国的商人和传教士们敞开了他们的领土。从报达哈里发朝的灭亡到伊斯兰教在波斯汗国内获得最后胜利的期间，天主教的旅行者们可以从桃里寺到霍尔木兹，畅通无阻地穿过伊朗，然后从霍尔木兹码头乘船去塔纳、奎隆和刺桐。正如下面我们将要看到的那样，鄂多立克的旅行就是沿这条路线旅行的典型。反过来，来自中国的丝绸和来自东印度群岛的香料在霍尔木兹卸下，由商旅们带着通过蒙古统治下的波斯到达桃里寺大市场，然后由此分发到基督教世界的港口特拉布松，或者是刺牙思。

必须强调的是，道路所以这样自由畅通是以大屠杀为代价的，是蒙古征服的一大有利的客观后果。中国、突厥斯坦、波斯、俄罗斯团结在一个大帝国之中，在蒙古王公们的统治之下，按严格的札撒进行管理，这些王公们关心商旅的安全，宽容各种信仰，重新开通了自上古末期以来就阻塞不通的世界陆上与海上的大道。而波罗一家的旅行证明了比以马厄斯·梯梯安洛斯为标志的旅行大得多的活动。历史上第一次，中国、伊朗与欧洲互相之间开始了真正的接触。这是震惊世界的成吉思汗征服所产生的意想不到的结果，同样也是幸运的结果。[1]

虽然直到今天人们还怀疑马可·波罗这个人是否真的存在，不过，他的东方游记还是有很多颇为可信的地方，他也不是当时唯一来到中国的欧洲人。据说他是从卢沟桥进入元大都的,所以,卢沟桥又叫马可·波罗桥。公道地说,元朝初年蒙古帝国的治理还是很不错的,尤其是忽必烈治下,有点像清朝时的康熙年间,它不像我们想当然的那种——马上得天下者肯定疏于治国,至少在七十年的时间里,元朝的经济发达程度和对外开放程度于今日来看,也是很高的。即使是推翻蒙古帝国的朱元璋也不得不说了句公道话:

> 昔中国大宋皇帝主天下三百一十余年,后其子孙不能敬天爱民,故天生元朝太祖皇帝,起于漠北,凡达达、回回诸番君长,尽平定之。太祖之孙以仁德著称,为世祖皇帝,混一天下,九夷八蛮,海外番国,归于一统。百年之间,其恩德孰不思慕,号令孰不畏惧。是时四方无虞,民康物阜。[2]

朱元璋对成吉思汗、蒙哥和忽必烈的评价还是相当高的,当然他也不无惋惜地指出了元朝灭亡的原因:

> 上谕皇太子、诸王曰:"人君之有天下者,当法天之德也,天之德刚健中正,故运行不息;人君体天之德,孜孜不倦,则庶事日修,若怠惰侈肆,则政衰教弛,亏损天德,而欲长保天位者,未之有也。昔元世祖东征西讨,混一华夏,是能勤于政事,至顺帝偷惰荒淫,天厌人离,遂至丧灭。诗曰:'殷鉴不远,在夏后之世。'尔等当克勤克慎,他日庶可永保基业。"[3]

蒙古西征和南征是文明的冲突,但也是文明的融合,这就是历史的纠结和迷人之处。

好比近代中国与西方的冲突,不可否认,也伴随着文明之间的融合。当然我们希望文明的融合不必非伴随着文明的冲突,两个陌生人在路上相遇,即使语言不同,即使肤色各异,也一样可以同行,这不是侵略与暴力的理由。

旭烈兀西征首先消灭了穆斯林里面的一支"刺客派"力量,这一支派别名曰阿萨辛派,英文名字是 Asassain,可见这支"刺客派"的巨大影响力,竟然成为英文中有关暗杀和谋杀的词根。这支穆斯林派别专事刺杀十字军里的高级将领和附近各国的王公贵族,制造恐怖,但有一天他们试图刺杀蒙古大汗蒙哥未遂,结果惹恼了当时世界唯一的超级大国——蒙古帝国,所以结局可想而知。马可·波罗在游记里描述了这个山中帝国和它的命运:

山中老人和他的宫室、花园

描述完这个国度后,现在来讲山中老人。山中老人所住的地区叫穆列特,在萨拉森人的语言中这是指异教徒的聚居地,他的人民称为穆列黑台特,或异教教义的保持者,和我们用帕达利尼去称呼基督教徒中的某些异教徒一样。关于这个首领的事迹,是马可·波罗从好几个人那里听来的。

山中老人名叫亚洛丁(Aloadin),信奉回教。他在两座高山之间的一个美丽的峡谷中,建造了一座华丽的花园。所有的奇珍异果,鲜花美卉,园内都应有尽有。同时各处还建有大小不一、结构各异的宫室。宫室内装饰着金线刺绣、绘画和各种富丽堂皇的家具。而且还安装着各种管子,可看见美酒、牛乳、蜜糖和清水在各处流淌。

住在宫室里的都是些文雅美丽的妙龄女郎。她们对于唱歌、演奏、跳舞等艺术无不精通,尤其善于调情和迷惑男人的手段。这些女子浓妆艳抹在花园和亭阁中游戏行乐。服侍她们的女侍都深锁宫中,不准抛头露面。这个首领造此迷魂夺魄的花园的目的是:穆罕默德曾经对服从他的意志的人许诺,准许他进入极乐园,享受人间至乐,在美丽神女的仙境中,尝尽耳目之好和肉体的欢娱。因此山中老人也要自己的追随者相信,他也是一个先知,同穆罕默德一样,对于他所喜欢的人,也有准他进入极乐园的权力。

他为阻止一般人未得许可,擅自进入这个幽雅的区域,特在峡谷的关口建造了一个坚固无比的城堡,入口处是一条秘密的道路。他在朝中又豢养了一批少年,年龄从十二岁至二十岁,都是选自附近山区的居民,这些人受过一些军事训练,并具有勇敢的气质。山中老人每天和他们讨论先知所宣布的极乐园和他自己也具有允许进入这个乐园的权力等问题。在某些时候,老人会用一种麻药把十或二十个青少年麻醉,等他们昏迷后就将他们搬到花园中的各个宫室里去。

老人惯于训练暗杀者

等这些青年人从迷幻的状态中苏醒过来,觉得四周都是曾经描写过的,令人欢喜的景致。每个人都被可爱的少女包围着,既歌且舞,又用最勾魂夺魄的接吻与拥抱爱抚他们;供给他们佳肴美酒,让他们在真正的牛乳和酒的小溪中尽情享乐陶醉。此时他们相信自己的确是在极乐园中,觉得不愿意抛弃这里的欢乐。

等这样生活四五天后,他们再次陷入一种麻醉状态,被送出花园。当他们被带到老人的面前,问他们曾经在何处,他们的回答是:"在极乐园,这是由于大王的恩赐。"于是在惊骇异常的全朝廷人的面前,讲述他们曾经眼见的情景。

这个首领便乘机向他们说道:"我们的先知保证,凡拥护他的主人的人都将进入极乐园,你们如果诚心服从我的命令,这种幸福的生活便在等待你们。"所有的人都被他的这些话所鼓舞,一旦得到主人的命令,便十分快乐,并勇敢地为他服务,至死不辞。

这个方法的后果是:凡邻国的王公或其他人如果侵犯了这个首领,便会被他的训练有素的暗杀者所杀。这种人只要能够履行他们主人的意志,即使牺牲自己的生命,也在所不惜,因为他们已把生命看得很轻。因此老人的专制变成了邻近所有国家恐怖的源泉。

老人派了两个代表,一个驻在大马士革的附近,一个住在库尔德斯坦。他们在那里执行他的训练青年刺客的计划。无论怎样有势力的人，一旦与山中老人为敌，都免不了被暗杀的命运。

老人的下场

这个老人的疆土恰好在蒙哥大汗的兄弟旭烈兀的领域内。旭烈兀曾经得到过关于老人凶恶残忍和纵容人民抢劫过路旅客的报告，于是在一二五二年，特意派遣一支军队去围攻老人的城堡。但是由于老人拼死抵抗加上城堡的坚固，整整围了三年，竟丝毫不能得手。最后由于堡内弹尽粮绝，老人才被迫投降。山中老人被俘后，被处死刑，他的城堡被解除了武装，极乐园也被夷为平地。自此以后，便没有山中老人了。[4]

历史何其相似。怎么说呢？历史总是重复的。

剿灭了"刺客派"后，旭烈兀一鼓作气，攻陷了巴格达，并且占领了大马士革，拯救了被穆斯林统治的东正教徒，虽然旭烈兀本人信奉佛教，但他的母亲和妻子都信奉景教，也就是基督教，他对基督教有着天然的亲近感。不过，后来蒙哥大汗负伤去世，旭烈兀不得不留下少量部队，回国助兄长忽必烈争大汗位置，穆斯林又趁机反攻，中东又恢复到以前。

要说谁把蒙哥击伤了，谁帮了中东的穆斯林，这还得说说大宋。当时南宋危在旦夕，蒙古四路大军进攻南宋，忽必烈进攻湖北，战襄阳；察塔儿进攻两淮，渡长江；兀良哈台进攻云南，抄后路；蒙哥亲率大军进攻重庆，若拿下重庆，便可顺江而下逼近南宋首都临安。1259 年 2 月，蒙哥前锋直指重庆北边嘉陵江畔的钓鱼城，可惜，攻了二十年都没有攻下这道关隘，蒙哥大汗还被南宋的火炮击伤，最后病死途中。他一死，几位王爷都赶快回国争夺汗位，不仅解了南宋之围，还顺便解了中东穆斯林之围，所以，其后的中华帝国和伊斯兰世界也能和平相处，没有结下什么梁子。

《元史》有记载:

> 二月丙子,帝悉率诸兵渡鸡爪滩,至石子山。丁丑,督诸军战城下。辛巳,攻一字城。癸未,攻镇西门。三月,攻东新门、奇胜门、镇西门小堡。夏四月丙子,大雷雨凡二十日。乙未,攻护国门。丁酉,夜登外城,杀宋兵甚众。五月,屡攻不克。六月丁巳,汪田哥复选兵夜登外城马军寨,杀寨主及守城者。王坚率兵来战。迟明,遇雨,梯折,后军不克进而止。是月,帝不豫。秋七月辛亥,留精兵三千守之,余悉攻重庆。癸亥,帝崩于钓鱼山,寿五十有二,在位九年。追谥桓肃皇帝,庙号宪宗。[5]

明代诗人杨慎留下来一首《钓鱼城怀古》,交代了这段史实:

> 钓鱼城下江水清,荒烟古垒恨难平。
>
> 睢阳百战有健将,墨翟久守无降兵。
>
> 犀舟曾挥白羽扇,雄剑几断曼胡缨。
>
> 西湖君臣犹歌舞,只待崖山航海行。

他把王坚固守钓鱼城和唐朝安史之乱中张巡孤守睢阳(商丘)相提并论。张巡以几千人马御敌几十万,固守两年,毙敌十几万,让叛军始终不能越过江淮踏入江南一步,为唐王朝中兴立下头功。王坚呢,阻遏了蒙古大军二十余年,还击毙了蒙古最高领袖,估计连他自己都不曾想到自己的历史地位。可惜蒙古丞相脱脱在其领衔编纂的《宋史》里竟没有为王坚单独列传,是不是有点小心眼呢?

一个小小的钓鱼城却大大地改变了世界历史,守城的王坚理应名垂青史,以猴王角度观之,其英雄气概一点不输于岳飞、文天祥、于谦……甚至有过之而无不及,他不仅仅拯救了南宋王朝几十年,而且解救了中东、中亚和欧洲,只可惜,历史有时是选择性地记忆,也是选择性地失忆,就看你能不能打动某些史官的神经,或者正好迎合某个朝代、某个事件或某个人物的好恶了。宋末元初,人们只记住了"留取丹心照汗青"的文天祥,却忽视了改写世界历史的王坚,这不是偶然。

南宋虽表面上孱弱,却代表着文明融合的正能量,也是蒙古大军对外扩张中遇到的最顽强的抵抗。蒙古灭金、灭西夏都不费吹灰之力,蒙古横扫中东也势如破竹,独独灭南宋却胶着了近半个世纪,为何?南宋经济发达是主要因素,打仗是要花银子的,南宋充足的银子弥补了军事上的疲软。

蒙哥算是蒙古族里的英才,《元史》说他"帝刚明雄毅,沉断而寡言,不乐燕饮,不好侈靡",他也不完全迷信武力挞伐,于不同的文明和宗教虚怀以待之。当时他对罗马教皇派来的使者说:"我认为这个世界只有一个上帝,他创造了我们大家,不过正如他创造的你我手指头长短不一那样,他也允许我们各自有不同的信仰。"蒙哥真是一个有大智慧的人,一句话就化宗教争端于无形。据说,在他任内,还搞了一个宗教辩论,蒙古当时的主流宗教是萨满教,其次还有景教(聂思托里教),其实就是基督教,还有道教,因为丘处机和成吉思汗关系不错。据说这几个宗教辩而不破,和谐共处,可见成吉思汗的子孙也不乏伟人。俺也怀疑身上有成吉思汗的基因,就中国北方人而言,尤其处于"民族熔炉"的山西人,胡人的血脉非常多。

忽必烈对宗教态度如何呢?

马可·波罗有一段描述:

> 大汗获得了这场重要战役的胜利后,威风凛凛地返回汗八里(北京)城,当时正是十二月。当第二年二三月间,他仍然住在这里。三月是我们的复活节,大汗知道这是我们的主要祭祀之一,于是下令所有的基督徒都来到他的面前,并捧出他们的四大福音的《圣经》。

> 他十分庄严地下令将《圣经》用香薰几次,然后很虔诚地对它行一个吻礼,并命令所有在场的贵族行同样的礼节。每当基督教主要节日如复活节、圣诞节,他总是这样做的。即使是萨拉森人、

犹太人或偶像崇拜者的节日他也举行同样的仪式。[6]

法国历史学家勒内·格鲁塞在《元朝的宗教》一篇中也写道:

> 正如马可·波罗明确指出的,忽必烈对一切宗教都很宽容,尽管他在 1279 年一度恢复了成吉思汗关于屠杀牲畜的规定——这一规定是与穆斯林习俗相违背的——和一度表现出极端反感《古兰经》所强加给穆斯林的那些对"异教徒"发动"圣战"的义务。此外,他对佛教徒的同情,使他在短时期内对佛教徒的老对手——道士们表现了几分个人敌视。的确,佛教因他的偏袒而明显受益。他正是以这种面貌而被载入蒙古传说的。虔诚的佛教徒、蒙古史家萨囊彻辰甚至给忽必烈冠以呼图克图(Qutuqtu,崇敬的、神圣的)和查克拉瓦蒂(Chakravartin,在佛教词汇中是"宇宙之君主")这些称号。甚至在他继位前,即蒙哥统治时期,他就在上都府召集了一次佛教徒与道士的辩论会(1258 年),结果,佛教徒获胜。[7]

有一本畅销书,叫《耶路撒冷三千年》,我还没来得及读完。耶路撒冷这个地点太敏感了,各大宗教都认为那是他们的圣城,这真是"神仙打架",一个无解之解。人多了嘴杂,嘴杂了易起争端,易起争端就会打架,几个人打架不要紧,要紧的是会绑架整个国家还有宗教。突然感觉欧洲和中东又一次陷入了千年前的窘境,彼此擦枪走火的概率越来越高。两次世界大战、三次中东战争、科索沃战争,巴尔干的火药桶似乎刚刚清理完毕,中东则酝酿更大的火药桶,已经烧到了地中海西岸,欧洲人已经感到烫脸了。

话说,在这亨廷顿预言的"文明的冲突"里,我们中国能做什么?元朝虽然存在不到一百年,算是主要朝代中最短命的,但是整个元朝时期对不同文明和宗教的包容的确符合中国儒家"和而不同"和"兼济天下"的情怀。在现代不同文明和宗教的对抗中,儒家是一个最佳的调停者,因为千百年来,儒家最能包容百家的信仰。所谓的"罢黜百家,独尊儒术"是一个伪命题,就凭他董仲舒一张嘴就把儒家给定义了? 我们是不是也太好被忽悠了? 儒家从开始就是一个杂家,其中包含了墨家及法家的思想,儒家还包容了佛教,包容了伊斯兰教,包容了道教,包容了基督教,真是一个 diverse belief(多样的信仰),好比我们中国特色的社会主义,那也是包括了人类一切进步成果的道路。

明末清初很多朝廷大官都是基督徒,他们既信儒学也是基督教徒,平时拜孔子,周末做礼拜,两者并不矛盾。当然佛教徒也很多,尤其是藏传佛教,道教也不乏其人,穆斯林也有聚居地,各个宗教相安无事。在云南和西藏交界处的香格里拉,雪山皑皑,水草丰茂,各个宗教和谐共处,天人合一,可谓世外桃源。福建的泉州,海上丝绸之路的起始点,各个宗教更是和睦相处。你可以看看康熙朝时,康熙与当时教皇的往来书信,可谓是言语诚恳得不能再诚恳,非常的 nice,要不是后来的教皇非坚持信基督就不能信孔子,中国和罗马教廷的"蜜月期"还会更长。承德避暑山庄有外八庙,那是藏传佛教,还有山西的五台山、北京北海的白塔。佛教是反客为主的宗教,原本来自印度,但是很巧妙地融合于中国的儒家文化里,可见儒家本身就兼容并蓄、胸怀博大。虽然这中间也不是一帆风顺,也有小心眼的当权者,但在中国历史上鲜有宗教战争,从目前的状态来看,也不错,花开几朵,各表一枝,在中华大家庭里,共享春天。

谁能在所有的宗教信仰里产生最大的公约数,谁就是未来这个世界的领袖。

注释：

[1][7] [法]勒内·格鲁塞《草原帝国》,蓝琪译,商务印书馆1998年版。

[2]《明太祖实录》,卷一百九十八。

[3]《明太祖实录》,卷二百八。

[4]《马可·波罗游记》,第二卷,忽必烈大汗和他的宫廷　西南行程中各省区的见闻录。

[5]明·宋濂等《元史》,本纪三,宪宗。

[6]《马可·波罗游记》,第一卷,从小亚美尼亚到大汗上都沿途各地的见闻录。

瞧这一家子

位于故宫养心殿的西暖阁有一间房子，名曰三希堂，是乾隆的书房，旁边还有一处喝茶的地方。每次去故宫，猴王都会去那里逗留一会，体验一下皇帝书房的感觉。平心而论，从采光到景致，那里都不算太好，肯定比不上圆明园。

乾隆皇帝是中国最后一位文艺皇帝，也是最有福气的一位皇帝，他能干的爷爷和爹爹传给他一个超级大的帝国，宿敌蒙古已经臣服，天下一统，四海无虞，够他享受半个多世纪了。如果古代的历届帝王在天上也聚会的话，宋徽宗赵佶和南唐后主李煜肯定都会嫉妒他的，一样都是文艺皇帝，俺们的命怎么就这么苦啊！

严格说，乾隆皇帝还不能算是个大才子，只是一位好学但悟性稍欠的皇帝，论艺术成就他还比不上宋徽宗和南唐后主，但总比现在一些有钱人强，这些人之所以喜欢把玩古董字画多半是附庸风雅，到底懂得多少，从中得到多少美感和乐趣，不得而知，他们只是凑凑热闹、装装样子而已。乾隆则不然，首先识货，另外好学。乾隆十一年（1746），他把晋朝大书法家王羲之的《快雪时晴帖》、王献之的《中秋帖》和王珣的《伯远帖》收藏在三希堂，每天照着临摹。这三个帖子里，猴王最喜欢《快雪时晴帖》，不仅是因为王羲之潇洒的行草，更因为其后赵孟頫漂亮的题跋：

东晋至今近千年，书迹流传至今者，绝不可得。《快雪时晴帖》，晋王羲之书，历代宝藏者也。刻本有之。今乃得见真迹，臣不胜欣幸之至。延祐五年四月廿一日，翰林学士承旨、荣禄大夫知制诰、兼修国史，臣赵孟頫，奉敕恭跋。

怎么看都觉得顺眼。古今以来，书法大家太多了，不知为何，最欣赏的就是赵孟頫的字，如果非要问原因的话，只有俩字：舒服。

延祐（1314—1320）是元仁宗的年号，他是忽必烈的曾孙子，是有元一代少有的有文艺范的皇帝，也是一位很有作为的皇帝，《元史》里对他评价很高：

> 仁宗天性慈孝，聪明恭俭，通达儒术，妙悟释典，尝曰："明心见性，佛教为深；修身治国，儒道为切。"又曰："儒者可尚，以能维持三纲五常之道也。"平居服御质素，澹然无欲，不事游畋，不喜征伐，不崇货利。事皇太后，终身不违颜色；待宗戚勋旧，始终以礼。大臣亲老，时加恩赉；太官进膳，必分赐贵近。有司奏大辟，每惨恻移时。其孜孜为治，一遵世祖之成宪云。[1]

猴王曾说过："梳理中国历史，总会发现，所谓盛世，大抵离孔孟之道很近，所谓乱世，大抵离它很远，而那些所谓的乱世，大多是在与孔孟之道绝缘的游牧民族的统治之下，一旦它们接近孔孟，下马归化，社会秩序便会大大改观，一个学术，能管中国2000多年，多不容易。孔孟之道让中国漫长的中央集权的专制社会有了一丝历史的温情。"

元朝传到元仁宗这一代，化干戈为《论语》，儒学开始登场，王朝中兴之势也呼之欲出，标志性的人物是谁呢？赵孟頫。

不管打工还是做官，重要的是遇到一位好老板或好上司。赵孟頫运气不错，遇到了元仁宗，元仁宗运气也不错，遇到了赵大才子，真正的团队就是相互造就，失败的团队肯定是相互拆台。

《元史》记载：

> 帝眷之甚厚，以字呼之而不名。帝尝与侍臣论文学之士，以孟

頫比唐李白、宋苏子瞻。又尝称孟頫操履纯正,博学多闻,书画绝伦,旁通佛、老之旨,皆人所不及。有不悦者间之,帝初若不闻者。又有上书言国史所载,不宜使孟頫与闻者,帝乃曰:"赵子昂,世祖皇帝所简拔,朕特优以礼貌,置于馆阁,典司述作,传之后世,此属呶呶何也!"[2]

元仁宗特别欣赏赵孟頫,直呼其字,把他当哥们对待,并夸他可比唐朝的李白和宋朝的苏轼,猴王以为,元仁宗的眼光不错。作为一名汉人而得到蒙古皇帝的如此厚爱,当然会有人不高兴了,像后来的康熙重用陈廷敬,雍正重用张廷玉一样,肯定会有人说三道四,特别是赵孟頫被任命为"修国史",很多蒙古王爷感觉更不爽了,俺们的家事怎么能让一个外人知道呢?元仁宗毕竟气魄宏大:你们这些区区小人知道啥?瞎咧咧什么呢?哪儿凉快哪儿待去。

《新元史》记载:

> 孟頫妻管氏、子雍,并以书画知名。仁宗取孟頫及管氏与雍所书,装为一帙,识之曰:"使后世知我朝有一家善书者。"雍官至集贤待制。孟頫弟孟吁,字子俊,亦工书画。[3]

元仁宗是老赵家的铁杆粉丝啊!其实,老赵家不仅仅是夫妻俩和儿子善书,老赵的外孙王蒙也善书,当然这位王蒙非当代的作家王蒙。关于老赵的夫人管道升善书,《元史》里并没有专门提及,可见当时妇女之地位,而在《新元史》里却专门提及了,因为《新元史》成书于1920年,都民国了,"半边天"也开始抬头了。

老赵一家子艺术造诣如此高,个人禀赋是一方面原因,另一个不容忽视的原因当然是遇到一位好皇上。元仁宗,名孛儿只斤·爱育黎拔力八达,这是元朝的第四位皇帝,也是第一位力主汉化和用儒学治天下的蒙古皇帝,继位初就立马恢复科举。当时南宋灭亡已经36年,离金亡也已经81年,金朝治下北方地区的汉人和南宋治下淮河以南的汉人有多少代人都没有进身之阶啊！民族矛盾已经到了一点就燃的地步，元仁宗顺应潮流，不仅果断开科取士，还派重臣到民间搜寻能人，赵孟𫖯就是在这样的背景之下被请到了朝廷。

> 孟𫖯幼聪敏，读书过目辄成诵，为文操笔立就。年十四，用父荫补官，试中吏部铨法，调真州司户参军。宋亡，家居，益自力于学。至元二十三年，行台侍御史程钜夫，奉诏搜访遗逸于江南，得孟𫖯，以之入见。[4]

《元史》还记载："杨载称孟𫖯之才颇为书画所掩，知其书画者，不知其文章，知其文章者，不知其经济之学。"[5]这句话不是瞎讲的，老赵屡屡就安邦治国发表见解，都很独到，岂是那些只知道玩章句小楷的书呆子所能比？看来他作为宋太祖的后代天生就有安邦治国的基因。

史臣曰："赵孟𫖯以宋宗室之俊，委贽事元，跻于通显。"[6]古代士大夫很讲究气节，老赵为宋朝宗室才俊而服务于元朝，有点委屈的意思，言外之意，他也可以像明末八大山人朱耷一样，削发为僧，过着闲云野鹤的隐居生活，不必蹚新朝这滩浑水。

改朝换代的乱世中，大牌文人的选择其实最纠结，进也不是，退也不是，进难免让后人讥笑，退则实在委屈自己。像赵孟𫖯这样的能人，想隐居也不易，朝廷总会去打扰他。当年的山西才子傅山，康熙命县令把装病的他抬到紫禁城，他躺在那里还是不起来，很有气节，但是，不论他如何折腾，也没能改变清兵入主中原的事实。要我说，除非如洪承畴、吴三桂这类反戈一击的叛将，文人墨客的选择则相对复杂得多，不管是选择归隐还是选择合作都有一定的道理，需要细细甄别，不能想当然地把一顶不忠的帽子戴到他们头上。

老赵的运气不错，遇到一位伯乐皇上，刚进朝廷，元仁宗就把他的座次排到右丞相叶李的前面，仅次于左丞相桑哥，"孟𫖯才气英迈，神采焕发，如神仙中人，世祖顾之喜，使坐右丞叶李上。或言孟𫖯宋宗室子，不宜使近左右,帝不听"[7]。肯定有人说闲话了,总要讲究先来后到吧!可惜元仁宗不以为然,可见元仁宗有多么喜欢老赵。

老赵长得那么帅,喜欢他的美女肯定不少,当然嫉妒他的男人会更多,这是规律。据说面对这些"秋波",老赵也有动心的时候,也想效仿当时的名士纳妾,又不好意思告诉老婆。赵孟頫有才,他夫人管道升也不示弱。古代书法写得好的女性最早记载是卫夫人,元朝就数她管夫人了,从古到今的女书法家里,她至少排到前十名。管夫人知道老赵的小心思后,据说写了一首《我侬词》:

> 你侬我侬,忒煞情多;情多处,热似火。把一块泥,捻一个你,塑一个我。将咱两个一齐打破,用水调和;再捻一个你,再塑一个我。我泥中有你,你泥中有我。我与你生同一个衾,死同一个椁。

老赵看了之后,一语不发,以后再不提纳妾这档事了。聪明的女人就是这个样子的,以智取胜,傻女人则会使劲地把老公往别的女人怀里推。

注释:

[1] 明·宋濂等《元史》,卷二十六,本纪第二十六,仁宗三。
[2][4][5][7] 明·宋濂等《元史》,卷一百七十二,列传第五十九。
[3][6] 民国·柯劭忞《新元史》,卷一百九十,列传第八十七。

青花瓷与中国古典文化

素胚勾勒出青花笔锋浓转淡

瓶身描绘的牡丹一如你初妆

舟舟檀香透过窗心事我了然

宣纸上，走笔至此搁一半

釉色渲染仕女图韵味被私藏

而你嫣然的一笑如含苞待放

你的美一缕飘散，去到我去不了的地方

天青色等烟雨，而我在等你

炊烟袅袅升起，隔江千万里

在瓶底书汉隶仿前朝的飘逸

就当我，为遇见你伏笔

天青色等烟雨，而我在等你

月色被打捞起，晕开了结局

如传世的青花瓷自顾自美丽

你眼带笑意

色白花青的锦鲤跃然于碗底

临摹宋体落款时却惦记着你

你隐藏在窑烧里千年的秘密

极细腻,犹如绣花针落地

帘外芭蕉惹骤雨,门环惹铜绿

而我路过那江南小镇惹了你

在泼墨山水画里,你从墨色深处被隐去

天青色等烟雨,而我在等你

炊烟袅袅升起,隔江千万里

在瓶底书汉隶仿前朝的飘逸

就当我,为遇见你伏笔

天青色等烟雨,而我在等你

月色被打捞起,晕开了结局

如传世的青花瓷自顾自美丽

你眼带笑意

周杰伦的《青花瓷》歌曲在耳边萦绕,一幅古典美的画卷呈现在眼前,方文山的词总是如此富有诗意,寥寥数笔,天青色欲雨的青花瓷精美绝伦地展现在世人面前,这真是只有青花瓷才具有的独特魅力啊!周董的歌曲,大多曲子很美,歌词也都很上乘,美中不足的是,他唱得那么投入,我却听不清他唱了什么。话说他的《烟花易冷》,据说取材于《洛阳伽蓝记》,但遍寻原书,并没有找到踪迹,看来有以讹传讹之嫌。不过,魏晋南北朝时,五胡乱华,宗教狂热,中国南北之间冲突不断,乱世佳人乱世情,我想应该很多,俯拾皆是,用不着虚构。《洛阳伽蓝记》表面写北魏时洛阳寺庙的兴废史,连带着描绘了市井中的逸闻趣事,甚至有些是神仙鬼怪类的小说,算是后来蒲松龄《聊斋志异》的滥觞吧。

青花瓷的魅力不是今天才有的事,其发展从元朝开始,得益于元朝畅通无阻的海外贸易,青花瓷所需要的青料从旭烈兀所统治的波斯和叙利亚大量进口到本土,青花瓷制作技艺突飞猛进,开始成为风靡近千年的奢侈品,到清初康熙年间达至鼎盛。与青花瓷所掀起的奢侈品狂潮相比,现在所谓的各种名牌包包都是浮云而已。

在17世纪末18世纪初，法国出了一位很厉害的皇帝——路易十四，号称太阳王，他于1643年登基，当时年仅5岁，不过，等到他23岁那年，他才真正开始亲政，这一年恰好是1661年，这一年，清朝也迎来了新一任皇帝——康熙皇帝。康熙在位61年，执政到1722年，路易十四呢，执政到1715年，当政72年。乖乖，当政时间竟超过同期很多人的寿命，以至于他的儿子都没来得及接上班，长孙也没能赶上，后来他的重孙子接了他的班，是为路易十五。能与路易十四执政时间不分伯仲的恐怕只有我们西汉时的南越王赵佗了，他活了一百多岁，在位也长达七八十年。

路易十四和康熙，一个奠定了法国在欧洲的中心地位，使其强盛了近两百多年，那时欧洲的主流语言是法语而不是英语；一个奠定了清朝在亚洲的中心地位，也强盛了近一个半世纪。

执政时间长了都有一个毛病，免不了奢侈浪费，也免不了剧情拖沓，譬如我们的肥皂剧。路易十四死后七十多年后，法国发生了大革命，康熙走后一百年，清朝自由落体般地衰落，史家都认为他们应负有一定的责任。

路易十四是如何挥霍的？他建了一座凡尔赛宫，然后每天大摆酒宴，笙歌不绝。据说法国一年税收的一半都用于凡尔赛宫内的开销，想想今日的法餐能号称大餐，我看始作俑者非路易十四莫属。据说我们的满汉全席也是康熙时才有的事，康熙喜欢办千叟宴，这都是盛世才有的场面啊！筹办宴席也是一个系统工程，不仅费时费力，还需要采办必要的食物器皿，因此，路易十四添了一个嗜好，那就是来自中国的瓷器。

据说他每天都会收到来自中国的瓷器，这些瓷器从中国福建的泉州出发，沿着越南的海岸线，穿过南海，在马六甲停泊，然后重新封装，穿越印度洋，过好望角，驶往欧洲的各个港口，接收者都是欧洲的王室和贵族。这些王公贵族每天签收瓷器就好比现在的人每天签收快递一样，成了生活中不可少的一部分。若今天没签收到瓷器，会觉得怪怪的,好像少了点什么似的。

路易十四专门为自己宠爱的情妇蒙特斯潘夫人建了一所青花瓷的宫殿,名叫特里亚农瓷宫,可见他对青花瓷的痴迷,犹如当今贵妇对各种名牌包包、各种名牌鞋的痴迷,为此建一所房子来收藏也在所不惜。

对瓷器近乎病态的痴迷者并不是只有路易十四,这是欧洲皇室和贵族们的整体嗜好。除了享乐,瓷器还有另外一个功能——炫耀,如当今的豪车和豪宅一样。占有瓷器的多少,决定了他的社会地位有多高,此事关乎面子。

德意志萨克森选帝侯、波兰国王奥古斯都二世也是青花瓷的忠实粉丝,为了能得到普鲁士威廉一世的127件青花瓷,他不惜用600名身边的骑兵禁卫军来作为交换,这支卫队后来被编进了普鲁士陆军,为普鲁士攻城略地建立了不少功勋,史称"瓷器兵团",最后一次参战据说是第二次世界大战中的斯大林格勒战役。这真是舍命换瓷器啊!好感动啊!让我想起时下有人不惜卖肾买某名牌手机,要说粉丝,这才是最忠实的粉丝,骨灰级的粉丝。

猴王西行在造访欧洲王室的宫殿时,发现他们都有一个共同的特点,宫殿里都会辟有专门的房间存放来自中国的瓷器。不论是丹麦皇宫、奥地利皇宫,还是德国德累斯顿茨温格尔宫,都充溢着中国的瓷器,这些瓷器都来自中国一个叫昌南(China)的地方,即现在的景德镇,中国的英文名字便由此而生。看来,我们的国名本来就是一个奢侈品,与非洲的象牙海岸(科特迪瓦)和黄金海岸(加纳)有点相似,只不过后者是带有耻辱记忆的名字,我们的则是关乎一段自豪的历史回忆。

对中国瓷器的膜拜其实隐含着一个文化现象,处于启蒙主义时期的西方对东方的中国充满敬意,孔孟之道所呈现出来的田园牧歌式的和谐让他们非常艳羡;这里没有宗教的压迫,却有着丰富灿烂的文化和艺术生活;这里没有欧洲的四分五裂,却有着成功的儒家治理;这里一切看起来都很慢,却富含诗意。法国启蒙思想家伏尔泰就毫不客气地说:"如果我们不能像中国那样,实在是大不幸。"(《论各民族的精神与风俗》)可是过了没多久,这句话就被中国人拿来说自己了:如果中国不能像西方那样,实在是大不幸。真是一种讽刺!

1755 年,乾隆二十年,中华帝国处于最辉煌的时期。这一年,伏尔泰根据马约瑟神父带回来的《赵氏孤儿》改编出了戏剧《中国孤儿》,该剧于当年 8 月在巴黎上演,轰动了整个法国。中国儒家文化所推崇的忠诚和仁义的价值观深深打动了欧洲人。

问题是,如果没有西方用坚船利炮敲开中国大门,强行让中国走上变革之路,中国能不能在自己的自然演进中发现科学的妙处从而实现生产力的飞跃呢?

和尚也能做宰相

五代十国时期(907—960)武人当道,杀人如麻,人们没有安全感,别说老百姓没有安全感,帝王也没有,三天两头脑袋被咔嚓,所以,心灵鸡汤大有市场。

当时五台山上有一高僧,名继颙,燕王之后,很有来头,他讲的《华严经》比俺们于丹姐姐的《论语心得》还要受欢迎,出场费自然节节攀升,专家费估计也没少拿。

《十国春秋·刘继颙传》记载不多,但信息量足够大:

> 继颙,故燕王刘守光子也。守光之死,以孽子得不杀,削发为浮图,后居五台山。为人多智数,善商财利,自世祖时颇已赖之,睿宗嗣位,用宗姓例,拜鸿胪卿。继颙能讲《华严经》,手执香如意,紫檀镂成,芬馨满室,四方争为供施,多积蓄以佐国用。五台当契丹界上,继颙常得其马以献,号添都马,岁率数百匹。又游华岩,见地有宝气,乃于团柏谷置银冶,募民凿山取矿烹银,官收十之四,国用多于此取给,即其地建宝兴军。英武帝立,继颙知后宫多内宠,献首饰数百副,加都统进太师兼中书令。天会十七年卒,追封定王。[1]

这段文字披露了什么呢? 一、继颙是帝王血脉;二、不幸国破家亡,出家为僧;三、智商高,学霸;四、情商高,善经商;五、爱国,当然爱的是北汉。

他首先赚出场费,讲《华严经》,"手执香如意,紫檀镂成,芬馨满室",颇有点像玄奘在长安讲佛法的场景,他因此掘得第一桶金,然后投身边境贸易,发了大财,然后再投身实业,开矿冶炼,走的是一条技贸工的路线。难能可贵的是,他发财还不忘爱国,每年光献军马就一百多匹。冷兵器时代,军马就相当于咱们热兵器时代的坦克、飞机和大炮,那是重武器,抗美援朝时常香玉捐了飞机一架,继颙捐马百匹,有过之而无不及。鉴于他对北汉做出的巨大贡献,后来他被任命为北汉的宰相。继颙的经历告诉我们,人的一生其实可以同时干很多事情,不要拘泥于一格、一隅,说念佛就只念佛,说经商就只经商,说写作就只能足不出户爬格子,说当官就一门心思钻进官场。

会做生意者情商必高,继颙生于兵荒马乱之中,必须要有自保之术。在城头变幻大王旗的年代,他知道要立稳脚跟,首先须稳定后宫,所以他贿赂后宫,好帮他吹枕边风。因而不管帝王废立,他最终寿终正寝。他于天会十七年(974)去世,他去世五年后,北汉就被北宋的赵光义给灭了,可见,没有了他这位和尚宰相,北汉也就混不下去了。

一介和尚能做到如此境界也算是千古奇迹,要说有步其后尘者,倒是有一人,明朝永乐年间的姚广孝,并且有过之而无不及。

《明史》记载:

> 洪武中,诏通儒书僧试礼部。不受官,赐僧服还。经北固山,赋诗怀古。其侪宗泐曰:"此岂释子语耶?"道衍笑不答。[2]

洪武年间,朱元璋为了江山稳定,宗教肯定是要管一管的,他当年就是明教教主造反成功的,所以,他也设立了宗教事务管理局。要管理就必须有专业人才,起码要会识文断字,所以他起用一些通儒家典籍的僧人,姚广孝即是其中的一位。有一次姚广孝游览镇江的北固山,写了一首抒发雄心壮志的诗,他的同事宗泐说:"你这哪里是和尚该说的话啊!"姚广孝笑而不答。

姚广孝在镇江北固山上写了一首什么诗呢？

> 谯橹年来战血干，烟花犹自半凋残。
>
> 五州山近朝云乱，万岁楼空夜月寒。
>
> 江水无潮通铁瓮，野田有路到金坛。
>
> 萧梁帝业今何在？北固青青客倦看。

倒数第二句"萧梁帝业今何在"指的是南北朝时萧衍的南梁。一介和尚言帝王霸业，口气不小，难怪同事质疑他：兄弟，吹牛吹大发了吧！

鹰若藏在鸡群里，不仔细看，很难分辨，他的同事当然眼拙了。燕雀安知鸿鹄之志哉！

> 高皇后崩，太祖选高僧侍诸王，为诵经荐福。宗泐时为左善世，举道衍。燕王与语甚合，请以从。至北平，住持庆寿寺。出入府中，迹甚密，时时屏人语。及太祖崩，惠帝立，以次削夺诸王。周、湘、代、齐、岷相继得罪。[3]

每个成功人士的一生或多或少都会遇到一两个贵人，姚广孝的贵人是谁？燕王朱棣。当然他们互为贵人，朱棣的贵人也是姚广孝。在高皇后驾崩后，朱元璋为每个王爷配了一位高僧，诵经荐福，朱棣和姚广孝一见如故。朱元璋死后，朱棣的侄子朱允炆登基，为巩固皇权，遂开始削藩，周、湘、代、齐、岷五个王爷纷纷获罪被削，分封在北京的燕王朱棣自然非常惊恐，不知所措。

> 道衍遂密劝成祖举兵。成祖曰："民心向彼，奈何？"道衍曰："臣知天道，何论民心？"乃进袁珙及卜者金忠。于是成祖意益决。阴选将校，勾军卒，收材勇异能之士。燕邸，故元宫也，深邃。道衍练兵后苑中。穴地作重屋，缭以厚垣，密甃翎甋瓶缶，日夜铸军器，畜鹅鸭乱其声。建文元年六月，燕府护卫百户倪谅上变。诏逮府中官属。都指挥张信输诚于成祖，成祖遂决策起兵。适大风雨至，

檐瓦堕地，成祖色变。道衍曰："祥也。飞龙在天，从以风雨。瓦堕，将易黄也。"兵起，以诛齐泰、黄子澄为名，号其众曰"靖难之师"。道衍辅世子居守。其年十月，成祖袭大宁，李景隆乘间围北平。道衍守御甚固，击却攻者。夜缒壮士击伤南兵。援师至，内外合击，斩首无算。景隆、平安等先后败遁。成祖围济南三月，不克。道衍驰书曰："师老矣，请班师。"乃还。复攻东昌，战败，亡大将张玉，复还。成祖意欲稍休，道衍力趣之。益募勇士，败盛庸，破房昭西水寨。道衍语成祖："毋下城邑，疾趋京师。京师单弱，势必举。"从之。遂连败诸将于淝河、灵璧，渡江入京师。[4]

燕王朱棣和他侄子建文帝朱允炆打了三年的"靖难之役"，每逢关键时刻都有姚广孝给他把脉、掌舵，从容准备，积极应战，朱棣负责于外，姚广孝负责固守北平，不计较一城一池得失，直取南京。霸业遂成，若论头功，当然数姚广孝。

成祖即帝位，授道衍僧录司左善世。帝在藩邸，所接皆武人，独道衍定策起兵。及帝转战山东、河北，在军三年，或旋或否，战守机事皆决于道衍。道衍未尝临战阵，然帝用兵有天下，道衍力为多，论功以为第一。永乐二年四月，拜资善大夫、太子少师，复其姓，赐名广孝，赠祖父如其官。帝与语，呼少师而不名。命蓄发，不肯。赐第及两宫人，皆不受。常居僧寺，冠带而朝，退仍缁衣。出振苏、湖。至长洲，以所赐金帛散宗族乡人。重修《太祖实录》，广孝为监修。又与解缙等纂修《永乐大典》。书成，帝褒美之。帝往来两都、出塞北征，广孝皆留辅太子于南京。五年四月，皇长孙出阁就学，广孝侍说书。[5]

姚广孝虽一介和尚，非文臣亦非武将，却能运筹帷幄，决胜千里。朱棣即帝位后当然要厚待于他，拜为太师，让他蓄发，赐豪宅还有俩美女。太师的头衔他领了，但不蓄发，不住豪宅，不要美女，依旧住在寺庙里,上朝时穿官服,退朝时着僧衣,把朱棣赏赐给他的金银珠宝都分给了亲戚朋友。物质简单,精神必富有,他重修《太祖实录》,与才子解缙编撰《永乐大典》,忙得不亦乐乎。朱棣有这么一位铁哥们坐镇当然满心欢喜,可以腾出手对内理顺朝政、对外解除祸患了。永乐年间之盛世,姚广孝厥功至伟。

> 十六年三月入觐,年八十有四矣,病甚,不能朝,仍居庆寿寺。车驾临视者再,语甚欢,赐以金唾壶。问所欲言,广孝曰:"僧溥洽系久,愿赦之。"溥洽者,建文帝主录僧也。初,帝入南京,有言建文帝为僧遁去,溥洽知状,或言匿溥洽所。帝乃以他事禁溥洽。而命给事中胡濙等遍物色建文帝,久之不可得。溥洽坐系十余年。至是,帝以广孝言,即命出之。广孝顿首谢。寻卒。帝震悼,辍视朝二日,命有司治丧,以僧礼葬。追赠推诚辅国协谋宣力文臣,特进荣禄大夫、上柱国、荣国公,谥恭靖。赐葬房山县东北。帝亲制神道碑志其功,官其养子继尚宝少卿。[6]

都说伴君如伴虎,但也分人,两人若对了脾气,三观一致,也会如鱼水一般。姚广孝活到八十四岁,寿终正寝,生前身后都享受崇高荣誉,在弥留之际,还不忘替自己的同行说情。溥洽和姚广孝担任一样的职位,只不过姚广孝辅佐的是朱棣,溥洽辅佐的是朱允炆,这都是组织安排的,恪尽职守,无可厚非。建文帝失踪后,朱棣怀疑溥洽是知情者,遂把他软禁了起来,一晃十几年过去了,建文帝早就不知所终,朱棣的江山也日渐稳固,估计早就把溥洽这茬忘了。何必为难一位和尚呢?姚广孝提醒他,朱棣也够意思,答应了他,放了溥洽,姚广孝这才放心地走了,朱棣辍朝二日。那时没有国旗,如果有,估计也会降半旗致哀。和尚做到这份上,真是千古一人。

姚广孝当然不是只救了溥洽一人。朱棣夺了他侄子的江山,毕竟不太光彩,很难服众,但作为帝王,又免不了要证明自己的合法性,然而儒生们却不买账。有一位叫方孝孺的,是当时的文坛领袖,朱棣让他起草诏书,他拒绝,遂被诛灭十族,据说是古今被诛灭十族的第一人,可见朱棣多么残暴。在那种你死我活、有你没我的王朝更替中,悲剧实在太多了,《明史》中记载了这一段:

> 即事不济,当死社稷。乙丑,金川门启,燕兵入,帝自焚。是日,孝孺被执下狱。先是,成祖发北平,姚广孝以孝孺为托,曰:"城下之日,彼必不降,幸勿杀之。杀孝孺,天下读书种子绝矣。"成祖颔之。至是欲使草诏。召至,悲恸声彻殿陛。成祖降榻劳曰:"先生毋自苦,予欲法周公辅成王耳。"孝孺曰:"成王安在?"成祖曰:"彼自焚死。"孝孺曰:"何不立成王之子?"成祖曰:"国赖长君。"孝孺曰:"何不立成王之弟?"成祖曰:"此朕家事。"顾左右授笔札,曰:"诏天下,非先生草不可。"孝孺投笔于地,且哭且骂曰:"死即死耳,诏不可草。"成祖怒,命磔诸市。孝孺慨然就死,作绝命词曰:"天降乱离兮孰知其由,奸臣得计兮谋国用犹。忠臣发愤兮血泪交流,以此殉君兮抑又何求?呜呼哀哉兮庶不我尤!"时年四十有六。[7]

姚广孝嘱咐朱棣勿伤害方孝孺,他说:如果杀了方,天下读书种子就绝了。虽然有点言重了,不过,这种尊重知识和知识分子的态度是对的,事实证明,干掉儒生没有丝毫意义,秀才从来不造反,只是嘴上不饶人罢了。可惜朱棣失了言,也没有那个胸怀。可能是觉得在方孝孺这件事上对不起这位老朋友,所以在溥洽一事上他很爽快地就答应了。不过,如果他能听从姚广孝的话饶了方孝孺,他的形象无疑会更高大一些。

注释:

[1] 清·吴任臣《十国春秋》,卷一百六,刘继颙传。

[2]—[6] 清·张廷玉等《明史》,卷一百四十五,列传第三十三。

[7] 清·张廷玉等《明史》,卷一百四十一,列传第二十九。

丁忧和中庸

在母校太原理工大学演讲时,坐在第一排的一位同学提了一个问题:春晚那首《从前慢》很打动人,古典文化是不是就意味着慢呢?猴王回答:快与慢,张与弛,事物之两面,缺一不可,古典文化并不意味着慢,一阕宋词寥寥数句,相当于一篇散文的信息量,明显很快嘛!

这首取自木心的同名诗歌的曲子的确唱出了很多人的心声——"从前的日色变得慢/车,马,邮件都慢/一生只够爱一个人",其实,不只是车、马、邮件慢,一切都很慢,包括祭奠先人的方式。喜欢读历史的人都会碰到"丁忧"这个词,官员动不动就"丁忧"而去职,所为者何?

丁忧是从西汉汉武帝时才开始由官方推行的制度,朝廷命官在其父母去世后,需要离职三年,理由有一个,语出《论语·阳货》篇:

> 宰我问:"三年之丧,期已久矣。君子三年不为礼,礼必坏;三年不为乐,乐必崩。旧谷既没,新谷既升,钻燧改火,期可已矣。"子曰:"食夫稻,衣夫锦,于女安乎?"曰:"安。""女安则为之。夫君子之居丧,食旨不甘,闻乐不乐,居处不安,故不为也。今女安,则为之。"宰我出,子曰:"予之不仁也。子生三年,然后免于父母之怀。夫三年之丧,天下之通丧也。予也有三年之爱于其父母乎?"[1]

这段话的大致意思是说:孔子的弟子宰我认为三年居丧太长了,误事,应该改短一点。孔子说,每个人出生后三年时间里都离不开父母的呵护,父母去世了,你忍心不去陪他们三年吗? 孔子逝世后,他的弟子颜回在他的墓前果真守了三年,所以颜回是孝道的楷模。

从汉武帝始,儒家文化占据了正统地位,成为主导思想,丁忧也开始制度化,所以,自汉朝以来,你会看到很多历史人物都会在一段时间里离开政治舞台返回乡里为父母居丧,即所谓丁忧。在这三个年头里(实际为 27 个月),吃住在父母的坟头边,搭一个简易的茅草屋,夫妻分居,不洗澡,不剃头,不更衣,不饮酒,不食肉,不搞婚娶,不参加娱乐活动,三年满后才官复原职,或者等待任用。只有极个别例外,比如军人,戍边抗敌,忠孝不能两全,移孝作忠;还有就是"夺情",顾名思义,夺了人家的父子情或母子情。

> 居母忧,降制起复,飞扶榇还庐山,连表乞终丧,不许,累诏趣起,乃就军。[2]

岳飞当年抗金报国,适逢母亲大人去世,岳飞要求为母亲丁忧送终,宋高宗不许,连下诏书要求速归,岳飞只得移孝作忠。

文臣被"夺情"也不鲜见,但大多数是一种折中的安排,并不可能完全无视丁忧制度。比如康熙年间,顺天学政李光地母亲去世,康熙命他留任丁忧。光地申请九个月假期回乡治丧,御史们纷纷上书认为不妥,康熙下诏驳回这些弹劾,另一位言官继续上书不依不饶,康熙不得已让李光地就地解职,在京丁忧。两年后,李光地丁忧期满,官复原职;再一年后,被委任为工部侍郎,相当于现在的住建部副部长。

> 三十三年,督顺天学政。闻母丧,命在任守制。光地乞假九月回里治丧。御史沈恺曾、杨敬儒交章论劾,上令遵初命。给事中彭鹏复疏论光地十不可留,目为贪位忘亲,排诋尤力。乃下九卿议,命光地解任,在京守制。三十五年,服阕,仍督顺天学政。三十六年,授工部侍郎。[3]

李光地运气不错,后来一路高升,官至文渊阁大学士,也算是清初汉人所能达到的最高官职了。他去世后,康熙高度评价:"李光地谨慎清勤,始终一节,学问渊博。朕知之最真,知朕亦无过光地者!"[4]一般被"夺情"的臣子基本都是皇帝身边的"红人",远在天边的臣子,皇帝才懒得管你呢。

史上最有名的"夺情"非明朝时的张居正莫属了。当时,他好不容易熬到了内阁首辅,边境晏然,百废待兴,他正欲大干一番,此时,家中传来丧讯,十九年未见的爹去世了。按道理,他是必须要回去丁忧的,这是圣贤义理,祖宗法度。彼时,年幼的万历皇帝还不能亲政,凡事都要依赖能干的张居正,如果张居正回去三年,皇帝真不知如何是好,所以,皇帝连下谕旨欲夺张首辅的丁忧之情。说是"夺情",不如说是"顺情"。张居正哪里愿意放过这个大展身手的机会呢?熬到这个内阁首辅容易吗?凭他的政治嗅觉,他想:此去三年,宫廷里会发生多少变故啊!三年后,紫禁城里还会有我的位置吗?所以,张居正一面上奏要执意回家居丧,一面又按兵不动,等着皇帝挽留。

在监察权很盛的明朝,张居正此举难免受到非议,张居正的政敌们岂能放过这个机会?一时群情汹汹。有意思的是,首先站出来的不是专事监察弹劾的御史和给事中,而是张居正的几位门生。都说"嘴上没毛,说话不牢",说得好听点,就是初生牛犊不畏虎,那些身居宫闱的御史和给事中们都深知张居正已经把年幼的皇帝"洗了脑",此时多说无益,还不如做一个顺水人情,人家皇帝都发话了,我们何必多嘴呢?这都是一帮久经职场历练的"老油条"啊!只有年少气盛的年轻人才敢冒天下之大不韪。

不过,按照明朝的规矩,非议宰辅会受到廷杖之刑的,就是打屁股。这可不是一般的打屁股,一般几十棍下去,人基本就报废了,皮开肉绽,非死即残。张居正本来可以宽宏大量,为这几位毛头小伙子求情,可惜他不置可否,以"七七"期间不问朝政为由拒绝帮忙,最后那几位门生被打得死的死,残的残。这一件小事暴露出张居正的真实意图,表面口口声声说要回去居丧,内心里却是压根儿也不想回去的。看来他与他十九年未谋面的父亲的亲情早已经淡漠了,这种淡漠估计只有张居正或亲近张居正的人才能知晓,外人不过都是揣测而已。难道这漫长的十九年时间里,张居正就连一丁点回家的机会都没有吗?我是压根儿不相信的。

中国的官场文字就是如此,发展到最后,天花乱坠的表面之下往往是表里不一。以下是张居正给万历皇帝上的一道奏疏,要求归家守制,态度之恳切,文采之斐然,怎会让人怀疑他的诚意呢?

> 仰窥皇上之心,不过以数年以来,举天下之重,尽属于臣,见臣鞠躬尽瘁,颇称意指,将谓国家之事,有非臣不办者。此殆不然也!夫人之才识,不甚相远,顾上用之何如。臣之不肖,岂真有卓荦超世之才,奔轶绝尘之力,惟皇上幸而用之,故臣得尽其愚耳!今在廷之臣,自辅臣以至于百执事,孰非臣所引荐者?观其器能,咸极一时之选。若皇上以用臣之道而用诸臣,诸臣以臣心之忠而事皇上,将臣平日所称圣贤道理,祖宗法度,此两言者,兢兢守之,持而勿失,则固可以端委庙堂而天下咸理。是臣虽去,犹未去也,何必专任一人,而使天下贤者,不得以各效其能乎?且臣尚有老母,年亦七十二岁,素婴多病,昨有家人到,致臣母意,嘱臣早归。田野之人,不知朝廷法度,将谓臣父既没,理必奔丧,屈指终朝,倚闾而望,今若知臣求归未得,相见无期,郁郁怀思,因而致病,则臣之心,益有不能自安者矣。皇上方以孝养两宫,何不推此心以及臣之母乎?[5]

话说得足够聪明了,不过,聪明总会为聪明所误,从丁忧到夺情,从慰留到质疑,一连串的事件虽然很快被摆平,但是,这些事件只是被暂时压住了,并未真正地随风而去。都说中国的皇帝是独裁者,其实不然,儒生的影响力无处不在,独裁只是短期和偶然行为,分权才是常态和必然。

制度本刚性,中国中央集权的礼乐制度发展到最后,即使形式远远大于内容,但是实事求是地说,其对皇权的制约和监督仍发挥着不容忽视的作用,即使贵为九五至尊的皇帝也不能为所欲为。

张文明(张居正父亲)生前并未给他儿子带来帮助,反而在家乡招权纳贿,作威作福,这为张居正死后万历帝清算他埋下了伏笔。一个人不孝岂不是禽兽不如? 一个人表里不一岂不是大奸大佞? 万历帝感觉被张居正耍了很多年,三观被彻底颠覆,自张居正死后,万历皇帝便任性起来,怠政了三十八年。明朝亡在万历,史家大多不持异议。

在什么都慢的农业社会,中国人的礼乐制度发展到了极致,人情味显然要比同期西方强很多, 这是大户人家才有的气象,所谓豪门礼节多嘛! 寒门子弟,吃都吃不饱,穿都穿不暖,哪里顾得上讲究这些?

父母含辛茹苦,一朝撒手而去,何以回报? 唯有三年丁忧也。不过,这种礼仪也走到了农耕文明的极致,人们不免会有疑问:人死不能复生,与其死后丁忧三年,为何不生前实实在在地陪伴三年? 比如墨子,就大力倡议节葬。

工业革命后,社会的脚步越来越快,人们也越来越忙,虽说交通工具一日千里,甚至一日万里,空前发达,但是,别说丁忧了,常回家看看都是难题了。听说竟然有人倡议立法,要求子女一年必须要回去多少天陪伴父母云云,可见亲情之淡漠。更为荒唐的是,甚至有一个阶段,我们还颂扬那些父母去世后依然坚守岗位的人,现在看来有点可笑,世间有多少工作真重要到了连人之常情都要违逆的地步呢? 你一个小小的工人或干部,离了你,地球就不转了? 从"丁忧三年"到"空巢老人",我们从一个极端滑向了另一个极端。

事物有两端,非此即彼,总是很难取其中,别随随便便攻击中庸之道,其实中庸是很难企及的一种境界。

孔子曰:"君子中庸,小人反中庸。君子之中庸也,君子而时中,小人之反中庸也,小人而无忌惮也。"[6]这句话意思是说:君子守中庸是做事合规合理,小人之所以反中庸是因为没有底线。孔子还说:"中庸之为德也,其至矣乎! 民鲜久矣!"[7]这句话是什么意思? 中庸是最高的道德标准,很少有人达到。孔子特别欣赏舜,他曾赞扬舜:"舜其大知也与! 舜好问而好察迩言,隐恶而扬善,执其两端,用其中于民,其斯以为舜乎!"[8]意思是说:舜是最大的智者,喜欢请教他人,且对身边人的话仔细琢磨,不轻信,不盲从,隐其恶而扬其善,抓住过和不及两个极端,调和为中庸之道来引导人民,这大概就是舜之所以成为舜的原因吧!如果把中庸翻译为英文的话,我觉得 compliance 倒是有点相近,孔子并不欣赏"过"和"不及",有个成语曰:过犹不及。过和不及对社会都是威胁,后者比较好理解,前者估计有很多人不太理解,殊不知,当一个人以大公无私面目示人时其实也是一件很恐怖的事情。

注释:

[1]《论语》,阳货第十七。

[2]元·脱脱等《宋史》,卷三百六十五,列传第一百二十四,岳飞(子云)。

[3][4]民国·赵尔巽《清史稿》,卷二百六十二,列传四十九,李光地传。

[5]明·张居正《张文忠公全集》,乞守制疏。

[6]—[8]《礼记》,中庸。

倭寇是怎样炼成的？

《红楼梦》第四十回是"史太君两宴大观园，金鸳鸯三宣牙牌令"，贾母设宴为史湘云还席，刘姥姥出了不少洋相，逗得众人乐不可支。宴席上鸳鸯主持酒令，刘姥姥说了一句："一个萝卜一头蒜。"鸳鸯笑道："凑成便是一枝花。"刘姥姥两只手比画着，说道："花儿落了结个大倭瓜。"众人大笑起来。

刘姥姥提到的倭瓜，据说是明代从日本传来中国的，可是日本方面却说它是从大唐传到日本的，所以叫唐茄子，那么，"倭"这个称谓到底起于何时？不妨考证一下。

在我们的正史史料里，最早提到日本的方位见于《汉书》，其中"卷二十八下，地理志第八下"里有一句语焉不详的记载："公稽海外有东鳀人，分为二十余国，以岁时来献见云。"但是没有提到"倭"，第一次提到"倭"并有详细记载者是《后汉书》：

东　汉

倭在韩东南大海中，依山岛为居，凡百余国。自武帝灭朝鲜，使驿通于汉者三十许国，国皆称王，世世传统。其大倭王居邪马台国。乐浪郡徼，去其国万二千里，去其西北界拘邪韩国七千余里。其地大较在会稽东冶之东，与朱崖、儋耳相近，故其法俗多同。土宜禾稻、麻纻、蚕桑，知织绩为缣布。出白珠、青玉。其山有丹土。气温暖，冬夏生菜茹。无牛、马、虎、豹、羊、鹊。其兵有矛、楯、木弓、竹矢，或以骨为镞。男子皆黥面文身，以其文左右大小，别尊卑之差。其男衣皆横幅，结束相连。女人被发屈纷，衣如单被，贯头而着之；并以丹朱坋身，如中国之用粉也。有城栅屋室。父母兄弟异处，唯会同男女无别。饮食以手，而用笾豆。俗皆徒跣，以蹲踞为恭敬。人性嗜酒。多寿考，至百余岁者甚众。国多女子，大人皆有四五妻，其余或两或三。女人不淫不妒。风俗不盗窃，少争讼。犯法者没其妻子，重者灭其门族。其死停丧十余日，家人哭泣，不进酒食，而等类就歌舞为乐。灼骨以卜，用决吉凶。行来度海，令一人不栉沐，不食肉，不近妇人，名曰"持衰"。若在涂吉利，则雇以财物；如病疾遭害，以为持衰不谨，便共杀之。

建武中元二年，倭奴国奉贡朝贺，使人自称大夫，倭国之极南界也。光武赐以印绶。安帝永初元年，倭国王帅升等献生口百六十人，愿请见。

桓、灵间，倭国大乱，更相攻伐，历年无主。有一女子名曰卑弥呼，年长不嫁，事鬼神道，能以妖惑众，于是共立为王。侍婢千人，少有见者，唯有男子一人给饮食，传辞语。居处宫室、楼观城栅，皆持兵守卫。法俗严峻。

自女王国东度海千余里，至拘奴国，虽皆倭种，而不属女王。自女王国南四千余里，至朱儒国，人长三四尺。自朱儒东南行船一年，至裸国、黑齿国，使驿所传，极于此矣。

会稽海外有东鳀人，分为二十余国。又有夷洲及澶洲。传言秦始皇遣方士徐福将童男女数千人入海，求蓬莱神仙不得，徐福畏诛不敢还，遂止此洲，世世相承，有数万家。人民时至会稽市。会稽东冶县人有入海行遭风，流移至澶洲者。所在绝远，不可往来。[1]

从中可看到这样的信息：日本列岛上女多男少，男女无别，个头小，好喝酒，长寿，饮食以手，文身，光脚不穿鞋，女人着装似乎有和服雏形，见面行鞠躬礼表尊敬。东汉初年光武帝建武中元二年(57)，日本开始向东汉朝廷奉贡朝贺，谦称大夫。东汉末年，汉桓帝和汉灵帝时期，倭国内乱，出了一位女王，名卑弥呼，比我们武则天还要早五百年，这位女王年长不嫁，看来还是位"剩女"。

《后汉书》中还提到《汉书》中曾提到的东鳀人，传言是当年秦始皇派徐福带数千童男童女去蓬莱求仙不得，害怕回来不好交差，索性在那里繁衍生息。东汉时的会稽应为浙江和福建大部，会稽为郡，东冶县应为今天的福州地带，那么徐福所去的夷洲和澶洲极有可能是今天的琉球群岛或者台湾，而不是日本列岛。

至于文中提到的拘奴国和朱儒国，以方位猜测，必是西太平洋上散落在各个群岛上的小国了，以东汉时期人类的地理认识，也只能局限在一些似是而非的传闻上了，不必认真。

曹魏时期

东汉末年分三国，《三国志》里也有关于倭国的记载：

景初二年六月，倭女王遣大夫难升米等诣郡，求诣天子朝献，太守刘夏遣吏将送诣京都。其年十二月，诏书报倭女王曰：

"制诏亲魏倭王卑弥呼：带方太守刘夏遣使送汝大夫难升米、次使都市牛利奉汝所献男生口四人，女生口六人，班布二匹二丈，以到。汝所在逾远，乃遣使贡献，是汝之忠孝，我甚哀汝。今以汝为亲魏倭王，假金印紫绶，装封付带方太守假授汝。其绥抚种人，勉为孝顺。汝来使难升米、牛利涉远，道路勤劳，今以难升米为率善中郎将，牛利为率善校尉，假银印青绶，引见劳赐遣还。今以绛地交龙锦五匹、绛地绉粟罽十张、茜绛五十匹、绀青五十匹，答汝所献贡直。又特赐汝绀地句文锦三匹、细班华罽五张、白绢五十匹、金八两、五尺刀二口、铜镜百枚、真珠、铅丹各五十斤,皆装封付难升米、牛利还到录受。悉可以示汝国中人,使知国家哀汝,故郑重赐汝好物也。"[2]

景初二年是公元 238 年,三国魏明帝曹叡当政时期,倭国女王派来两位使者朝见,在诏书里,魏王册封倭国女王为"亲魏倭王",并赐大量礼品以表安抚之意。曹叡是曹操的孙子,曹丕的长子,任内抵御住了诸葛亮的五次北伐,击退孙权,伐鲜卑,平辽东,是曹魏时代最后一位有作为的皇帝,自其养子曹芳开始,司马懿家族开始擅权,拉开了西晋的序幕。

西 晋

倭人在带方东南大海中,依山岛为国,地多山林,无良田,食海物。旧有百余小国相接,至魏时,有三十国通好。户有七万。男子无大小,悉黥面文身。自谓太伯之后,又言上古使诣中国,皆自称大夫。昔夏少康之子封于会稽,继发文身以避蛟龙之害,今倭人好沈没取鱼,亦文身以厌水禽。计其道里,当会稽东冶之东。其男子衣以横幅,但结束相连,略无缝缀。妇人衣如单被,穿其中央以贯头,而皆被发徒跣。其地温暖,俗种禾稻纻麻而蚕桑织绩。土无牛马,有刀楯弓箭,以铁为镞。有屋宇,父母兄弟卧息异处。食饮用俎豆。嫁娶不持钱帛,以衣迎之。死有棺无椁,封土为冢。初丧,哭泣,不食肉。已葬,举家入水澡浴自洁,以除不祥。其举大事,辄灼骨以占吉凶。不知正岁四节,但计秋收之时以为年纪。人多寿百年,或八九十。国多妇女,不淫不妒。无争讼,犯轻罪者没其妻孥,重者族灭其家。旧以男子为主。汉末,倭人乱,攻伐不定,乃立女子为王,名曰卑弥呼。

宣帝之平公孙氏也,其女王遣使至带方朝见,其后贡聘不绝。

及文帝作相,又数至。泰始初,遣使重译入贡。[3]

西晋关于倭国的记述大部分承袭以前,但有一个新的信息——"自谓太伯之后",倭国人认为自己是太伯的后代。太伯何许人也? 司马迁在《史记》里有详细记载:

> 吴太伯,太伯弟仲雍,皆周太王之子,而王季历之兄也。季历贤,而有圣子昌,太王欲立季历以及昌,于是太伯、仲雍二人乃奔荆蛮,文身断发,示不可用,以避季历。季历果立,是为王季,而昌为文王。太伯之奔荆蛮,自号句吴。荆蛮义之,从而归之千余家,立为吴太伯。[4]

吴太伯与他的弟弟仲雍,均为周太王的儿子,季历之兄。季历十分贤能,又有一个同样贤德的儿子昌,太王打算立季历以便传位给昌,太伯和仲雍二人很知趣,赶快逃往荆蛮,也就是现在江浙一带,像当地蛮人一样也刺满文身、剪断头发,以示不会继位,把继承权让给了季历。季历果然继位,也就是王季,昌后来成为周文王,果然是贤德的君主。太伯逃至荆蛮后,建国"句吴"。荆蛮人认为他很有节义,追随他的有一千余户,尊立他为吴太伯。

《晋书》所载:"昔夏少康之子封于会稽,继发文身以避蛟龙之害,今倭人好沈没取鱼,亦文身以厌水禽。"当年夏朝君主少康封他的儿子于会稽,即今浙江和福建一带,剪短头发、刺上文身是为了躲避蛟龙,现在的倭人也好下海捕鱼,也刺上文身以吓唬水禽。言外之意,倭人似乎也是少康之子一脉。

隋 朝

在魏徵编的《隋书》里关于倭国的记载如下:

> 大业三年,其王多利思北孤遣使朝贡。使者曰:"闻海西菩萨天子重兴佛法,故遣朝拜,兼沙门数十人来学佛法。"其国书曰"日

出处天子至书日没处天子无恙"云云。帝览之不悦,谓鸿胪卿曰:"蛮夷书有无礼者,勿复以闻。"明年,上遣文林郎裴清使于倭国。度百济,行至竹岛,南望躭罗国,经都斯麻国,迴在大海中。又东至一支国,又至竹斯国,又东至秦王国,其人同于华夏,以为夷洲,疑不能明也。又经十余国,达于海岸。自竹斯国以东,皆附庸于倭。倭王遣小德阿辈台,从数百人,设仪仗,鸣鼓角来迎。后十日,又遣大礼哥多毗,从二百余骑郊劳。既至彼都,其王与清相见,大悦,曰:"我闻海西有大隋,礼义之国,故遣朝贡。我夷人僻在海隅,不闻礼义,是以稽留境内,不即相见。今故清道饰馆,以待大使,冀闻大国惟新之化。"清答曰:"皇帝德并二仪,泽流四海,以王慕化,故遣行人来此宣谕。"既而引清就馆。其后清遣人谓其王曰:"朝命既达,请即戒途。"于是设宴享以遣清,复令使者随清来贡方物。此后遂绝。[5]

大业三年是公元 607 年,隋炀帝治下,他看到日本的国书里日本国君以日出国的天子自居,而将中国国君唤作日落国的天子,当然不悦了。不过也没办法,隋炀帝任内三伐高丽都没能成功,征伐日本就更力不从心了,至少安抚日本对征伐高丽有利,隋炀帝就派裴(世)清出使日本,日本也派使者随裴(世)清回访了大隋。《隋书》是唐朝魏徵编纂的,估计为了避李世民的讳,把"世"字省略了。

《日本书纪》卷二十《推古纪》上对此也有如下记载:

九月,辛未朔乙亥,飨客等于难波大郡。

辛巳,唐客裴世清罢归。则复以小野妹子臣为大使,吉士雄成为小使,福利为通事,副于唐客而遣之。

爰天皇聘唐帝,其辞曰:"东天皇敬白西皇帝,使人鸿胪寺掌客裴世清等至,久忆方解,季秋薄冷,尊何如? 想清念,此即如常,今遣大礼苏因高、大礼乎那利等往,谨白,不具。"[6]

这次国书里改了口气——"东天皇敬白西皇帝",语气客气多了,估计隋炀帝看了也舒服多了,不过也舒服不了几天,大隋就变成大唐了。另外,日本出使大隋的"小野妹子"可不是个妹子,是一位百分之百的纯爷们,汉名谐音是"苏因高"。

唐　朝

到了唐代,《新唐书》里有如下记载:

日本,古倭奴也。去京师万四千里,直新罗东南,在海中,岛而居,东西五月行,南北三月行。国无城郭,联木为栅落,以草茨屋。左右小岛五十余,皆自名国,而臣附之……直隋开皇末,始与中国通……

太宗贞观五年,遣使者入朝。帝矜其远,诏有司毋拘岁贡。遣新州刺史高仁表往谕,与王争礼不平,不肯宣天子命而还。久之,更附新罗使者上书。

永徽初,其王孝德即位,改元曰白雉,献虎魄大如斗,码碯若五升器。时新罗为高丽、百济所暴,高宗赐玺书,令出兵援新罗。未几孝德死,其子天丰财立。死,子天智立。明年,使者与虾蛦人偕朝。虾蛦亦居海岛中,其使者须长四尺许,珥箭于首,令人戴瓠立数十步,射无不中。天智死,子天武立。死,子总持立。咸亨元年,遣使贺平高丽。后稍习夏音,恶倭名,更号日本。使者自言,国近日所出,以为名。或云日本乃小国,为倭所并,故冒其号。使者不以情,故疑焉。又妄夸其国都方数千里,南、西尽海,东、北限大山,其外即毛人云。

长安元年,其王文武立,改元曰太宝,遣朝臣真人粟田贡方物。朝臣真人者,犹唐尚书也。冠进德冠,顶有华花四披,紫袍帛带。真人好学,能属文,进止有容。武后宴之麟德殿,授司膳卿,还之。文武死,子阿用立。死,子圣武立,改元曰白龟。开元初,粟田复朝,请从诸儒受经。诏四门助教赵玄默即鸿胪寺为师,献大幅布为赞,悉赏物贸书以归。其副朝臣仲满慕华不肯去,易姓名曰朝衡,历左补阙,仪王友,多所该识,久乃还。圣武死,女孝明立,改元曰天平胜宝。天宝十二载,朝衡复入朝。上元中,擢左散骑常侍、安南都护。新罗梗海道,更繇明、越州朝贡。孝明死,大炊立。死,以圣武女高野姬为王。死,白璧立。建中元年,使者真人兴能献方物。真人,盖因官而氏者也。兴能善书,其纸似茧而泽,人莫识。贞元末,其王曰桓武,遣使者朝。其学子橘免势、浮屠空海愿留肄业,历二十余年。使者高阶真人来请免势等俱还,诏可。次诺乐立,次嵯峨,次浮和,次仁明。仁明直开成四年,复入贡。次文德,次清和,次阳成。次光孝,直光启元年。[7]

到了盛唐,中国开启了全盛时期,这是中华文化深刻影响倭国的开端。自唐太宗"贞观之治"后,唐朝国力如日中天。公元649年,唐高宗李治继位,继续延续太宗的既定方针,继续起用太宗遗留下的大臣班底,进行了一系列的对外战争,以下是他继位至咸亨年所发生的战争:

唐永徽二年(651)七月至三年 西突厥阿史那贺鲁反唐之战

唐显庆元年(656)八月 唐程知节击西突厥之战

唐显庆二年(657)闰正月 唐灭西突厥之战

唐显庆四年(659)乌海东岱之战

唐显庆五年(660)唐灭百济之战

唐显庆五年(660)至光启年间(885—887)唐与契丹、奚等之战

唐龙朔元年(661)至二年 平壤之战

唐龙朔二年(662)三月 唐与铁勒天山之战

唐龙朔三年(663)八月 唐倭白村江之战

唐乾封元年(666)至总章元年(668)唐灭高丽之战

唐总章三年(咸亨元年,670)四月至八月 唐与吐蕃大非川之战

唐咸亨元年(670)至仪凤元年(676) 唐与新罗之战

关于唐倭白村江之战,《旧唐书》有如下记载:

> 仁轨乃别率杜爽、扶余隆率水军及粮船,自熊津江往白江,会陆军同趣周留城。仁轨遇倭兵于白江之口,四战捷,焚其舟四百艘,烟焰涨天,海水皆赤,贼众大溃。余丰脱身而走,获其宝剑。伪王子扶余忠胜、忠志等,率士女及倭众并耽罗国使,一时并降。百济诸城,皆复归顺。[8]

日本史书亦有记载:

> 秋八月,壬午朔甲午,新罗以百济王斩己良将,谋直入国,先取州柔。于是百济之贼所计,谓诸将曰:"今闻,大日本国之救将庐原君臣,率健儿万余,正当越海而至。愿将军等应预图之!我欲自往待飨白村。"

> 戊戌,贼将至于州柔,绕其王城。大唐军将率战船一百七十艘,阵列于白村江。

> 戊申,日本船师初至者与大唐船师合战。日本不利而退,大唐坚阵而守。

> 己酉,日本诸将与百济王,不观气象而相谓之曰:"我等争先,彼应自退。"更率日本乱伍中军之卒,进打大唐坚阵之军。大唐便自左右夹船绕战。须臾之际,官军败绩。赴水溺死者众。舻舳不得回旋。朴市田来津仰天而誓,切齿而嗔,杀数十人,于焉战死。

> 是时,百济王丰璋与数人乘船逃去高丽。

> 九月,辛亥朔丁巳,百济州柔城,始降于唐。是时,国人相谓之曰:"州柔降矣,事无奈何。百济之名,绝于今日。丘墓之所,岂能复往。"但可往于氐礼城,会日本军将等,相谋事机所要。[9]

白江口一战,唐朝军队以一百多艘战船击溃倭国四百多艘战船,大败倭国,为何?生产力水平悬殊所致。随后唐朝又乘胜灭了高丽,东北亚局势可谓明晰,唐朝成为雄踞亚洲的超级大国。"咸亨元年,遣使贺平高丽。后稍习夏音,恶倭名,更号日本。使者自言,国近日所出,以为名。"咸亨元年是公元670年,正是白村江和高丽战争之后,倭国想必受到极大威慑,开始仰慕盛唐,学习汉语,也渐渐意识到"倭"这个字有点贬义,不太好听,遂改名为日本,意为日出之国。文中还提到了李白的日本好友遣唐使晁衡,因仰慕大唐而留在了长安,还担任了官职云云。

宋　朝

到了宋朝,中国和日本的交流日渐频繁,《宋史》记载如下:

> 雍熙元年,日本国僧奝然与其徒五六人浮海而至,献铜器十余事,并本国《职员令》《王年代纪》各一卷。奝然衣绿,自云姓藤原氏,父为真连;真连,其国五品品官也。奝然善隶书,而不通华言,问其风土,但书以对云:"国中有《五经》书及佛经、《白居易集》七十卷,并得自中国。土宜五谷而少麦。交易用铜钱,文曰'乾文大宝'。畜有水牛、驴、羊,多犀、象。产丝蚕,多织绢,薄致可爱。乐有中国、高丽二部。四时寒暑,大类中国。国之东境接海岛,夷人所居,身面皆有毛。东奥州产黄金,西别岛出白银,以为贡赋。国王以王为姓,传袭至今王六十四世,文武僚吏皆世官。"[10]

雍熙元年是公元984年,北宋宋太宗赵光义时期,日本国僧人奝然带着五六个徒弟搭载宋朝商船来到汴梁,献铜器十来件做见面礼,同时带来日本国政府的架构图、历代天皇的名号等。奝然说他姓藤原,父亲为日本国的五品官,他擅写隶书,可惜不会说汉语,他与宋太宗之间的对话只能以书面形式进行。当宋太宗问其风土人情,其最有亮点的回答是:他们国中存有《白居易集》七十卷。可见盛唐之于日本国的影响,也可见白居易在日本国人心目中的地位。

> 畿内有山城、大和、河内、和泉、摄津凡五州，共统五十三郡。东海道有伊贺、伊势、志摩、尾张、叁河、远江、骏河、伊豆、甲斐、相模、武藏、安房、上总、常陆凡十四州，共统一百一十六郡。东山道有通江、美浓、飞驒、信浓、上野、下野、陆奥、出羽凡八州，共统一百二十二郡。北陆道有若狭、越前、加贺、能登、越中、越后、佐渡凡七州，共统三十郡。山阴道有丹波、丹彼、徂马、因幡、伯耆、出云、石见、隐伎凡八州，共统五十二郡。小阳道有播麼、美作、备前、备中、备后、安艺、周防、长门凡八州，共统六十九郡。南海道有伊纪、淡路、河波、赞耆、伊豫、土佐凡六州，共统四十八郡。西海道有筑前、筑后、丰前、丰后、肥前、肥后、日向、大隅、萨摩凡九州，共统九十三郡。又有壹伎、对马、多褙凡三岛，各统二郡。是谓五畿、七道、三岛，凡三千七百七十二都，四百一十四驿，八十八万三千三百二十九课丁。课丁之外，不可详见。皆奝然所记云。[11]

从宋代开始，日本的记述越来越翔实，这是文献中第一次将日本的行政区划描述得如此详尽，有些名字至今还在沿用，这不能不说是奝然的功劳啊！

> 按隋开皇二十年，倭王姓阿每，名自多利思比孤，遣使致书。唐永徽五年，遣使献琥珀、马脑。长安二年，遣其朝臣真人贡方物。开元初，遣使来朝。天宝十二年，又遣使来贡。元和元年，遣高阶真人来贡。开成四年，又遣使来贡。此与其所记皆同。大中、光启、龙德及周广顺中，皆尝遣僧至中国，《唐书》中、《五代史》失其传。唐咸亨中及开元二十三年、大历十二年、建中元年，皆来朝贡，其记不载。

> 太宗召见奝然，存抚之甚厚，赐紫衣，馆于太平兴国寺。上闻其国王一姓传继，臣下皆世官，因叹息谓宰相曰："此岛夷耳，乃世

祚逾久，其臣亦继袭不绝，此盖古之道也。中国自唐季之乱，宇县分裂，梁、周五代享历尤促，大臣世胄，鲜能嗣续。朕虽德惭往圣，常夙夜寅畏，讲求治本，不敢暇逸。建无穷之业，垂可久之范，亦以为子孙之计，使大臣之后世袭禄位，此朕之心焉。"[12]

宋太宗召见奝然后赐其紫衣，颇有感慨，他对宰相说："日本国虽是岛国，王室却一姓相传，大臣也都是世袭，这才是真正的王道啊！中国自唐末动乱以来，四分五裂，五代十国也是昙花一现，大臣贵族很少能延续下来。"他不忘表一下决心：朕虽德行不如往昔圣贤，但兢兢业业，希望能实现天下大治，"建无穷之业，垂可久之范"，让大宋江山能世代相传，大臣们也能世代相传。

其国多有中国典籍，奝然之来，复得《孝经》一卷、越王《孝经新义》第十五一卷，皆金镂红罗褾，水晶为轴。《孝经》即郑氏注者。越王者，乃唐太宗子越王贞；《新义》者，记室参军任希古等撰也。奝然复求诣五台，许之，令所过续食；又求印本《大藏经》，诏亦给之。二年，随台州宁海县商人郑仁德船归其国。

后数年，仁德还。奝然遣其弟子嘉因奉表来谢曰："日本国东大寺大朝法济大师、赐紫、沙门奝然启：伤鳞入梦，不忘汉主之恩；枯骨合欢，犹亢魏氏之敌。虽云羊僧之拙，谁忍鸿儒之诚。奝然诚惶诚恐，顿首顿首，死罪。奝然附商船之离岸，期魏阙于生涯，望落日而西行，十万里之波涛难尽；顾信风而东别，数千里之山岳易过。妄以下根之卑，适诣中华之盛。于是宣旨频降，恣许荒外之跋涉；宿心克协，粗观宇内之瑰奇。况乎金阙晓后，望尧云于九禁之中；岩扃晴前，拜圣灯于五台之上。就三藏而禀学，巡数寺而优游。遂使莲华回文，神笔出于北阙之北；贝叶印字，佛诏传于东海之东。重蒙宣恩，忽趁来迹。季夏解台州之缆，孟秋达本国之郊。爰逮明春，初到旧邑，缁素欣待，侯伯慕迎。伏惟陛下惠溢四溟，恩高五岳,世超黄、轩之古,人直金轮之新。翕然空辞凤凰之窟,更还蝼蚁之封。在彼在斯,只仰皇德之盛;越山越海,敢忘帝念之深。纵粉百年之身,何报一日之惠。染笔拭泪,伸纸摇魂,不胜慕恩之至。谨差上足弟子传灯大法师位嘉因、并大朝剃头受戒僧祚乾等拜表以闻。"称其本国永延二年岁次戊子二月八日,实端拱元年也。[13]

翕然此次来华也收获颇多,不仅去了佛教圣地五台山,而且带回日本很多经典书籍。第二年,他随台州宁海县商人郑仁德的商船回到日本。几年后,仁德的商船从日本回来了,一并回来的还有翕然派来的徒弟嘉因,并带来一封洋洋洒洒的感谢信。实话说,写得真好,深得汉语言之精髓。

咸平五年,建州海贾周世昌遭风飘至日本,凡七年得还,与其国人滕木吉至,上皆召见之。世昌以其国人唱和诗来上,词甚雕刻肤浅无所取。询其风俗,云妇人皆被发,一衣用二三缣。又陈所记州名年号。上令滕木吉以所持木弓矢挽射,矢不能远,诘其故,国中不习战斗。赐木吉时装钱遣还。景德元年,其国僧寂照等八人来朝,寂照不晓华言,而识文字,缮写甚妙,凡问答并以笔札。诏号圆通大师,赐紫方袍。天圣四年十二月,明州言日本国太宰府遣人贡方物,而不持本国表,诏却之。其后亦未通朝贡,南贾时有传其物货至中国者。

熙宁五年,有僧诚寻至台州,止天台国清寺,愿留。州以闻,诏使赴阙。诚寻献银香炉,木槵子、白琉璃、五香、水精、紫檀、琥珀所饰念珠,及青色织物绫。神宗以其远人而有戒业,处之开宝寺,尽赐同来僧紫方袍。是后连贡方物,而来者皆僧也。元丰元年,使通事僧仲回来,赐号慕化怀德大师。明州又言得其国太宰府牒,因使人孙忠还,遣仲回等贡绢二百匹、水银五千两,以孙忠乃海商,而贡礼与诸国异,请自移牒报,而答其物直,付仲回东归。从之。

乾道九年，始附明州纲首以方物入贡。淳熙二年，倭船火儿滕太明殴郑作死，诏械太明付其纲首归，治以其国之法。三年，风泊日本舟至明州，众皆不得食，行乞至临安府者复百余人。诏人日给钱五十文、米二升，俟其国舟至日遣归。十年，日本七十三人复飘至秀州华亭县，给常平义仓钱米以振之。绍熙四年，泰州及秀州华亭县复有倭人为风所泊而至者，诏勿取其货，出常平米振给而遣之。庆元六年至平江府，嘉泰二年至定海县，诏并给钱米遣归国。[14]

有宋一代，日本国君开始以天皇自居，中国与日本的交流也多以佛教交流为主，《宋史》乃元朝宰相脱脱领衔编纂，元朝崇尚佛教，并且对诸宗教都持宽容态度，所以，对于佛教之传播东瀛着墨很多。咸平五年是公元1002年，正是宋真宗统治时期，福建省建瓯市一位做海外贸易的商人叫周世昌，因遇风暴，漂流到日本，在那里待了七个年头，回来时还带回来一位日本人，名滕木吉。宋真宗召见了他们，发现当时日本的诗词文化尚在肤浅无可取的阶段，穿戴也很简单，宋真宗特意令滕木吉挽弓射箭，箭没飞多远就落了下来，宋真宗问其故，原来是因为日本国国民没有尚武的精神，由此可见当时的日本民风淳朴，安分守己，尚无扩张之心。到南宋宋孝宗淳熙年间(1174—1189)，宋光宗绍熙年间(1190—1194)，宋宁宗庆元六年(1200)和宋宁宗嘉泰二年(1202)，宋朝基本扮演着海上救援队的角色，沿海各州县一旦遇到因避风暴而至的日本商船，皇帝皆下诏"勿取其货"，"并给钱米遣归国"。

量变到质变始在元朝。

元　朝

元世祖之至元二年，以高丽人赵彝等言日本国可通，择可奉使者。三年八月，命兵部侍郎黑的，给虎符，充国信使，礼部侍郎殷弘给金符，充国信副使，持国书使日本。书曰：

　　大蒙古国皇帝奉书日本国王：朕惟自古小国之君，境土相接，尚务讲信修睦。况我祖宗，受天明命，奄有区夏，遐方异域，畏威怀德者，不可悉数。朕即位之初，以高丽无辜之民久瘁锋镝，即令罢兵还其疆域，反其旄倪。高丽君臣感戴来朝，义虽君臣，欢若父子。计王之君臣亦已知之。高丽，朕之东藩也。日本密迩高丽，开国以来，亦时通中国，至于朕躬，而无一乘之使以通和好。尚恐王国知之未审，故特遣使持书，布告朕志，冀自今以往，通问结好，以相亲睦。且圣人以四海为家，不相通好，岂一家之理哉。以至用兵，夫孰所好，王其图之。[15]

　　至元三年是公元 1266 年，忽必烈平了高丽，蒙古帝国如日中天，遂修书一封给日本国，话说得很客气，但话里有话，可谓软硬兼施，意思只有一句：速来朝拜。可是，渺无回音。

　　七年十二月，诏谕高丽王禃送国信使赵良弼通好日本，期于必达。仍以忽林失、王国昌、洪茶丘将兵送抵海上，比国信使还，姑令金州等处屯驻。八年六月，日本通事曹介升等上言："高丽迂路导引国使，外有捷径，倘得便风，半日可到。若使臣去，则不敢同往；若大军进征，则愿为乡导。"帝曰："如此则当思之。"九月，高丽王禃遣其通事别将徐称导送良弼使日本，日本始遣弥四郎者入朝，帝宴劳遣之。九年二月，枢密院臣言："奉使日本赵良弼遣书状官张铎来言，去岁九月，与日本国人弥四郎等至太宰府西守护所。守者云，襄为高丽所绐，屡言上国来伐；岂期皇帝好生恶杀，先遣行人下示玺书。然王京去此尚远，愿先遣人从奉使回报。"良弼乃遣铎同其使二十六人至京师求见。帝疑其国主使之来，云守护所者诈也。诏翰林承旨和礼霍孙以问姚枢、许衡等，皆对曰："诚如圣算。彼惧我加兵，故发此辈伺吾强弱耳。宜示之宽仁，且不宜听其入见。"从之。是月，高丽王禃致书日本。五月，又以书往，令必通好大朝，皆不报。十年六月，赵良弼复使日本，至太宰府而还。[16]

1270 年十二月，忽必烈很有耐心，又派遣使者赵良弼出使日本，命令高丽王护送，并派大军屯于海上，结果第二年九月，高丽王才派人护送赵良弼抵达日本，随后日本使者弥四郎前来朝拜。据赵良弼汇报，日本人认为之前未答复是因为高丽人故意拖延，并且吓唬日本人说蒙古大军要讨伐他们。其后两年，忽必烈又通过高丽王致书日本，无回应。1273 年，派赵良弼再次出使，无功而返，忽必烈终于失去了耐心。

十一年三月，命凤州经略使忻都、高丽军民总管洪茶丘，以千料舟、拔都鲁轻疾舟、汲水小舟各三百，共九百艘，载士卒一万五千，期以七月征日本。冬十月，入其国，败之。而官军不整，又矢尽，惟虏掠四境而归……

十八年正月，命日本行省右丞相阿剌罕、右丞范文虎及忻都、洪茶丘等率十万人征日本……"至日本，欲攻太宰府，暴风破舟，犹欲议战，万户厉德彪、招讨王国佐、水手总管陆文政等不听节制，辄逃去。本省载余军至合浦，散遣还乡里。"……"七日，日本人来战，尽死。余二三万为其虏去。九日，至八角岛，尽杀蒙古、高丽、汉人，谓新附军为唐人，不杀而奴之。"……十万之众，得还者三人耳。

二十年……欲复征日本。淮西宣慰使昂吉儿上言民劳，乞寝兵。二十一年，又以其俗尚佛，遣王积翁与补陀僧如智往使。舟中有不愿行者，共谋杀积翁，不果至。二十三年，帝曰："日本未尝相侵，今交趾犯边，宜置日本，专事交趾。"成宗大德二年，江浙省平章政事也速答儿乞用兵日本。帝曰："今非其时，朕徐思之。"三年，遣僧宁一山者，加妙慈弘济大师，附商舶往使日本，而日本人竟不至。[17]

忽必烈两次征伐日本，都失败了。第一次没准备好，弹尽粮绝，铩羽而归。第二次虽十万之众，可惜运气差了点，暴风破舟，全军覆没。

后来,忽必烈欲继续征伐,大臣昂吉儿劝谏,战争劳民伤财,宜休养生息,忽必烈也给自己找了两个台阶:一个是日本人都和蒙古人一样好佛,信仰一致;另一个是日本人也没侵略我们,现在作乱的是交趾(越南境内),征伐日本暂且放下,专心对付交趾吧!到了1298年元成宗时期,有人又提议讨伐日本,帝曰:"今非其时,朕徐思之。"

蒙古帝国治下不到一百年,忽必烈之后,有作为的皇帝越来越少,城头变幻大王旗,一茬不如一茬。元末义军四起,一眨眼就到了明朝。

明 朝

《明史》里,"倭寇"一词开始频繁出现。

日本,古倭奴国。唐咸亨初,改日本,以近东海日出而名也。地环海,惟东北限大山,有五畿、七道、三岛,共一百十五州,统五百八十七郡。其小国数十,皆服属焉。国小者百里,大不过五百里。户小者千,多不过一二万。国主世以王为姓,群臣亦世官。宋以前皆通中国,朝贡不绝,事具前史。惟元世祖数遣使赵良弼招之不至,乃命忻都、范文虎等帅舟师十万征之,至五龙山遭暴风,军尽没。后屡招不至,终元世未相通也。

明兴,高皇帝即位,方国珍、张士诚相继诛服。诸豪亡命,往往纠岛人入寇山东滨海州县。洪武二年三月,帝遣行人杨载诏谕其国,且诘以入寇之故,谓:"宜朝则来廷,不则修兵自固。倘必为寇盗,即命将徂征耳,王其图之。"日本王良怀不奉命,复寇山东,转掠温、台、明州旁海民,遂寇福建沿海郡。

三年三月又遣莱州府同知赵秩责让之,泛海至析木崖,入其境,守关者拒弗纳。秩以书抵良怀,良怀延秩入。谕以中国威德,而诏书有责其不臣语。良怀曰:"吾国虽处扶桑东,未尝不慕中国。惟蒙古与我等夷,乃欲臣妾我。我先王不服,乃使其臣赵姓者诳我以好语,语未既,水军十万列海岸矣。以天之灵,雷霆波涛,一时军尽覆。今新天子帝中夏，天使亦赵姓，岂蒙古裔耶？亦将诔我以好语而袭我也。"自左右将兵之。秩不为动，徐曰："我大明天子神圣文武，非蒙古比，我亦非蒙古使者后。能兵，兵我。"良怀气沮，下堂延秩，礼遇甚优。……十四年复来贡，帝再却之，命礼官移书责其王，并责其征夷将军，示以欲征之意。良怀上言：

"臣闻三皇立极，五帝禅宗，惟中华之有主，岂夷狄而无君。乾坤浩荡，非一主之独权，宇宙宽洪，作诸邦以分守。盖天下者，乃天下之天下，非一人之天下也。臣居远弱之倭，褊小之国，城池不满六十，封疆不足三千，尚存知足之心。陛下作中华之主，为万乘之君，城池数千余，封疆百万里，犹有不足之心，常起灭绝之意。夫天发杀机，移星换宿。地发杀机，龙蛇走陆。人发杀机，天地反覆。昔尧、舜有德，四海来宾。汤、武施仁，八方奉贡。

"臣闻天朝有兴战之策，小邦亦有御敌之图。论文有孔、孟道德之文章，论武有孙、吴韬略之兵法。又闻陛下选股肱之将，起精锐之师，来侵臣境。水泽之地，山海之洲，自有其备，岂肯跪途而奉之乎？顺之未必其生，逆之未必其死。相逢贺兰山前，聊以博戏，臣何惧哉。倘君胜臣负，且满上国之意。设臣胜君负，反作小邦之差。自古讲和为上，罢战为强，免生灵之涂炭，拯黎庶之艰辛。特遣使臣，敬叩丹陛，惟上国图之。"

帝得表愠甚，终鉴蒙古之辙，不加兵也。[18]

自唐宋以来，日本一直与中国交好，一直朝拜纳贡，俯首称臣，至元朝时，开始交恶。按照明初这位日本王良怀的话：蒙古与我日本一样都是"夷"，凭啥要我们臣服（吾国虽处扶桑东，未尝不慕中国。惟蒙古与我等夷，乃欲臣妾我。我先王不服），他蒙古国一方面派姓赵的使臣来谈判，冒充赵宋朝廷，一方面派大军来犯，多亏风暴庇佑，全军覆没（所以日本向来迷信"神风"，二战时始有"神风敢死队"），你今天又派来了一位姓赵的使者，是不是又要装着安抚我实则要讨伐我呀！日本一直以为"崖山之后再无中国",奉赵宋为正朔,所以很看重姓赵的人。朱元璋虽建立大明,但是元末军阀割据的残敌并没有立刻消失,很多流窜到沿海岛屿与倭寇勾结占岛为王,屡屡袭扰东南沿海地区,所以他派了赵秩出使日本,责问日本为什么不朝拜纳贡,日本王才有了这般洋洋洒洒的辩解。朱元璋听了虽然很生气,但鉴于元朝的前车之鉴,并没有发兵讨伐。看看这大段文采斐然的答辩,对仗工整,排比有序,不得不说这位日本王深得唐宋文化之精髓。

元朝是中国与日本关系的分水岭,自从忽必烈伐日本失败之后,日本对这片大陆的亲近感荡然无存。

朱元璋之后,日本一直断断续续遣使纳贡,但是倭寇也一直袭扰东南沿海,这些倭寇究竟是日本人还是叛军余孽,也很难说。海盗来自海上,很难分辨是属于 A 国还是 B 国,譬如近来的索马里海盗,究竟有多少是索马里人,有多少是其他国家的人,谁能说得清楚呢?《明史纪事本末》有段记载:

> 汪直者,徽人也。以事亡命走海上,为舶主渠魁,倭人爱服之。倭勇而戆,不甚别死生。每战,辄赤体,提三尺刀舞而前,无能捍者。其魁则皆浙、闽人,善设伏,能以寡击众。大群数千人,小群数百人,而推直为最,徐海次之。又有毛海峰、彭老生不下十余帅,列近洋为民害。至是,登岸犯台州,破黄岩;四散象山、定海诸处,猖獗日甚。知事武伟败死,浙东骚动。[19]

你看看,带头大哥竟然是安徽人,反正中国人和日本人混在一起很难分别,所以,倭寇问题其实不仅仅是外交问题,也是内政问题。对日本朝廷而言,更没有能力管束这些倭寇,正如索马里政府对海盗也束手无策一样。有明一代,中日之间虽阴晴不断,但对于大明王朝而言,日本还构成不了根本性的威胁。

> 宣德七年正月,帝念四方蕃国皆来朝,独日本久不贡,命中官

柴山往琉球,令其王转谕日本,赐之敕。明年夏,王源义教遣使来。帝报之,赉白金、彩币。秋复至。十年十月以英宗嗣位,遣使来贡。

......

景泰四年入贡,至临清,掠居民货。有指挥往诘,殴几死。所司请执治,帝恐失远人心,不许。先是,永乐初,诏日本十年一贡,人止二百,船止二艘,不得携军器,违者以寇论。乃赐以二舟,为入贡用,后悉不如制。宣德初,申定要约,人毋过三百,舟毋过三艘。而倭人贪利,贡物外所携私物增十倍,例当给直。礼官言:"宣德间所贡硫黄、苏木、刀扇、漆器之属,估时直给钱钞,或折支布帛,为数无多,然已大获利。今若仍旧制,当给钱二十一万七千,银价如之。宜大减其直,给银三万四千七百有奇。"从之。使臣不悦,请如旧制。诏增钱万,犹以为少,求增赐物。诏增布帛千五百,终怏怏去。[20]

宣德年间(1426—1435),明朝皇帝朱瞻基见四方诸国都来朝拜,唯独缺少日本,还特意派人去琉球群岛让琉球王传话给日本,赶快来朝拜吧!第二年夏天,日本王源义教派遣使者来朝拜,秋天又来了一次。明英宗即位后,也遣使来贡。可是景泰年间,发生了一件不愉快的事,日本派来朝拜的人偷了当地居民的货物,执法人员去处理,反被殴打致死,按律当判刑。代宗宅心仁厚,考虑可能会让不远万里来朝拜的日本人失望,那时候没有外交豁免权,不过代宗的做法可能也是外交豁免权的雏形吧。驱逐出境了事。

当年的朝贡是有制度的,不是想来就来,想来多少人就来多少人,也不能带兵器。不过,以明朝的富庶,日本人来了怎么能不带点好东西回去呢?当年的倭寇袭扰屡禁不止,或许这也是原因之一。

嘉靖二年五月,其贡使宗设抵宁波。未几,素卿偕瑞佐复至,互争真伪。素卿贿市舶太监赖恩,宴时坐素卿于宗设上,船后至又先为验发。宗设怒,与之斗,杀瑞佐,焚其舟,追素卿至绍兴城下,素卿窜匿他所免。凶党还宁波,所过焚掠,执指挥袁琎,夺船出海。都指挥刘锦追至海上,战没。巡按御史欧珠以闻,且言:"据素卿状,西海路多罗氏义兴者,向属日本统辖,无入贡例。因贡道必经西海,正德朝勘合为所夺。我不得已,以弘治朝勘合,由南海路起程,比至宁波,因诘其伪,致启衅。"章下礼部,部议:"素卿言未可信,不宜听入朝。但衅起宗设,素卿之党被杀者多,其前虽有投番罪,已经先朝宥赦,毋容问。惟宣谕素卿还国,移咨其王,令察勘合有无,行究治。"帝已报可,御史熊兰、给事张翀交章言:"素卿罪重不可贷,请并治赖恩及海道副使张芹、分守参政朱鸣阳、分巡副使许完、都指挥张浩。闭关绝贡,振中国之威,寝狡寇之计。"事方议行,会宗设党中林、望古多罗逸出之舟,为暴风飘至朝鲜。朝鲜人击斩三十级,生擒二贼以献。给事中夏言因请逮赴浙江,会所司与素卿杂治,因遣给事中刘穆、御史王道往。至四年,狱成,素卿及中林、望古多罗并论死,系狱。久之,皆瘐死。时有琉球使臣郑绳归国,命传谕日本以擒献宗设,还袁琎及海滨被掠之人,否则闭关绝贡,徐议征讨。[21]

只要有审批,就会有漏洞,批文也会造假,前朝后朝官文繁复,难免造假,再加上地方官招权纳贿,从中渔利,推波助澜,倭寇的难题遂成了明朝的死结。嘉靖朝初年就发生了真假贡使之争,造成沿海诸城兵连祸结。

时贼势蔓延,江浙无不蹂躏。新倭来益众,益肆毒。每自焚其舟,登岸劫掠。自杭州北新关西剽淳安,突徽州歙县,至绩溪、旌德,过泾县,趋南陵,遂达芜湖。烧南岸,奔太平府,犯江宁镇,径侵南京。倭红衣黄盖,率众犯大安德门,及夹冈,乃趋秣陵关而去,由溧水流劫溧阳、宜兴。闻官兵自太湖出,遂越武进,抵无锡,驻惠山。一昼夜奔百八十余里，抵浒墅。为官军所围，追及于杨林桥，歼之。是役也，贼不过六七十人，而经行数千里，杀戮战伤者几四千人，历八十余日始灭，此三十四年九月事也。[22]

瞧瞧，倭寇只有六七十人，却搅得浙江、安徽和江苏三省鸡犬不宁。倭寇的事情其实也是一个信号，明朝强大的造船能力推动了海运的发展，虽然朝廷一直以倭寇侵扰为由实行禁海令，海洋世纪的到来却是无论如何也挡不住的，万里之遥的西欧已经蠢蠢欲动，扬帆跨海淘金者很快就遍布海上。横跨亚欧的蒙古帝国虽然短暂，但东方的富庶和发达却记录在了马可·波罗神奇的东方游记里。

日本故有王，其下称关白者最尊，时以山城州渠信长为之。偶出猎，遇一人卧树下，惊起冲突，执而诘之。自言为平秀吉，萨摩州人之奴，雄健趫捷，有口辩。信长悦之，令牧马，名曰木下人。后渐用事，为信长画策，夺并二十余州，遂为摄津镇守大将。有参谋阿奇支者，得罪信长，命秀吉统兵讨之。俄信长为其下明智所杀，秀吉方攻灭阿奇支，闻变，与部将行长等乘胜还兵诛之，威名益振。寻废信长三子，僭称关白，尽有其众，时为万历十四年。于是益治兵，征服六十六州，又以威胁琉球、吕宋、暹罗、佛郎机诸国，皆使奉贡。乃改国王所居山城为大阁，广筑城郭，建宫殿，其楼阁有至九重者，实妇女珍宝其中。其用法严，军行有进无退，违者虽子婿必诛，以故所向无敌。乃改元文禄，并欲侵中国，灭朝鲜而有之。召问故时汪直遗党，知唐人畏倭如虎，气益骄。益大治兵甲，缮舟舰，与其下谋，入中国北京者用朝鲜人为导，入浙、闽沿海郡县者用唐人为导。虑琉球泄其情，使毋入贡。

同安人陈甲者，商于琉球。惧为中国害，与琉球长史郑迥谋，因进贡请封之使，具以其情来告。甲又旋故乡，陈其事于巡抚赵参鲁。参鲁以闻，下兵部，部移咨朝鲜王。王但深辨向导之诬，亦不

三十功名

139

知其谋己也。

初,秀吉广征诸镇兵,储三岁粮,欲自将以犯中国。会其子死,旁无兄弟。前夺丰后岛主妻为妾,虑其为后患。而诸镇怨秀吉暴虐,咸曰:"此举非袭大唐,乃袭我耳。"各怀异志。由是,秀吉不敢亲行。二十年四月遣其将清正、行长、义智,僧玄苏、宗逸等,将舟师数百艘,由对马岛渡海陷朝鲜之釜山,乘胜长驱,以五月渡临津,掠开城,分陷丰德诸郡。朝鲜望风溃,清正等遂逼王京。朝鲜王李昖弃城奔平壤,又奔义州,遣使络绎告急。倭遂入王京,执其王妃、王子,追奔至平壤,放兵淫掠。七月命副总兵祖承训赴援,与倭战于平壤城外,大败,承训仅以身免。八月,中朝乃以兵部侍郎宋应昌为经略,都督李如松为提督,统兵讨之。

当是时,宁夏未平,朝鲜事起,兵部尚书石星计无所出,募能说倭者侦之,于是嘉兴人沈惟敬应募。星即假游击将军衔,送之如松麾下。明年,如松师大捷于平壤,朝鲜所失四道并复。如松乘胜趋碧蹄馆,败而退师。于是封贡之议起,中朝弥缝惟敬以成款局,事详《朝鲜传》。久之,秀吉死,诸倭扬帆尽归,朝鲜患亦平。然自关白侵东国,前后七载,丧师数十万,糜饷数百万,中朝与朝鲜迄无胜算。至关白死,兵祸始休,诸倭亦皆退守岛巢,东南稍有安枕之日矣。秀吉凡再传而亡。

终明之世,通倭之禁甚严,闾巷小民,至指倭相詈骂,甚以嚇其小儿女云。[23]

中国对这个邻居真正感到头疼是从明朝嘉靖年间(1522—1566)开始的,那时倭寇开始大规模袭扰江浙沿海一带。"终明之世,通倭之禁甚严,闾巷小民,至指倭相詈骂,甚以嚇其小儿女云",那时人们在街头会以"倭"字对骂,吓唬小孩子会说"倭寇来了",小孩子登时就会止住啼哭。不过,倭寇再猖獗,毕竟图财不图领土。嘉靖皇帝虽昏庸,但大明王朝实力还是远超日本,戚继光用小规模军队就把倭寇打得屁滚尿流。

嘉靖之后紧接着是隆庆皇帝,只干了不到 7 年。1573 年,万历皇帝登基了,一坐江山 48 年,成为明朝在位最久的皇帝。那时,张居正刚刚走,万历皇帝依旧很精神,不过,打起精神没几年就泄气了。万历属于很会享受的皇帝,年轻时有严师张居正,还中规中矩,张居正一死,他就尽情玩乐了,一直玩乐到 1620 年。

当皇帝也讲究命,万历算命不错的,无为而治,寿终正寝。因为他有张居正新政十年的底子,瘦死的骆驼比马大,何况这头骆驼还肥着呢。

万历十四年,也就是公元 1586 年,丰臣秀吉开始着手统一日本,大肆扩张,并且磨刀霍霍准备征伐中国,号称备足了三年的粮草。1592 年,也就是万历二十年,丰臣秀吉结束了日本的战国时代,一统日本,开始做起大陆梦了。要征伐明朝,必先征伐朝鲜。这一年,他亲率十几万大军渡过朝鲜和日本之间的对马海峡,朝鲜军队不堪一击,很快全境陷落,赶紧向保护国明朝求救。

中日这段战争史称万历朝鲜战争,朝鲜称之为壬辰倭乱,日本称之为文禄·庆长之役,战争分为两段,前后持续七年。第一阶段是从 1592 年至 1595 年,第二阶段是从 1595 年至 1598 年。

> 朝鲜国王咨称,倭船数百,直犯釜山,焚烧房屋,势甚猖獗。兵部以闻,诏辽东山东沿海省直督抚道镇等官,严加整练防御,无致疏虞。[24]
>
> 兵部尚书石星题:宁贼虽已就擒,倭寇复尔告急,经略未至辽东,近报倭逼鸭绿,道旁之谋,恐终误事。臣愿即日就道往决战守,必使一倭不入,然后奏凯以还,如其不效,自甘军法。共事武臣,必得宁远伯李成梁及选京营壮丁千余随行。上谓:星感愤时危,自请征讨,具见忠贞。本兵居中调度,不宜轻行,还著经略宋应昌往任其事。[25]
>
> 兵部言:近报倭贼欲犯义州,拒敌势不容缓,宜行经略及督抚

三十功名

责令吴惟忠统领南兵火器手各三千,限五日内往辽,并发到兵马及本镇兵丁一万,克日赴义州,同朝鲜兵将协力堵剿,蓟、保两镇各选精兵五千,宣、大各选兵八千,马步相半,择将统领,文至五日即往辽东,听经略调遣。户部速办粮料,并移文四川巡抚速催刘綎兵马星夜前来,各督抚须挑选精壮,无徒虚文塞责,及谕国王固守义州以俟天兵恢复,勿蹈甘弃社稷之罪。上命如议行。[26]

万历皇帝接到奏报反应挺快,先把朝鲜王安顿下来,然后排兵布阵。各大军区都派了部队去历练历练,有北方兵、南方兵,还有川军。抗战时期,朝鲜流亡政府被民国政府安顿在了上海,后来迁至重庆。历史总是重复的。

派出的小股先遣部队因不识敌情吃了亏,但万历很自信,派刚刚平叛宁夏凯旋的大将李如松讨伐之,李如松不辱使命,大败倭寇于平壤。李如松何许人也?其父乃李成梁,也是明朝名将,活到90岁的高龄,《明史》卷二百三十八,列传一百二十六记载:"子如松、如柏、如桢、如樟、如梅皆总兵官;如梓、如梧、如桂、如楠亦皆至参将。"这名字起得多棒啊!真是满门忠烈!

关于平壤战役,朝鲜的史书《宣祖实录》(1567—1608)多有记录:《宣祖实录》三十四卷,二十六年,1593年1月9日:

> 尹根寿来启曰:闻初八日,李提督进战于箕城,倭将使张大膳请曰:"愿暂退天兵,奉表纳贡于福建。"提督答曰:"尔等欲降,则二千出城外,听我命可也。尔等何敢出退天兵之说也?退兵,则决不可从。"张大膳曰:"然则老爷自为之。"李提督战时,倭将亦督战于西门。天兵战进,斩杀无数,祖总兵李宁领我军入南门。天兵放三穴鸟铳,倭军尽毙,只余三四百,尽入松林间。李如松、汝梅等,进迫大同门,倭军中多发片箭,中者甚多。天将曰"尔国之人甚恶"云云。倭死者满城,而李提督不令斩一级云。

> 都体察使柳成龙驰启曰:初八日巳时,唐将已为接战,四面攻城,放炮之声,如雷如震,天兵破七星门而入。时方厮杀,平壤似已收复,不胜喜幸之至,谨先驰启。[27]

《宣祖实录》,二十六年,1593 年 2 月 20 日记载有一段朝鲜王李昖与大臣的对话:

> 上曰:"铳筒之声,不与天兵之火炮同耶?"德馨曰:"倭铳之声,虽四面俱发,而声声各闻。天兵之炮,如天崩地裂,山原震荡,不可状言。"上曰:"城石亦可触破耶?"元翼曰:"触之无不裂破,犯之无不焦烂。"洪进曰:"此地距平壤似不近矣,而于此亦闻其声云矣。"上曰:"军势如此,则可不战而胜矣。"[28]

明朝先进的生产力是稍稍崛起的日本国所远远不及的,火炮远胜于倭铳,不在一个量级上,再加上朝鲜名将李舜臣也大败倭寇水军于闲山岛,丰臣秀吉不得不与明朝议和。1595 年 1 月,明朝遣使封丰臣秀吉为日本国王,诏书内容如下:

> 奉天承运,皇帝制曰:圣仁广运,凡天覆地载,莫不尊亲。帝命溥将,暨海隅日出,罔不率俾。昔我皇祖,诞育多方。龟纽龙章,远赐扶桑之域;贞珉大篆,荣施镇国之山。嗣以海波之扬,偶致风占之隔。当兹盛际,宜缵彝章。咨尔丰臣平秀吉,崛起海邦,知尊中国。西驰一介之使,欣慕来同。北叩万里之关,肯求内附。情既坚于恭顺,恩可靳于柔怀。兹特封尔为日本国王,赐之诰命。于戏龙贲芝函,袭冠裳于海表,风行卉服,固藩卫于天朝,尔其念臣职之当修。恪循要束,感皇恩之已渥。无替款诚,祗服纶言,永尊声教。钦哉![29]

万历这口气,好像训诫一位做了坏事的贼子,简直没治了,丰臣秀吉也无可奈何,只能跪安,不过朝鲜国王有意见,《宣祖实录》里有一段话:

上曰："设使以外国言之，中国父母也，我国与日本，同是外国也，如子也。以言其父母之于子，则我国孝子也，日本贼子也。父母之于子，虽止于慈，岂有爱其贼子，同于孝子之理乎？"[30]

话里话外是酸溜溜的，孝子和贼子怎能相提并论呢？

训完了贼子，万历也不忘训一下孝子：

倭奴平秀吉肆为不道，蹂躏尔邦。朕念王世笃忠贞，深用悯恻。七年之中，日以此贼为事。始行薄伐，继示包容，终加严讨。盖不杀乃天之心，而用兵非予得已。安疆靖乱，宜取荡平。神恶凶盈，阴歼魁首，大师乘之，追奔逐北，鲸鲵尽戮，海隅载清，捷书来闻，忧劳始释。惟王虽还旧物，实同新造，振凋起敝，为力倍艰。倭虽遁归，族类尚在。兹命邢玠振旅归京，量留万世德等分布戍守。王宜卧薪尝胆，无忘前耻，惟忠惟孝，缵绍前休。[31]

意思很明了，你要励精图治，富国强兵，不能老靠我们。谁说万历皇帝昏庸无能？这不挺明白事理的吗？

丰臣秀吉乖乖穿着明朝官服跪接圣旨，但内心深处一百个不愿意，他怎能咽下这口恶气呢？没过多久，好了伤疤忘了痛，他又卷土重来。

（万历）二十六年，朝鲜用师。诏以故官领水军，从陈璘东征。倭将渡海遁，璘遣子龙偕朝鲜统制使李舜臣督水军千人，驾三巨舰为前锋，邀之釜山南海。子龙素慷慨，年逾七十，意气弥厉，欲得首功，急携壮士二百人跃上朝鲜舟，直前奋击，贼死伤无算。他舟误掷火器入子龙舟，舟中火，贼乘之，子龙战死。舜臣赴救，亦死。事闻，赠都督佥事，世荫一子，庙祀朝鲜。[32]

（万历）冬十月乙卯，总兵官刘綖、麻贵分道击倭，败之。董一元攻倭新寨，败绩。十一月戊戌，倭弃蔚山遁，官军分道进击。十二月，总兵官陈璘破倭于乙山，朝鲜平。[33]

万历皇帝再次派兵抗日援朝,陆上有刘綎、麻贵、董一元和陈璘,海上有邓子龙与朝鲜水军司令李舜臣并肩战斗,大败日军于蔚山、乙山和釜山,邓子龙以七十岁高龄为国捐躯,朝鲜人民自发立庙以祭祀他。此战之后不久,丰臣秀吉病死。所以,史家在批万历时,也不忘表扬两句,人家再浑,也比你光绪强多了啊!

万历朝鲜战争与唐朝时白江口战役一样,又一次为东北亚国际局势定了调,其后近三百年,日本不再踏上朝鲜半岛。不到半个世纪,大陆又开始变幻大王旗,李自成起于陕北,努尔哈赤崛起于白山黑水之间,明朝很快转换为清朝,而日本,搬张板凳坐在那里观望。

清朝及之后

迎祭邓将军

九月朔,驾出东直门,迎邓将军神主入大内。黄幄列舆辇前,上亲拜祭。询诸故老:邓将军何人,乃劳万乘躬祭?或曰:将军岛帅毛文龙部下,善斗战,没有神灵,立庙岛上。太祖起兵时,战急甚危,求庇于神,显灵脱于难,立庙辽阳。每祭必先之,元旦先亦必诣庙,躬奠致敬,否则宫中时时为厉。或曰:将军明之有功将帅,战没海上者也。考明将帅死辽事,无邓将军其人者。万历征朝鲜,副将邓子龙,数有功,战死海上,岂其神邪?将军英烈,没而有神,固宜。(查慎行《人海记》:"元旦堂祭,乃邓将军庙也,在朝门之巽隅。自车驾外,侍从皆匍匐而入,非亲昵不随行。将军讳子龙,南昌人,万历中副总兵。")[34]

清朝顺治皇帝登基后按照祖制干了一件事情,出东直门,迎邓将军神主于大内。他感觉有点奇怪,不知道所祭拜的是何人,就问左右。有人答:这是明朝万历年间的邓子龙将军,御倭有功,且有恩于先祖努尔哈赤。据说先祖曾被辽东明朝军队俘获,押至邓子龙帐下,邓觉得他是个人物,就放了他。邓子龙不仅灭了倭寇的威风,还捎带拯救了大清的龙脉,说他是改变近代东亚历史的第一人也不为过吧!这真是一只蝴蝶扇了一下翅膀,竟在千里之外激起了风暴。

三百年后,日本携着明治维新的余威,如法炮制,借朝鲜问题继续发难,朝鲜又求救于大清国。这次,可不是冷兵器时代了,倭寇进化的速度明显比大清国要快,朝鲜战争失利,甲午海战失利,始有《马关条约》。

杀红了眼的日本人,紧接着跟北极熊沙俄在1904年干了一仗,远东毕竟太远,北极熊无暇东顾,被狠狠咬了一口,捂着伤口走了。得手的日本人更加疯狂了,几千年来的梦想竟是如此之近,遂加紧在中国东北修路、架桥、屯垦、开矿,然后大规模移民。这里是白山黑水,资源丰富,太好了,太宜居了,日本人建设东北绝对是以建设本土为标准的,来了就不想走了。

割据东北的张作霖渐渐成了绊脚石,日本少壮派军人制造了皇姑屯事件,拔掉了张作霖,紧接着柳条湖事件,赶走了张学良。"九一八"过后,东三省离奇落入日本人之手。日本人轻易拿下东三省,算是拣了一个大元宝,好比一个小偷发了意外之财,胃口会进一步膨胀,日本开始梦想着好运降临到他们头上。

不过,这个梦做得未免太大了。一天早上,日本人喝了点小酒,趁着酒劲把山姆大叔家的玻璃砸了。1941年的12月7日,山本五十六的联合舰队派出舰载机突袭了珍珠港,激怒了山姆大叔。山姆大叔当时可不好惹,刚发了一笔欧战财,兵强马壮,如日中天,号称世界第一强国。英、美、苏这几个大国在雅尔塔一合计,在欧洲先废了德国纳粹的武功,紧接着给日寇打了一针疫苗,说话间,这疫苗管了有六七十年了吧。

"但倭情狡诈,未可遽称事完",万历皇帝在四百多年前说过的话,不可不察!谁再说万历皇帝昏庸,我和他急。

注释:

[1]南朝宋·范晔《后汉书》,卷八十五,东夷列传第七十五。

[2]西晋·陈寿《三国志》,卷三十,魏书三十,乌丸鲜卑东夷传第三十。

[3]唐·房玄龄等《晋书》,卷九十七,列传第六十七。

[4]西汉·司马迁《史记》,卷三十一,吴太伯世家第一。

[5]唐·魏微等《隋书》,卷八十一,列传第四十六,东夷,倭国。

[6]《日本书纪》,卷二十,推古纪。

[7]北宋·欧阳修等《新唐书》,卷二百二十,列传第一百四十五,东夷。

[8]后晋·刘昫等《旧唐书》,列传第三十四,刘仁轨。

[9]《日本书纪》,卷二十六,齐明纪。

[10]—[14]元·脱脱等《宋史》,卷四百九十一,列传第二百五十,外国七。

[15]—[17]明·宋濂等《元史》,卷二百八,列传第九十五,外夷一。

[18][20]—[23]明·张廷玉等《明史》,卷三百二十二,列传第二百十,外国三,日本。

[19]清·谷应泰《明史纪事本末》,卷五十五。

[24]《神宗实录》,卷二百四十八,万历二十年五月己巳。

[25]《神宗实录》,卷二百五十三,万历二十年十月辛卯。

[26]《神宗实录》,卷二百五十三,万历二十年十月壬辰。

[27]《宣祖实录》,卷三十四。

[28]《宣祖实录》,卷三十五。

[29]据说这封诏书现存于日本大阪博物馆。

[30]《宣祖实录》,卷三十七。

[31]明·张廷玉等《明史》,卷三百二十,列传第二百八,外国一,朝鲜。

[32]明·张廷玉等《明史》,卷二百四十七,列传第一百三十五。

[33]明·张廷玉等《明史》,卷二十一,本纪第二十一,神宗二。

[34]小横香室主人《清朝野史大观》,卷一,清宫遗闻,第三章。

宗方小太郎和《长恨歌》

先哲有言曰："有德受命，有功受赏。"又曰："唯命不于常，善者则得之，不善者则先哲有言曰失之。"满清氏元塞外之一蛮族，既非受命之德，又无功于中国，乘朱明之衰运，暴力劫夺，伪定一时，机变百出，巧操天下。当时豪杰武力不敌，吞恨抱愤以至今日，盖所谓人众胜天者矣。今也天定胜人之时且至焉。

熟察满清氏之近状，人主暗弱，乘帘弄权，官吏鬻职，军国渎货，治道衰颓，纲纪不振，其接外国也，不本公道而循私论，不凭信义而事诡骗，为内外远迩所疾恶。曩者，朝鲜数无礼于我，我往惩之，清氏拒以朝鲜为我之属邦，不容他邦干预。我国特以重邻好而敬大国，是以不敢强争焉，而质清氏，以其应代朝鲜纳我之要求，则又左右其辞曰："朝鲜自一国，内治外交，吾不敢关闻。"彼之推辞如此也。而彼又阴唆嗾朝鲜君臣，索所以苦我日本者施之。昨东学党之事，满清氏实阴煽之而阳名镇抚，破天津之约，派兵朝鲜，以遂其阴谋也。善邻之道果安在耶？是白痴我也，是牛马我也。是可忍也，孰不可忍也。是我国之所以舍樽俎而执旗鼓，与贵国相周旋也。

抑贵国自古称礼仪国，圣主明王世之继出，一尊信义，重礼让。今蔑视他邦，而徒自尊大，其悖德背义莫甚矣。是以上天厌其德，下民倦其治，将卒离心，不肯致心，故出外之师，败于牙山，歼于丰岛，溃于平壤，溺于海洋。每战败衄，取笑万国。是盖满清氏之命运已尽，而天下与弃之因也。我日本应天从人，大兵长驱。以问罪于北京朝廷，将迫清主面缚乞降，尽纳我要求，誓永不抗我而后休矣。虽然，我国之所惩伐在满清朝廷，不在贵国人民也；所愿爱新觉罗氏，不及耸从士卒也。若谓不然，就贵国兵士来降者证之。

夫贵国民族之与我日本民族同种、同文、同伦理，有偕荣之谊，不有与仇之情也。切望尔等谅我徒之诚，绝猜疑之念，察天人之向背，而循天下之大势，唱义中原，纠合壮徒、革命军，以逐满清氏于境外，起真豪杰于草莽而以托大业，然后革秕政，除民害，去虚文而从孔孟政教之旨，务核实而复三代帝王之治。我徒望之久矣。幸得卿等之一唱，我徒应乞于宫而聚义。故船载粮食、兵器，约期赴胁。时不可失，机不复来。古人不言耶：天与不取，反受其咎。卿等速起。勿为明祖所笑！[1]

这篇雄文读来慷慨激昂，可惜，出自一位日本人之手，名曰宗方小太郎，这篇檄文是在1894年10月中日甲午战争处于胶着状态时写的，题目为"开诚忠告十八省之豪杰"。实话说，逻辑上没有任何问题，看起来句句在理，精辟入微。当时的态势是，清军平壤总兵叶志超临阵弃逃，清军一周内狂奔500里退回到鸭绿江边，平壤战役大败。此文一出，中方将士的士气将受到多么大的损伤，可想而知。试想当年孙中山先生振臂一呼"驱除鞑虏，恢复中华"的口号，激发了多少仁人志士投入到推翻清朝的洪流中。文中的"革命军"一词是不是似曾相识？九年后的1903年5月，《革命军》一书由上海大同书局出版，署名为"革命军中马前卒邹容"，邹容在书里明确提出要用革命手段推翻清朝建立中华共和国，不能不说受到了这位宗方小太郎的影响。

这位日本人怎么如此厉害？他1884年来到中国，虽然那时日本已"明治维新"了多年，但是与瘦死骆驼比马大的大清国相比，日本还是弱国,虽然在琉球和台湾问题上屡屡与大清国冲突,但总体实力上还是大清国占优,大清国还没有把日本放在眼里。像李鸿章这样具有世界眼光的人才深知日本的潜力,在海防还是塞防上与左宗棠激烈争论,其他人估计都把日本和朝鲜等量齐观了。

宗方号称彼时日本的第一"中国通",若从时间序列来论,他算是日本"中国通"的祖师爷,其后的土肥原贤二等人,都是他的衣钵传人而已,从对中国文化的系统性了解上来看,他们都远远比不上他们的这位师父。宗方的思想不仅仅影响日本朝野的对华政策,也深深影响着中国进步人士的思想,左右着彼时中国的时局。他在汉口办报,鼓吹现代思想,与孙中山等人相熟,开风气之先,辛亥革命发端于武昌绝不是偶然。

当1937年11月淞沪会战结束后,日本派遣军华中方面军司令松井石根擅自主张扩大战事,做出进攻中华民国首都南京的决定,意图狠狠教训一下中国人,其背后多多少少闪现着宗方小太郎的影子。日本军国主义欲占领东北,占领中国,称霸亚洲和世界的图谋也不得不说是受宗方思想的启蒙。如果说明治天皇的"开拓万里波涛,宣国威于四海"只是一句口号的话,宗方对中国的潜心考察并基于其上的考察报告可谓是具体而微的行动方案了。

在《对华迩言》中,宗方小太郎更为具体地指出,日本必须联合中国才能对抗西方,但中日之间"若无大战,则不能大和;大战而大胜之,中国始知日本之实力之不可敌,方可收协同之效",因此,必须先"以势力压制、威服中国","煦煦之仁、子子之义,非所以驭中国人之道"。因此,他建议当时节节胜利的日本军方,"必须排除万难,攻陷敌人之都城北京",再"进扼长江之咽喉,攻占江淮重地,断绝南北交通,使敌国陷于至困至穷、万无办法之地,使敌国政府和人民知晓真正之失败,而后达到我之目的"。为此,他提出了九项具体压制中国的措施,成为日后《马关条约》的蓝本之一。

宗方建言道,铁血政策之后就该实行怀柔,要在占领地以"公道至诚、待民如子"之心来施行大道,以扫除中国政治的"宿弊伏毒",消除中国人对日本的"仇雠之念","使两国人心和合融释,有如一家"。他因此呼吁日本当局要重视这一"责任至重"的问题,选好用好占领地的民政官。

在宗方小太郎为日本军队起草的文告中,攻击满清政权腐败,号召汉人"唱义中原,纠合壮徒"建立"革命军"配合日军反满,然后"革弊政,除民害,去虚文而从孔孟政教之旨,务核实而复三代帝王之治"。这些文告,在当时对国人有相当的迷惑性。[2]

所以,想想汪精卫和周佛海这些人怎么会一时糊涂做出与虎谋皮的勾当呢? 历史其实就是如此吊诡,也很复杂,庞大的汪伪政权和庞大的皇协军的存在不是没有逻辑支撑的。

看看宗方在另一篇雄文《清国大势之倾向》里的高论:

依宗方之见,中国之革新虽为世人看好,以为必将雄起东方,成为一等大国,但实非如此。察一国,如同察一人,应先洞察其心腹,然后其形体,表里洞照,内外兼察,始可说其国势所趋。今中国之外形,犹如老屋废厦加以粉饰,壮其观瞻,外形虽美,但一旦遇大风地震之灾,则柱折栋挫,指顾之间即将颠覆。

中国官场贿赂成风,政以贿成。明太祖剥皮揎草,雍正帝则创养廉银,以期高薪养廉、杜绝聚敛,但滔滔之势,非区区制法所能禁遏。中国士大夫,本为国家精英栋梁,口尊孔孟之学,却无非是做官之敲门砖而已。一旦得其位,却并不行其道,倡圣贤之言,行苟且之事。其间或有人大声呼吁,却大半以反贪腐而博虚名,以博虚名而图实利。

宗方以为,导致此种老朽之大原因,在于千百年来日积月累之人心腐败。中国之精力,全耗于形而下之事,崇尚虚华,拜金风靡,国不似国,民不似民,国家外形虽日新月异,实是一虚肿之人,元气萎靡,不堪一击。宗方坦言,国家乃人民之集合体也,人民即国家之"分子","分子"即已腐败,国家岂能独强?

宗方此论,切中要害。中国之贪腐,实与君主、共和之法统无关,与专制、民主之政体无关,与满人、汉人之族群无关,而与全民贪腐之心有关。

人人皆以当官揽权为至要,挤入仕途者大贪,未入仕途者小贪。人人所切齿者,貌似痛恨贪腐,实则痛恨自己无缘贪腐,痛惜自己贪腐太少。有何等土壤,即有何等收成;有何等人民,即有何等政府。国家之风气,但知指天画地,痛责当道之人,仿佛世风日下,与己无关,却不知防微杜渐,正在于"匹夫之责"四字。卖官鬻爵,贪污受贿,执法犯法,此乃庙堂之贪也;米中掺沙,酒中灌水,鸡鸭里硬塞碎石,此乃匹夫之贪也。庙堂之贪,败坏法纪,匹夫之贪,败坏常纲,而匹夫犹愤愤不平于庙堂之贪。

都说宗方是彼时日本驻华第一间谍,他虽然的确有成功潜伏我威海军港,侦测我北洋水师起航时间的"伟绩",以至于得到日本天皇的召见,但是与他对中国社会方方面面的洞悉相比,这些都是小巫见大巫。

知彼知己,百战不殆。堡垒总是最先从里面被攻破的,故上兵伐谋,其次伐交,其次伐兵,其下攻城,这都是我们老祖宗遗留下来的精华。大宅门里的纨绔子弟们把它丢得干干净净,隔壁的阿二却如获至宝且学到精髓,不能不说这是大宅门里这一大家子的悲哀啊。

不过话说回来,经历了悲欢离合的这一大家子幡然醒悟,抖擞精神,重新捡起了老祖宗遗留下来的精华,如果这位宗方小太郎还在世的话,他又会如何来评述当下并预测未来的中国呢?涅槃后的凤凰还是当年的样子吗?

河北涞源县城有一座寺庙——阁院寺,有一块石碑,碑上题有一首诗,曰《长恨歌》,全名应为《大日本皇军驻东团堡守备队长恨歌》,作于

1940年秋天,作者是小柴俊男,当时担任日军驻涞源警备司令。1940年9月22日至9月25日,杨成武部强攻涞源东团堡,全歼驻守在那里的由170余名日本士官组成的士官教导团,其中最后剩下的26名士官在大队长甲田带领下全体自焚,小柴俊男闻之不寒而栗,作此《长恨歌》如下:

行军西征涞源县,路越一岭叫摩天。

围绕长城数万里,西方遥连五台山。

南到白石山更大,东与易州道开连。

千山万水别天地,有座雄岩紫荆关。

察南边境一沃野,小柴部队此处观。

窥谋八路军"贼寇",中秋明月照山川。

丰穰高粱秋风战,敌军踏破长城南。

精锐倾尽杨成武,势如破竹敌军完。

盘袭怒沟如恶鬼,我含笑中反攻然。

惨复天地炮声震,团堡一战太凄惨。

此处谁守井出队,彼处谁攻老三团。

敌赖众攻新手替,我仅百余敌三千。

突击部分昼与夜,决战五日星斗寒。

穷交实弹以空弹,遥望援兵云倪端。

万事休唯一自决,烧尽武器化灰烟。

烧书烧粮烧自己,遥向东天拜宫城。

高齐唱君代国歌,决然投死盘火里。

英魂远飞靖国庭,壁书句句今犹明。

一死遗憾不能歼灭八路军,呜呼团堡士壮烈肃然千古传。

昭和十五年秋

部队长陆军中佐从五位勋三等

小柴俊男作

一个小小的中佐竟有这样的中文造诣,实属难得,一来可见中国文化对日本的影响力,极力想摆脱却处处离不开,二来可见宗方小太郎之流为了侵华下了多少本钱。严格而论,日本终究是在中华文明影响下发展起来的,弟子不必不如师,师也不必贤于弟子,但弟子对老师要有起码的尊重,欺负老师的学生当然要被打屁股了。

注释:

[1] 雪珥《绝版甲午:从海外史料揭秘中日战争》,文汇出版社 2009 年版。

[2] 雪儿简思《宗方小太郎:洞察中国的日本间谍》,《时代教育(先锋国家历史)》,2008 年 08 期。

赌徒鲜有赢家

夫人带小猴王回花果山了,剩下猴王独守空房,还好,有窗外的青蛙与我畅聊一晚,它们实在是健谈。

入睡前看完了《中途岛之战》,山本五十六对阵尼米兹,南云忠一叫板斯普鲁恩斯,美国以逸待劳,以少胜多,中途岛之后,攻守之势易也,战争的天平开始向美国倾斜。

回望历史,往往会让人惊出一身冷汗。假如日本不操之过急地进攻珍珠港,只怕中国深陷战争的时间会更久。谢天谢地,我们中国山高林密,幅员辽阔,战略纵深,一时让日本人无法下咽,日本陆军能力实在覆盖不了这么广袤的区域,单单一个淞沪会战就让日寇打了三个月,何况还有另外二十一个会战。日寇原以为能像希特勒以闪电战征服欧洲那样短期内搞定中国,事实上,日本只是撒胡椒面一样占领了中国的中东部,与希特勒完全占领西欧大不相同。

日本有绝顶聪明者如伊藤博文,在逼迫李鸿章签署《马关条约》割让台湾时,李鸿章要求宽限一个月,他说:已经是到嘴的肥肉,着什么急?总要有个交接嘛!伊藤博文毫不掩饰他的贪婪之心,"尚未下咽,饥甚"。虽如此嚣张,但在日本战略家中,他还是一个老谋深算者,一个温和派,他主张采取步步为营、稳扎稳打的策略,而不是贸然侵吞领土。他不仅反对吞并中国,甚至反对吞并朝鲜,他堪称是一只老狐狸,建议用更长的时间来慢慢同化,他要用温水煮青蛙般一点点蚕食中国,最后同化得无声无息。

可惜,1909 年,在他抵达哈尔滨与沙俄谈判时,被朝鲜志士安重根干掉了。以敌我关系而论,伊藤博文死不足惜,但是,伊藤之后,日本狂热和愚蠢者居多,逐渐占领了日本朝野的主要位置,日本彻底失去了耐心,傻事基本都是失去耐心后干出来的。

无奈中的日本只能把攻击美国的时间提前,山本五十六深知这是一场赌博,赌日本能迅速击垮美国太平洋舰队,逼美国签订城下之盟,日本当时还没有那么大胃口吃掉美国本土,只是想暂时捆住美国的手脚,腾出手来搞定中国,然后再搞定苏联,与希特勒在远东握手。可惜,有赌徒心理的人鲜有赢的时候,譬如时下的股市告诉我们,凡事只有做足功课才会稳操胜券,要有耐心,日本的失败恰恰是失败在执政层的愚蠢上。有一个笑话说,猪是怎么死的?笨死的。这不是笑话,这是事实,人要勇于承认自己的愚蠢,你知道得再多,也是有边界的,还是谦虚点好,你不知道的领域还多着呢。不知道,就耐心点。耐心点,就会少犯愚蠢的错。

影片还有一个小细节,美军的侦察飞机上,飞行员边驾驶飞机边抽着烟,还有的吃着零食,尼米兹的太平洋舰队的作战室里,作战参谋叼着烟看着作战图,全然不理会最高首长站在一旁。日本方面,一个个却板着个脸,不苟言笑,做苦大仇深状。人在最放松的状态下才最有创造力,头脑才最清楚,思考不用皱着眉头,微笑往往是思考渐入佳境的表现。

纳兰心事几人知？

喜欢纳兰词的人都比较推崇他的《木兰词》：

木兰词·拟古决绝词柬友

人生若只如初见，何事秋风悲画扇？

等闲变却故人心，却道故人心易变。

骊山语罢清宵半，泪雨零铃终不怨。

何如薄幸锦衣郎，比翼连枝当日愿。

班婕妤在赵飞燕、赵合德姐妹来之前一直是汉成帝的宠妃，自打这两位可作掌中舞的姐妹来到汉成帝的身边，班婕妤便被冷落了，就像秋天的扇子一样，被闲置了。至于李隆基和杨玉环的爱情故事，尽人皆知，不必赘述。

纳兰以女性的口吻借班婕妤和杨玉环的典故道出男女之感情纠葛，可谓抓住了痴男怨女们内心最柔软的那一部分，此词一出，便成为几百年来怀春少女和钟情少年的嘴边宝典。

不过，这阕词却不是写男女之情的，是写给友人的，如题：拟古决绝词柬友。

纳兰性德的父亲纳兰明珠是康熙跟前的红人，算辈分还是康熙的堂姑父，他帮着康熙平三藩，收台湾，战沙俄，可谓炙手可热，权倾朝野。纳兰性德也非等闲之辈，打小就是康熙的伴读和玩友，长大了是康熙的贴身侍卫，父子二人地位都可谓显赫。可是当明珠读到纳兰词时，不禁好奇:我家孩子什么都有了,为啥不快乐呢?

作为清初第一公子哥,纳兰词总是悲悲戚戚的,有点"少年不知愁滋味,为赋新诗强说愁"的感觉。

要说谁能知晓纳兰的烦恼,我看非顾贞观莫属。顾贞观何许人也?即是这阕《木兰词》副标题所指的那位"友"。

顾贞观大纳兰性德 18 岁,在纳兰 6 岁的时候,被明珠请到府上做纳兰的老师,两人相处很好,算是忘年之交。顾贞观也出身名门,系明末东林党领袖顾宪成的四世孙,只是改朝换代,家道中落,不复往昔繁盛,一生不怎么得志。古人说的"得志",只有一个标准,就是当官,不像我们今天,貌似选择很多。

顾贞观做纳兰家的家教期间,干了一件大事,而且只干了一件大事,就让他名留史册,这件大事就是营救他的好友——吴兆骞(汉槎)。

吴兆骞在顺治十四年(1657)因科场弊案被株连而流放宁古塔(今黑龙江宁安),据吴兆骞当时的描述,宁古塔可谓人间地狱,不是人待的地方,可是现在据说那里成了滑雪胜地。吴兆骞是江南人,当然受不了东北零下几十度的风雪,当年宋徽宗和宋钦宗被流放黑龙江依兰县(五国城)时,北行中偶见杏花,不仅泪沾衣裳,更填词一阕:

宴山亭·北行见杏花
(北宋)赵佶

裁剪冰绡,轻叠数重,淡着燕脂匀注。新样靓妆,艳溢香融,羞杀蕊珠宫女。易得凋零,更多少、无情风雨。愁苦。问院落凄凉,几番春暮?

凭寄离恨重重,这双燕,何曾会人言语。天遥地远,万水千山,知他故宫何处。怎不思量?除梦里有时曾去。无据,和梦也新来不做。

古代对学术造假行为真可谓零容忍,初犯就上黑名单,一辈子都别想翻身,唐伯虎当年就是受朋友科场弊案牵连而一辈子与功名无缘。相形之下,显得我们现在倒有点宽松,你抄我的,我抄你的,都抄成了博士、教授,发现了大不了开除了事。如果用流放的刑罚来对付今天的抄袭者,恐怕新疆的沙漠里早就人满为患了。

吴兆骞案是顺治帝亲自过问的案子,所以,等到康熙皇帝登基后,虽然觉得有冤情,但不好违背先帝的决定,加之他少年皇帝刚刚登基,屁股还未坐稳,内有鳌拜,外有吴三桂,要紧的事多着呢,哪里顾得上为一个文人平反呢?

而顾贞观呢,友情大于天,为此事上下奔走了二十年,求人无数,终于赢得好友南归。这其中,纳兰的爹纳兰明珠,这位当朝宰相起了很大的作用。当然,纳兰的作用也不容小觑,别忘了,他可是康熙的发小啊!

容若侍卫为明相之子,年少多才,慷慨豪侠。见无锡顾梁汾《金缕曲》词,竭力赎吴汉槎归塞。[1]

感动纳兰的那阕《金缕曲》写得如何?且看如下:

金缕曲(二首)

(寄汉槎宁古塔,以词代书。丙辰冬寓京师千佛寺,冰雪中作。)

季子平安否?便归来,平生万事,哪堪回首?行路悠悠谁慰藉?母老家贫子幼。记不起、从前杯酒。魑魅搏人应见惯,总输他、覆雨翻云手。冰与雪,周旋久。

泪痕莫滴牛衣透。数天涯、依然骨肉,几家能够?比似红颜多命薄,更不如今还有。只绝塞、苦寒难受。廿载包胥承一诺,盼乌头马角终相救。置此札,君怀袖。

我亦飘零久,十年来、深恩负尽,死生师友。宿昔齐名非忝窃,试看杜陵消瘦。曾不减、夜郎僝僽。薄命长辞知己别,问人生、到此凄凉否?千万恨,为兄剖。

兄生辛未我丁丑。共些时、冰霜摧折,早衰蒲柳。词赋从今须少作,留取心魂相守。但愿得、河清人寿。归日急翻行戍稿,把空名料理传身后。言不尽,观顿首。

在千佛寺的破庙里,顾贞观把营救好友的心路历程全写在了这两阕词中,用词的方式写信,顾贞观可谓千古一人。这样炽热的友情不能不令人感动。吴兆骞南归后特地拜访明珠府,看到墙上有一句话——"顾梁汾(贞观)为松陵才子吴汉槎(兆骞)屈膝处",不禁潸然泪下。

1706 年 5 月 17 日,康熙四十五年,康熙皇帝下旨押送仓央嘉措进京,之前政敌攻击仓央嘉措的奏折如雪片一般从西藏飞到京城畅春园,这些奏折都有一个共同的主题:六世达赖仓央嘉措嗜酒好色,不守戒律,是假和尚。随后他被押解到青海湖,之后不知所踪。圆寂、走失,还是被谋害,一直未有定论。此后,仓央嘉措的情诗在藏区被广为传抄,但直到最近几年才为大众所知。

纳兰性德和仓央嘉措算是一个时代的人,虽然纳兰去世时,仓央嘉措才两岁,不过,二人有很多相似点,地位都很高贵,心思都很细密,都是多情公子,都不谙政治。若说是纳兰的魂给了仓央嘉措倒有可能,藏传佛教信转世,信轮回,你看仓央嘉措的诗"第一最好不相见,如此便可不相恋;第二最好不相知,如此便可不相思",与上面这阕纳兰词何其相似。

仓央嘉措陨落在一个"情"字上。纳兰呢,也大抵如此。

纳兰二十岁时娶了两江总督的女儿,二人非常恩爱,可惜三年后夫人难产而死,自此纳兰郁郁寡欢,对其他女人不再感兴趣。要说顾贞观重情重义,他教的这位学生更是有过之而无不及。

在纳兰去世十年后,顾贞观曾题过两句诗:

家家争唱饮水词,纳兰心事几人知?

注释:

[1]小横香室主人《清朝野史大观》,卷九,清朝艺苑,赎命词。

雍正的烦恼

　　清朝入关后的第三位皇帝雍正，尽人皆知他是位工作狂，当政十三年，累得像老黄牛一样。事业对男人的确很重要，但有了事业就幸福吗？不尽然。

　　雍正究竟是怎样一个人？篡改先帝遗诏的小人，骨肉相残的冷血动物，还是一代明君？嘴都长在天下读书人的脸上。他虽为帝王，但是斗不过刀笔吏，都说谣言止于智者，假如智者故意造谣呢？那可就麻烦了。不过，就凭他当政十三年，御批达一千三百万字，平均每天得写几千字，还是用毛笔写，还得言之有物，我就有了判断，他除了勤政，还能干点别的什么呢？想想看，这还只是他御批的数字，那他每天读到的奏折会有多少字呢？尤其碰到那些洋洋万言、卖弄辞藻、云里雾里，但关键就那么几句的奏折，你说你能怎么办？还不是得硬着头皮看完。每天看奏折的功课少说有十几万字，相当于每天要读一本长篇小说，太勤政了吧！那时还没有劳模，没有五一劳动奖章，要是有的话，我们的雍正同学当仁不让。

　　圆明园是在雍正的手上修起来的。雍正虽为一国之君，但难掩内心的孤独感，圆明园是为了填补他的寂寞感而建。他需要一个自己的空间释放一下，此地须山清水秀，但离工作地紫禁城还不能太远，他还不能像他儿子乾隆那样，直接下江南感受山水之欢，他还有那么多工作要干,在圆明园里偶尔驻足的雍正说不定会发出这样的感慨:时间都去哪儿了?

盛夏时节,雍正基本都是在圆明园办公,工作之余,他会经常扮成道士或文人墨客的模样在山水之间游走,玩玩 cosplay,他还让宫廷画家郎世宁们把这样寄情山水的场景画下来。为什么不让这些洋画工画画他的工作照呢? 他在《〈悦心集〉序》中如此写道,或许就是答案:

> 朕生平澹泊为怀,恬静自好,乐天知命,随境养和。前居藩邸时,虽身处繁华,而窀寐之中,自觉清远闲旷,超然尘俗之外。然不好放逸身心,披阅经史之余,旁及百家小集。其有寄兴萧闲,寓怀超脱者,佳章好句,散见简编。或如皓月当空,或如凉风解暑,或如时花照眼,或如好鸟鸣林,或如泉响空山,或如钟清午夜,均足以消除结滞,浣涤烦嚣,令人心旷神怡,天机畅适。因随意采录若干则,置诸几案间,以备观览。
>
> 自总理万几以来,宵旰不遑,求如曩时之怡情悦目,不可复得。然宁静之宰,不因物动,恬澹之致,岂为境移,此乃可以自信者。爰取向所采录,汇为一书,名之曰《悦心集》。
>
> 夫心者,人之神明,所以为万化之源,万事之本。而劳之则苦,扰之则烦,蔽之则昏,窒之则滞。故圣贤有"存心"、"洗心"之明训,佛祖有"明心"、"寂心"之微言。无非涵养一心之冲虚灵妙,使无所累,与天地太和元气浑然流行,无入而不自得也。如孔门之春风沂水,仙家之吸露飧霞,如来之慧雨香花,以及先儒之霁月光风、天根月窟。其理同,其旨趣何弗同耶?
>
> 是编所录,有庄语,有逸语,有清语,有趣语,有浅近语,不名一体。人有仕,有隐,有儒,有释,有高名,有无名,亦不专一家。总之,戒贪祛妄,屏虑释思,寄清净心,游欢喜地,言近指远,辞简味长,俯仰之间,随时可会。然而喧寂在境,而不喧不寂者自在心。往往迹寄清廓之乡,而神思萦绕;身处尘氛之地,而志气安舒。则

见道未见道之分也。

　　昔郎禅师以书招永嘉禅师山居,师答曰:"未识道而先居山者,但见其山,不见其道。未居山而先识道者,但见其道,必忘其山。见道志山者,人间亦寂也。见山忘道者,山中乃喧也。"旨哉斯言!知此义者,始可与读《悦心集》。

　　雍正四年丙午正月初三御笔。[1]

　　说了这么一大段,雍正要表达什么呢? 身心自由才是人生最大的幸福,没有上司的雍正还需要"身心自由",何况我们这些凡夫俗子呢?

注释:

[1] 爱新觉罗·胤禛(雍正)《悦心集》,中国华侨出版社 2010 年版。

绍兴师爷

《雍正王朝》里有一位很牛的人物——邬先生,雍正做王爷时聘其为家庭教师,到饭点了,差人去找弘历等诸阿哥吃饭,但因为阿哥们没有完成作业,邬先生不许他们吃饭。十三爷胤祥亲自去请也折了面子,邬先生可谓天底下最牛的家教了。

雍正不仅是中国最勤奋的帝王之一,也是最有文艺范的帝王之一,能干加文艺范往往等于性情中人。如果能穿越,本人最希望见到的就是雍正,或许彼此能成为好朋友。当然他爹更厉害,康熙可谓中国帝王里最有科学素养的,如果能在一起共事肯定是一件愉快的事情。

圣祖精于算学

宣城梅瑴成、泰州陈厚耀,同直南书房,正定算学诸书。圣祖尝召厚耀于便殿,问测景使何法,厚耀不知。圣祖写西人定位法、开方法、虚拟法示之,又命至御座旁,随意作两点,圣祖自用规尺画图,即得相去几何之法。瑴成直蒙养斋,圣祖亦授以借根方法,谕之曰:"西洋人名此书为'阿尔热八达',译言'东来法'也。"几余召对,时有指授。自后二人之学,弥益精邃。瑴成由进士官至总宪,谥文穆;厚耀以教授超授编修,官至左谕德。研覃微学,讨论秘书,遂成不朽之盛业。[1]

陈厚耀以算学受知圣主

泰州陈谕德厚耀，与梅文穆公同直内廷，蒙圣祖指授算法。当文穆初入见，上尝语之曰："汝知陈厚耀否？他算法近日精进，向曾受教于汝祖。今汝祖若在，尚将就正于彼矣。"谕德侍从多年，蒙赐书籍、文具、锦绮、瓜果之类，尚为近臣所恒有。其颁赐仪器，畴人家诧为未见。一日，又赐热河光木，供之几案，光皎如月。谕曰："以助汝钩稽布算之勤也。"谕德有《奉敕赋夜亮木》诗，懿戚勋旧，咸美其遇。[2]

后人希望他"再活五百年"，也有点道理。别说再活五百年，若康熙再活二百年，估计也不会有大英帝国海外殖民的辉煌了，更不会有日本军国主义的嚣张了。

最近网上被玩坏的雍正御批，比如："凡实心用命效力者，皆朕之恩人也。朕实在不知怎么疼你，才能够上对天地神明。尔用心爱我之处，朕皆都体会得到。我二人堪称古往今来君臣遇合之榜样，也足可令后世钦慕流涎矣"[3]，"尔之真情朕实鉴之，朕亦甚想你，亦有些朝事和你商量"[4]，"朕心寒之极"[5]，表现了他与年羹尧之间关系微妙变化的历程。这些御批被做成扇子，卖得挺好，都断了货。本人赶时髦，也特意去故宫里买了几把送人。

还有这样一道御批："朕就是这样汉子，就是这样秉性，就是这样皇帝。尔等大臣若不负朕，朕再不负尔等也，勉之。"[6]这是给河南巡抚田文镜的，源自一件小事。户部尚书张廷玉和吏部尚书朱轼陪雍正聊天，说山东和河南产的小米熬粥很香，雍正就想何不收点小米卖给江南，就下旨给山东和河南两省巡抚承办。河南巡抚田文镜说，江南人不吃小米。雍正就让山东来办，结果小米运到江南，果然卖不出去。雍正始知田文镜的话有道理，就表扬了他，他也赶快上折子表忠心，所以就有了雍正这道很性情中人的御批。是谁给田文镜出的主意？那些年，地方官各管一方，又没有飞机、高铁，江南的风土人情他怎么能知道呢？当然是邬先生了。

其实,雍正的御批好玩的远不止这些,他一生御批一千多万字,里面内容太多了,他给河南巡抚田文镜的御批里常写有一句话:邬先生可安好? 这个邬先生就是上面提到的那位,确有其人,不过,做过田文镜幕僚倒是有记载,做没做过四爷胤禛的家庭教师倒没有记载,或许是二月河先生的演绎吧!

《清朝野史大观》里有一段专门提及邬先生的话:

隆科多之获罪

邬某者,绍兴人,习法家言,人称之为邬先生。田文镜之开府河东也,罗而致之幕下。邬先生谓文镜曰:"公欲为名督抚耶? 抑仅为寻常督抚耶?"文镜曰:"必为名督抚。"曰:"然则任我为之,公无掣我肘可耳。"文镜问将何为,曰:"吾将为公草一疏上奏,疏中一字不能令公见。此疏上,公事成矣。能相信否?"文镜知其可恃也,许之。则疏稿已夙具,因署文镜名上之,盖参隆科多之疏也。隆科多为世宗元舅,颇有机干,世宗之获当璧,隆科多与有力焉。既而恃功不法,骄恣日甚,上颇苦之,而中外大臣无一敢言其罪者。邬先生固早窥知上意,故敢行之不疑。疏上,隆科多果获罪,而文镜宠遇日隆。[7]

揣摩上意是古代臣子的必修课,其实,不唯中国,不唯古代,职场、官场、商场皆如此,只要上司管着你的升迁和福利,就必然存在这种揣摩和被揣摩的关系。

绍兴出师爷,不仅仅在于此乡人识文断字,而且有韬略在胸间。最厉害的绍兴师爷是谁? 是俺们的鲁迅,他不是某个领导人的师爷,他是近代以降全体国民的师爷,他是第一个把俺们的国民劣根性拿出来曝光的人,他不当师爷,还有谁有资格?

注释：

[1][2] 小横香室主人《清朝野史大观》，卷一，清宫遗闻，第五章。

[3]—[6] 中国第一历史档案馆编《雍正朝汉文谕旨汇编》，广西师范大学出版社 2008 年版。

[7] 小横香室主人《清朝野史大观》，卷一，清宫遗闻，第八章。

知识,见识,胆识

最近翻阅赵尔巽编的《清史稿》,读到乾隆篇:

> 讳弘历,世宗第四子,母孝圣宪皇后,康熙五十年八月十三日生于雍亲王府邸。隆准颀身,圣祖见而钟爱,令读书宫中,受学于庶吉士福敏,过目成诵。复学射于贝勒允禧,学火器于庄亲王允禄。木兰从狝,命侍卫引射熊。甫上马,熊突起。上控辔自若。圣祖御枪殪熊。入武帐,顾语温惠皇太妃曰:"是命贵重,福将过予。"[1]

后来又读到道光篇:

> 讳旻宁,仁宗次子。母孝淑睿皇后,乾隆四十七年八月初十日,生上于撷芳殿。幼好学,从编修秦承业、检讨万承风先后受读。又与礼部右侍郎汪廷珍、翰林侍读学士徐颋朝夕讲论。乾隆五十六年八月,高宗行围威逊格尔,上引弓获鹿,高宗大喜,赐黄马褂、花翎。嘉庆元年,娶孝穆成皇后。四年四月戊戌,仁宗遵建储家法,亲书上名,缄藏镌匣。十三年正月,孝穆成皇后薨,继娶孝慎成皇后。十八年九月,从幸秋狝木兰,上先还京师,而教匪林清党犯阙之变作。是月,戊寅,贼入内右门,至养心殿南,欲北窜。上御枪毙二贼,余贼溃散,乱始平。飞章上闻。仁宗欣慰,封上为智亲王,号所御枪曰"威烈"。谕内阁曰:"忠孝兼备,岂容稍靳恩施。"上谦

冲不自满假,谢恩奏言:"事在仓猝,又无御贼之人,势不由己,事后愈思愈恐。"其不矜不伐如此。[2]

再后来又读到咸丰篇:

> 讳奕詝,宣宗第四子也。母孝全成皇后钮祜禄氏,道光十一年六月初九日生。二十六年,用立储家法,书名缄藏。三十年正月丁未,宣宗不豫,宣召大臣示朱笔,立为皇太子。宣宗崩。己未,上即位,颁诏覃恩,以明年为咸丰元年。尊皇贵妃为孝慈皇贵妃,追封兄贝勒奕纬、奕纲、奕继为郡王。封弟奕䜣恭亲王,奕谟醇郡王,奕诒钟郡王,奕谮孚郡王。定缟素百日,素服二十七月。[3]

有清一代,虽然遭逢近代历史的重大转折,但是,不得不承认,清朝政权虽然非汉人政权,却汲取了前朝汉人几乎所有的经验和教训,在慈禧弄权之前几乎没有宦官和后宫擅权干政的现象,也没有几个令人特别切齿的奸臣,帝王也都不昏庸,也算兢兢业业,帝王的遴选也都有章可循。"建储家法,亲书上名,缄藏镭匣",虽然是暗箱操作,但总比没有规矩强,至少中国历史上政权更迭经常可见的血雨腥风的一幕鲜有发生。从雍正以降,接班制度没有出什么大的乱子,以前经常犯的老毛病似乎都没有了,可惜,运气差了点,老革命却遇到了新问题。

上面《清史稿》里这三段分别交代了乾隆、道光和咸丰是如何被选为皇帝的,可以看到,乾隆和道光在当阿哥时都有不凡之举,咸丰则没有什么光荣事迹。面对失控的黑熊,乾隆临危不惧,所以他爷爷康熙不得不说他:福大命大造化大。道光呢,关键时刻勇斗刺客,实在忠勇可嘉。别说选皇帝了,选一个组织或企业的领导人,所谓的 leadership(领导力)是什么?就是这种敢于担当的品质。不愿担当的领导会怎么样呢?要么是傀儡,被背后的人玩死,要么被手下的人造了反,咸丰即如此。生性柔弱的他扛起了大清最重的担子,登基没几年遭逢太平天国起义,丢了江南半壁江山;遭逢第二次鸦片战争,清朝皇帝第一次被迫逃出了北京城;遭逢英法联军攻陷北京,火烧三山五园,被人家玩得满地找牙。羞辱不堪的小伙子在承德避暑山庄里每日以"醇酒和妇人自戕"[4],最后以三十岁的年纪含恨而去。在他窝囊到家的时候,他的弟弟,后来被封为恭亲王的奕䜣却挑起了帝国的重担,建立起中国近代第一个外交部门——总理各国事务衙门,挑起了"洋务运动"的大旗,导演了"同光中兴",培养了一大批具有世界眼光的治世能臣,并且坚决起用汉臣平息了太平天国起义的风波。在1861年的那个夏天,当他尽心竭力为国操劳之时,逃到承德避暑山庄的窝囊哥哥却在悄悄地抄他后路,拥立小皇帝的"顾命八大臣"里没有他的名字。这一幕有点像北齐时的兰陵王高长恭,当他在前线奋力杀敌时,在宫里寻欢作乐的北齐后主高纬却在磨刀霍霍地对付他。可以想象,那个夏夜,听到这个消息的奕䜣会是怎样一个心情。随后的辛酉政变,他完全有机会在干掉迂腐的"顾命八大臣"后进而消除叶赫那拉氏的野心,也许大清国因此会走得更远更快,但他没有这么做,可见他还是宅心仁厚的,也可见儒家制度深深影响着清朝的运作,大家还是有底线的。

不过他的嫂子慈禧可不这样想,也不会领他这份情:

> 朕奉两宫皇太后懿旨:本月初五日据蔡寿祺奏,恭亲王办事徇情、贪墨、骄盈、揽权,多招物议,种种情形等弊。嗣(似)此重情,何以能办公事?查办虽无实据,是(事)出有因,究属暧昧知(之)事,难以悬揣。恭亲王从议政以来,妄自尊大,诸多狂教(傲),以(倚)仗爵高权重,目无君上,看(视)朕冲龄,诸多挟致(制),往往谙(暗)始(使)离间,不可细问。每日召见,趾高气扬,言语之间,许多取巧,满口胡谈乱道。嗣(似)此情形,以后何以能办国事?若不即(及)早宣示,朕归(亲)政之时,何以能用人行正(政)?嗣(似)此种种重大情形,姑免深究,方知朕宽大之恩。恭亲王著毋庸在军机处议政,革去一切差使,不准干预公事,方示朕保全之至意。特谕。[5]

这是慈禧代同治皇帝起草的谕旨,错字频出,短短一个谕旨就错了十二个字,她不经大臣们仔细检查和润色就仓促公布,可见她罢免奕䜣之心已经是多么迫不及待。但是,慈禧即使要扳倒奕䜣也是要走一定的程序,不是为所欲为的,后来,由于大部分主要朝臣反对,慈禧才不得不勉强将恭亲王留用,只是免掉了他议政王大臣的头衔,由此可见恭亲王在朝中的威信之高,慈禧穷其一生都在防着他。

领导人选拔看似波澜不惊,实则像赌博一样,所谓兵熊熊一个,将熊熊一窝,领导人选不好,那是要遗恨万年的。当年的道光皇帝在咸丰(奕𬣞)和奕䜣之间犹豫不决,历史证明他真是瞎了眼。

知识、见识和胆识有什么区别?比如下棋,有知识会让你走一步看一步,有见识会让你走一步看三步,有胆识则会让你总揽全局,走一步考虑到十步。知识易得,见识难求,胆识可遇不可求。

大部分有知识的人喜欢在一步棋之内钩心斗角,相互撕咬,在所谓的小圈子里争得你死我活;少数有见识的人会在三步棋之外的大圈子里风云际会,挥洒自我;有胆识的人则是凤毛麟角,他们往往会跳出窠臼,开风气之先。

清朝的皇帝无一不受到良好的教育,《清稗类钞》里记载:

> 六岁,备小冠小袍褂小靴,令随众站班当差,教之上学,即上书房也。黎明即起,亦衣冠入乾清门,杂诸王之列,立御前……十二岁,有满文谙达教满语。十四岁,教弓矢骑射。至十六或十八而婚。[6]

如果是太子,皇帝还会请最好的老师教他,比如乾隆,就师从康熙年间的进士,后来官至武英殿大学士的福敏。福敏死后,按规矩,要让文采好的大臣写碑文,结果几位翰林院编修呈上来的碑文实在令乾隆不满意,乾隆御批道:

> 又谕曰:翰林院所撰致仕大学士福敏碑文,殊属平庸浮泛。明

廷著作，当以典雅亲切为尚。若沿袭旧文，虚词敷衍，易一姓名，皆可通用矣。向来翰林文字，多有此病，其在无可称述之辈，循例予恤者，固亦无足深论。至大学士福敏，则朕受业之师也。人品学问，岿然为国家耆硕。朕尚当亲制碑文，以光饰终之典。讵可以雷同肤廓之语，塞乃责耶？谢墉即未谙体裁，该掌院蒋溥，岂亦竟不留心阅视。清文内翻译更不成语，德通所司何事？蒋溥、德通、谢墉，俱著交部察议。[7]

名师出高徒，乾隆虽是一个附庸风雅的皇帝，但也算是一个才子，也是一位重感情的皇帝，从他对死去老师的碑文如此重视就可见一斑。道光皇帝师从秦承业，也是当年的状元之才，至于后来的同治和光绪的老师翁同龢，可是地地道道的状元郎。太子不仅要师从大儒学习治国安邦的理论，还要学习骑马射箭，清朝完全是以文武兼备的全才为标准来要求和培养未来的皇位继承人的。

明朝开国皇帝朱元璋，出身卑微，所以布衣情结很深，太子朱标年幼时，朱元璋就特意培养他，让他知晓民间疾苦，知江山来之不易。

吴元年，年十三矣，命省临濠墓，谕曰："商高宗旧劳于外，周成王早闻《无逸》之训，皆知小民疾苦，故在位勤俭，为守成令主。儿生长富贵，习于晏安。今出旁近郡县，游览山川，经历田野，其因道途险易以知鞍马勤劳，观闾阎生业以知衣食艰难，察民情好恶以知风俗美恶，即祖宗所居，访求父老，问吾起兵渡江时事，识之于心，以知吾创业不易。"又命中书省择官辅行。凡所过郡邑城隍山川之神，皆祭以少牢。过太平访迪家，赐白金五十两。至泗、濠告祭诸祖墓。是冬从太祖观郊坛，令左右导之农家，遍观服食器具，又指道旁荆楚曰："古用此为扑刑，以其能去风，虽伤不杀人。古人用心仁厚如此，儿念之。"[8]

可惜朱标不长寿，早夭，朱元璋按照立嫡以长的原则，将江山交给孙子朱允炆。可惜在一群叔叔伯伯王爷的包围之下,这个乳臭未干的毛头小伙子实在是自信不起来,靖难三年战争,他输得一塌糊涂,被叔叔燕王朱棣夺了江山。置之死地而后生的燕王朱棣终成大器,成为有明一代仅次于朱元璋的伟大帝王。他培养了两个不错的帝王,他的儿子和孙子都算敬业,"仁宣时代"还不错。除此之外,历时277年的明朝培养的帝王大都是"生于深宫之中,长于妇人之手"[9],乏善可陈。

学校教育可以给予你知识。别说帝王了,有钱人也可以为自己的孩子请最好的老师来一对一辅导。那么见识呢?学校一般给不了你,老师也给不了,见识是家庭教育给予的,生在什么样的家庭决定了你拥有什么样的见识,一般家庭的孩子自然没有世家子弟见多识广,更勿论帝王之家了。但是胆识呢?学校和家庭都给予不了你,这只取决于你自己,胆识有时是天生的,但更多取决于自我教育,宝剑锋从磨砺出,梅花香自苦寒来。

1681年,康熙二十年,少年皇帝除鳌拜,平三藩,击败了割据两广和云贵的耿精忠、尚可喜和吴三桂,实现江山一统。他顶着大风,冒着暴雪,出山海关往盛京(沈阳)祭告列祖列宗,名为祭祖,实则还有威慑远东沙俄势力之意。当时康熙才28岁,纳兰性德是他的御前侍卫,比他小一岁,在风雪交加的夜晚,纳兰性德填了一阕词——《长相思》:

> 山一程,水一程,身向榆关那畔行,夜深千帐灯。
>
> 风一更,雪一更,聒碎乡心梦不成,故园无此声。

康熙心中是家国天下,纳兰心中却是儿女情长,这就是差别。

清初的纳兰性德,生于宰相家庭,才华横溢,可谓词坛翘楚,可惜,除了吟诗作赋,并无其他建树。曹雪芹生于富贵家庭,锦衣玉食,一朝家道没落,多愁善感,一部《红楼梦》不过是挥霍自己的知识和见识而已,后世的人给他贴了"反封建"的标签,其实是讨嫌,估计曹雪芹只是就事论事,发发牢骚而已,哪有那么大的想法?

不可否认,纳兰词的确是脍炙人口的帅哥体,雪芹诗也的确是打动人心的女儿声,古往今来,世家子弟要么厉害得不得了,要么败家到登峰造极,毕竟他们比一般家庭的孩子有见识。不过,无一例外,他们还都有另外一个共有的特点,即都有天下盛宴必为我而开的优越感,这种优越感越早被打掉,他们就越早超越自己。可惜的是,纳兰超不过明珠,雪芹迈不出潇湘楼。

注释:

[1] 民国·赵尔巽《清史稿》卷十,本纪十,高宗一。

[2] 民国·赵尔巽《清史稿》卷十七,本纪十七,宣宗一。

[3] 民国·赵尔巽《清史稿》卷二十,本纪二十,文宗。

[4] 小横香室主人《清朝野史大观》,卷一:咸丰季年,天下糜烂,几于不可收拾,故文宗以醇酒妇人自戕。

[5] 《大清穆宗毅皇帝实录》。

[6] 民国·徐珂《清稗类钞》,宫闱,皇子皇女之起居。

[7] 《清实录乾隆朝实录》,卷五百四十二。

[8] 清·张廷玉等《明史》,卷一百十五,列传第三。

[9] 语出《荀子·哀公》。鲁哀公问于孔子曰:"寡人生于深宫之中,长于妇人之手,寡人未尝知哀也,未尝知忧也,未尝知劳也,未尝知惧也,未尝知危也。"孔子曰:"君之所问,圣君之问也,丘小人也,何足以知之?"曰:"非吾子无所闻之也。"孔子曰:"君入庙门而右,登自胙阶,仰视榱栋,俯见几筵,其器存,其人亡,君以此思哀,则哀将焉而不至矣?君昧爽而栉冠,平明而听朝,一物不应,乱之端也,君以此思忧,则忧将焉而不至矣?君平明而听朝,日昃而退,诸侯之子孙必有在君之末庭者,君以此思劳,则劳将焉而不至矣?君出鲁之四门,以望鲁四郊,亡国之虚则必有数盖焉,君以此思惧,则惧将焉而不至矣?且丘闻之,君者,舟也;庶人者,水也。水则载舟,水则覆舟,君以此思危,则危将焉而不至矣?"

三习一弊疏

陪着小猴子看了一会儿《雍正王朝》,考试完了,可以放松一下,没想到他真还能看进去,或许缘于他参观过圆明园,知道那是雍正修的园子,所以提起了兴趣。

第 22 集讲的是雍正刚继位,千头万绪,百废待兴,兄弟王爷良莠不齐,各怀心思,前朝康熙大帝过于宽容,各地财政亏空太严重。能干的帝王都是这样,年轻时很严苛,老的时候往往宅心仁厚,唐玄宗就是如此,上半场和下半场判若两人。

雍正急需一批股肱之臣,这一段故事讲的是首辅大臣张廷玉夜传圣旨给孙嘉诚。孙早间在朝堂上当面顶撞了八王爷,还和户部尚书扭打在一起,虽有失体统和斯文,但雍正从内心里钦佩他的正直,也认可他对铸币铜铅比例的判断,然而在朝堂上雍正碍于八王爷的面子还是训斥了他。这就是雍正做领导的高明之处,同样一件事,时机不成熟,只能如此,否则,过早暴露意图会引起不必要的麻烦。张廷玉短短几句话试探,发现孙嘉诚果然清廉有作为,所以宣圣旨连升他三级,从六品户部主事升至三品都察院监察御史。你想,相当于从财政部的一个处长升为部级干部,真是不拘一格求贤,力度不可谓不大。

历史一直是重复的,好的在重复,坏的也在重复,劝君莫要急着骂皇帝,皇帝这个职位实在不易,想干点事的皇帝更不易。雍正干了十三年,光御批奏折就达一千多万字,平均每天两千多字,还是用毛笔,容易吗?最近网络上流传他的御笔——"朕心寒之极","朕亦甚想你","朕就是这样的汉子",人情味很足的。据说他一天只睡四个小时,快赶上五百强企业的VP(副总裁)了。据说这个级别以上的都是工作狂,没有"生活"二字。

清史上没有孙嘉诚,但有孙嘉淦,还是猴王的老乡,山西兴县人。孙家一门出了三个进士,很是荣耀。他有两个有名的奏折,一是雍正刚继位时,他上书"请亲骨肉,停捐纳,罢西兵"[1],意思是劝雍正不要对兄弟们太严苛了,气得雍正直哆嗦,不过反过来还佩服他胆子不小。都说雍正气量小,猴王不以为然,雍正对大臣还是很不错的,特别是对那些清廉有作为的大臣,他和陕甘总督年羹尧那好得有点断背山的感觉,当然后来却势若水火,爱与恨总是相伴相生,爱之深,则责之切,责之切,则恨难平。对诸位王爷他自然是很严苛,没办法,这些兄弟都想不择手段坐到乾清宫里,这是你死我活的斗争啊!毕竟康熙生了35个儿子、20个闺女。

孙嘉淦第二封奏折是有名的《三习一弊疏》:"耳习于所闻,则喜谀而恶直","目习于所见,则喜柔而恶刚","心习于所是,则喜从而恶违"。[2]这是给乾隆的奏折,意思是说:人都喜欢听好话,不喜欢听不好的话;眼里都喜欢看到顺眼的,不喜欢看到不顺眼的;心里亲近顺从自己的,不喜欢不顺从自己的。嘿嘿,哪里都一样,打江山时,或要立新局面时,当然需要这样从谏如流的英明领导,守江山时,或者是管理成熟业务时,谁愿意折腾呢?当然要求稳了,最烦标新立异者了。有人把他的这个奏疏与魏徵给唐太宗的《谏太宗十思疏》[3]相提并论,有异曲同工之妙,唐太宗开创了23年之久的"贞观之治",与魏徵的不断劝诫不无关系。

孙嘉淦在乾隆朝干了十八年,在这十八年里,乾隆的确按照他的教导行事,"康乾盛世"绝不是瞎吹,在那个年代,有那样的国力,算烧高香了。后来咸丰登基时,还专门把这《三习一弊疏》拿出来重抄一遍,提醒自己遵守。不过,此一时彼一时也,中国帝王里谁能再有乾隆的福气呢?空前绝后喽!

人红是非多,孙嘉淦有了"当朝魏徵"的美名,可是,美名往往是一把双刃剑。

乾隆十五年,朝野流传着一份奏折,历数乾隆的十大罪状,署名者孙嘉淦也,上面竟然还有乾隆的御批。古时,奏折都是特制的宣纸,有些还有特殊的印记,不好伪造,乾隆据此彻查三年,牵连官员成百上千,最后发现是伪作,这三年间,孙嘉淦是如何度过的,不难想象。此事就好比我们如今的网络上,经常流传着"白岩松说"、"韩寒说"等语录,大多数是有人假借他们之口说出自己想说的话而已。

孙嘉淦估计是吓死的,不是年羹尧杀死的,小说毕竟是小说,戏说为上。

注释:

[1] 民国·赵尔巽《清史稿》,卷三〇三,列传九十:孙嘉淦,字锡公,山西兴县人。嘉淦故家贫,耕且读。康熙五十二年,成进士,改庶吉士,授检讨。世宗初即位,命诸臣皆得上封事。嘉淦上疏陈三事:请亲骨肉,停捐纳,罢西兵。上召诸大臣示之,且曰:"翰林院乃容此狂生耶?"大学士朱轼侍,徐对曰:"嘉淦诚狂,然臣服其胆。"上良久笑曰:"朕亦且服其胆。"

[2] 民国·赵尔巽《清史稿》,卷三〇三,列传九十:十三年八月,高宗即位,召嘉淦来京,以侍郎候补。九月,授吏部侍郎。十一月,迁都察院左都御史,仍兼吏部。嘉淦以上初政,春秋方盛。上疏言:臣本至愚,荷蒙皇上圣恩,畀以风纪重任。日夜悚惶,思竭一得之虑;而每月以来,捧读圣训,剀切周详,仁政固已举行,臣愚更无可言。所欲言者,皇上之心而已。皇上之心,仁孝诚敬,明恕精一,岂复尚有可议?而臣犹欲有言者,正于心无不纯、政无不善之中,窃鳃鳃私忧过计而欲预防之也。治乱之循环,如阴阳之运行。阴极盛而阳生,阳极盛而阴姤。事当极盛之地,必有阴伏之机。其机藏于至微,人不能觉;及其既著,积重而不可返。此其间有三习焉,不可不慎戒也。主德清则臣心服而颂,仁政行则民身受而感,出一言而盈廷称圣,发一令而四海讴歌,在臣民本非献谀,然而人主之耳则熟于此矣。耳与

誉化,非誉则逆,始而匡拂者拒,继而木讷者厌,久而颂扬之不工者亦绌矣。是谓耳习于所闻,则喜谀而恶直。上愈智则下愈愚,上愈能则下愈畏,趋跄诌胁,顾盼而皆然,免冠叩首,应声而即是。此在臣工以为尽礼,然而人主之目则熟于此矣。目与媚化,非媚则触,故始而倨野者斥,继而严惮者疏,久而便辟之不巧者亦忤矣。是谓目习于所见,则喜柔而恶刚。敬求天下之事,见之多而以为无足奇也,则高己而卑人;慎辨天下之务,阅之久而以为无难也,则雄才而易事;质之人而不闻其所短,返之己而不见其所失。于是乎意之所欲,信以为不逾,令之所发,概期于必行矣。是谓心习于所是,则喜从而恶违。三习既成,乃生一弊。何谓一弊?喜小人而厌君子是也。

[3]清·董诰等《全唐文》,《谏太宗十思疏》:君人者,诚能见可欲则思知足以自戒,将有作则思知止以安人,念高危则思谦冲而自牧,惧满溢则思江海下百川,乐盘游则思三驱以为度,忧懈怠则思慎始而敬终,虑壅蔽则思虚心以纳下,想谗邪则思正身以黜恶,恩所加则思无因喜以谬赏,罚所及则思无因怒而滥刑。总此十思,弘兹九德,简能而任之,择善而从之。则智者尽其谋,勇者竭其力,仁者播其惠,信者效其忠。文武争驰,君臣无事,可以尽豫游之乐,可以养松乔之寿,鸣琴垂拱,不言而化。何必劳神苦思,代下司职,役聪明之耳目,亏无为之大道哉!

外企·央企·思想家

国非富不足以致强，亦非强不足以保富。富与强固互相维系者也。富强之国，不过地大物博人众、上下一心、善于教养而已。我国地非不广、物非不博、人非不众，惟上下相蒙、失其教养，以致富而反贫，强而反弱，几不能保其林林总总之众，频召外侮眈眈虎视。其害遂为前史所无。当此竞争之世，非徒恃强兵利器，更有以新法亡人国者。见其积弱可欺，即外托和好保护之名，内怀蚕食鲸吞之志。靡不先施玉帛，币重言甘，假通商、传教、借款、承办路矿，握人利权。而后借故兴戎，得寸入尺，乘人之危，据人土地。所谓智取术驭。始则以商战吸其脂膏，继则以交流侵其利权，终则以兵力迫其归并。如俄、普之灭波兰，英之攘印度、缅甸，法之据越南、金边是也。

有国者苟欲攘外，亟须自强；欲自强，必先致富；欲致富，必首在振工商；欲振工商，必先讲求学校、速立宪法、尊重道德、改良政治。善宪法乃国家之基础，道德为学问之根柢，学校为人材之本源。政治关系实业之盛衰；政治不改良，实业万难兴盛。查欧美政治革命，商人得参与政权，于是人民利益扩张，实业发达。可见有治人而后有治法，有治法必须有治人，立法、行法、司法尤以行法为紧要。盖有人无法，则尚可治；有法无人，则上无道揆，下无法守，而天下乱矣。二者不可须史离也。考日本效法泰西，从本源上讲求，重教育、设公塾、立宪法、兴实学，士农工商均有专门之学，人材日出，技艺日精，上下相顾，情如一体。捐税虽重，分别贫富，民不嫌苛。如是得以自强。朝鲜效法泰西，从皮相外讲求，购枪炮、改服式、尊帝制、重科举，士农工商均无专门之学，借材异域，制造未精，农工不兴，民生计绌。捐税虽轻，漫无区划，民尚嫌重。因此不能自强。

国之强弱系于君相，英明者必顾公益，举直错枉，兴利除弊，国小亦强；昏庸者只图私利，举枉错直，赏罚不公，国大亦弱。马相伯归自日本，云："日本维新仿行西法，然事事不过用我成法。盖学以精神，而不学以形式。外人只知日本崇尚佛法，不知其新、旧学诸巨公皆重阳明之学。匪惟士夫，即凡在舟车上，手阳明一卷者一望皆是。宣其勇于变法、勇于立宪、勇于敌忾、勇于地方自治，在在知行并进。其身受阳明之益而不自讳。我国文士大夫百倍于日本，鲜有崇拜阳明，变法先于日本，事事均不及人，而国困民穷更甚于曩日。对之能无羞死！"等语。方今各国立宪时代，富强政术大致相同。上稽罗马、蒙古兵力之强，知税敛不知教育，实业不兴，以致民怨国亡。我中国史册所载管仲相齐，霸诸侯一匡天下，以民为贵，严定法律，振兴农工，擅鱼盐、官山府海之利，亦尝以商战弱人国。可知古今兴亡之故，非兵强不足以保国，非商富不足以养兵，而商战之利器在农工。惟中国讲求农、工、开矿之法不及欧、美精巧，振兴实业保护之法不及欧、美完备。且汉阳铁厂、各省制造厂、轮船、枪炮、煤矿、铁矿、电线、造纸、织布、织呢、磨谷、磨面各公司，所需机器材料皆购自外国，而官督商办之公司总、协理又用非所学。其工师均借材异地，不惟流弊多、糜费巨，且时受人挟制，焉能与强国争衡？

昔德相俾士麦谓："人材出于学校。"日相伊藤又云："国困民穷,当寓生计于教育之中。"环顾我国各省学校,多有名无实,或经费不继,旋至辍业。况今日之学费又数倍于畴昔,贫寒子弟读书尤难。理宜效法德、日,大、小学校先由政府酌量拨款,并考订新学课本,通饬各城、各乡一律遵办。无论男女,及岁必须入学读书。其实学诸门尤当分别逐一研究。仿日本师范学校,旁有地数亩、工作室数间、织布机两三架,课有农、织浅说,令学生将来毕业有教人之能力,无论男女,或耕、或织均可自谋生计,行见野无旷土、国无游民。又择泰西、日本专科有用之书,及德国哲学门内德育科勉励士夫忠君爱国自修要义,均译以汉文,与经书一律教授,使士夫敦品励行,言富强不废道德,愿人人各精一艺,素位而行。凡外来之货,悉由各省劝业道咨总商会,公举各府农、工、商有名誉者合力请求,选聘奇材异能、有经验之技师集资仿造,分设各处,准照商律办理。当道只任保护维持,而不干预,庶令所用外来各种机器材料一切舶来品逐渐不需再购,而所造各物尤能日新月异,青出于蓝。我需于彼者自行制造,彼需于我者自行贩运,以期杜绝漏卮。更须倡设劝业银行,利便商家。然后招商大开矿产、垦荒、畜牧,以免外人觊觎。犹恐商家鉴于前车,招之不至,政府当效德、日,设法诱掖群商,或保息,或减税,轻其成本,使其有利可图,公司易于发达。商家见信则各股不招而自集矣。然百艺俱兴,商业日盛,尤须水、陆交通。方今航权几尽为外人所夺,亦应招商设邮船公司,往来欧、美,仿照日本补助之法,以期踊跃入股。倘有公司总协理、董事假公济私侵蚀者,罚之;办有成效清正无私者,奖之。政府赏罚严明,奸商不敢肆行无忌。是商战有术,方可驯致富强。惟从来富强之国能久存者,君上有公天下之心,知国家非一人之私产,开诚布公,立宪法,讲道德,以商战为本,以兵战为末。若舍本而求末,入不敷出,徒知聚敛,不复开源,转令民不聊生,盛亦难恃。如花树无根,虽暂华而旋槁也必矣。

余经营商业五十余年,究心当世之务,颇知其中利弊。素性愚戆;凤夜在公,艰苦备尝,于世无补。特目击时事,利权日损,漏卮日多,而惓怀家国之念昕夕不忘。凡有关大局利病者,罔识忌讳,上书当道,尽所欲言。今年老多病,悉辞差事及一切义务,退居濠镜,习静养疴,取历年草稿,择其要者分类钞存,留示子孙。而友人谓救时之言,毋须身后始出。乃删定授诸手民,补前著《盛世危言》所未发,名曰《危言后编》。首卷言道术,即正心修身、穷理尽性,至命之学也。二卷至十五卷言治道,即齐家治国、安内攘外,自强之说也。而中外贤哲所论炼金神术、医学、地理之秘,有关于世道人心者,亦略采其要义附以所闻。俾知舍妄求真,力趋于正。自惭学问浅陋,道术未修,言之无文,行之不远,得无为识者所哂。昔尼山有言辞达而已。文章所贵在乎纪事述情,编中所论中、外盛衰治乱之道,虽类野人献曝,明知僭越,无所逃罪,然于国家求富图强之法,学者修己治人之方,不无小补。

今朝庭变法,讲究学校,尚望爱国济时之君子注意内圣外王之学,念为官之日少,为民之日多,顾名誉,顾子孙,毋假公济私,毋党同伐异,折衷中、外教育。行见奇材日出,振兴实业,标本兼治。道德固与富强等量,富强亦与道德齐观,则郅治日臻,四方咸服,重睹唐、虞盛世矣。宣统元年中秋,香山郑官应又名观应自序于濠镜俙鹤山房。

这段洋洋洒洒的文字真如水银泻地一般,这是谁的宏文呢?一百多年前的一位叫郑观应的人,这是他为他的大作《盛世危言后编》所作的自序。

提到郑观应者多爱提及一件事,毛泽东在 1936 年与斯诺的谈话中提及一本书,对他影响颇深,常常秉烛夜读,这本书就是郑观应的《盛世危言》。比起魏源的《海国图志》、徐继畲的《瀛环志略》等介绍西方风物的书籍,郑的书更具有经世致用的价值。可以这样说,他的许多论断可以直接变为朝廷的政策。近代中国的改革,不管多么曲曲折折,无不是沿着他指出的路线在前行。

《盛世危言》有四个天才论断:

一、国家兴衰在商不在兵,商战为根本,兵战为末[1]。

二、国家对商业干预越少越好。[2]

三、政治清明则商业发达。[3]

四、利用外资。[4]

郑观应是广东香山人,孙中山老乡,香山比邻香港和澳门,得地利之优势,经商氛围浓厚,特别是做洋买办的很多,近代改良和革命都发轫于广东绝非偶然。南海的康有为,香山的孙中山,分执改良和革命两大牛耳。经济基础推动上层建筑,这是放之四海皆准的定律。试想内地某穷乡僻壤忽发奇想欲有改变时局的冲动,可能吗?岂不若井底之蛙欲绘蓝天?

郑的叔父是上海滩一著名洋行的总办,即总经理,郑不擅科举,只能循商路,这点与晋商如出一辙。上等智商者经商,末等智商者考功名,当时的雍正皇帝听大臣说起晋商的这个特点时都觉得很有趣。郑做"外企白领"做得得心应手,生意做得风生水起,很快就积累财富。他很有投资之道,入股当时洋务派兴办的各个实业,比如李鸿章的轮船招商局、开平煤矿等等。那时清廷财力不济,允许捐资买官,但都是虚衔无实任,郑因捐款赈灾有功,就花钱买了个司局级的官职,开始奔走于政商两界,见识开阔无比。郑在"外企"最厉害的一件事是帮太古洋行开办了船运公司并任总经理,长江航运做得有声有色。太古洋行是当时英商四大洋行之一,说一个大家都知道的业务,遍布中国的可口可乐工厂就是太古洋行和中资机构合资开办的;爱喝咖啡的,都会发现太古的方糖是必不可少的。要说郑观应当时在清廷的地位,有点像我们时下的青年导师李开复,在外企的圈子,没有人比他更成功的了,或者说名气更大的了。

李开复自己创业搞了创新工场,郑观应也不闲着。李鸿章搞实业的想法很好,但缺少精通实务的人才,他看中了郑观应,郑观应就进了当时最大的"央企"——轮船招商局,当然也开办和入股了很多企业。他一上手,果然不凡,整顿内部管理,赏罚分明,责权明晰,管理之道了然于胸,接连逼得对手太古洋行和怡和洋行坐到谈判桌前签订价格同盟,大家别再打价格战了,维护行业利益如何?颇有点当今行业协会的调调。不过,好景不长,最后还是受累于"央企"的先天不足的惰性,比之"外企","央企"人际关系复杂,裙带关系纵横,近亲繁殖,郑观应是职业经理人,还是有点小不适应,几经折腾,没能再干出比在"外企"更大的业绩来。不过,作为民族工业的先驱人物,郑观应算是人中翘楚,不可多得,近代那些大的实业公司中无不看到郑的影子,他先后历任上海电报、织布局、轮船招商总局、汉阳铁厂、粤汉铁路等的总办,等于连任五个央企的负责人,此等人才,一时无二。

晚年郑观应因两个官司对商场心灰意冷,开始潜心编著自己的新书,就是这本对李鸿章、张之洞、康有为、孙中山和毛泽东都影响颇深的书——《盛世危言》。郑对自己新书的出版还是有疑虑的,害怕因言获罪,所以,他起了个"盛世"的名字骗一骗当权者使其开心一下。晚清是个什么光景,地球人都知道。这本书呈现于读者面前时正是甲午海战的那一年,其后所有励志革新的人估计没有一个不奉它为济世救国的圭臬,连光绪皇帝也要求派印 2000 册[5],让大臣们学习学习。

> 当今之世,非行西法则无以强兵富国。故西人在今日所挟以轻藐我中国者,即他日有圣王起所藉以混同万国之法物也。孔子圣之时者也,于四代之制,斟酌损益,各得其宜。曰:行夏之时,乘殷之辂,服周之冕,乐则韶舞。诚使孔子生于今日,其于西国舟车、枪炮、机器之制,亦必有所取焉。器则取诸西国,道则备自当躬。盖万世而不变者,孔子之道也。孔子之道,儒道也,亦人道也。道不自孔子始,而道赖孔子以明。昔者孟子距杨、墨,功不在禹下;昌

黎辟释氏,功不在孟子下。今杞忧子论教一篇,功不在孟子、昌

黎下。[6]

郑观应的好友,也是近代有名的维新思想家王韬给予他如此高的
评价,说他不在孟子和韩愈之下,猴王观之,实至名归。

什么是思想家? 是有思想还要自己践行之的人。光想不践行那是
空想家。中国官场的空想家居多,但真正考虑实业和商业的思想家居
少,要说有,首推郑观应。郑观应去世时手头并没有多少钱,他取之得
法,也不是守财奴,不过应该也不缺钱花,名满天下本身就是钱,到哪里
都是有钱人之座上宾,要那么多钱何用? 一人有钱不算有钱,众人有钱
才是真有钱。

向郑观应学习!

注释:

[1]《盛世危言后编》自序:"知国家非一人之私产,开诚布公,立宪法,讲道德,
以商战为本,以兵战为末。若舍本而求末,入不敷出,徒知聚敛,不复开源,转令民
不聊生,盛亦难恃。如花树无根,虽暂华而旋槁也必矣。"

[2]《盛世危言》,商务二:"凡通商口岸,内省腹地,其应兴铁路、轮舟、开矿、种
植、纺织、制造之处,一体准民间开设,无所禁止,或集股、或自办,悉听其便。全以
商贾之道行之,绝不拘于官场体统。"

[3]《盛世危言后编》自序:"……欲攘外,亟须自强;欲自强,必先致富;欲致
富,必首在振工商;欲振工商,必先讲求学校、速立宪法、尊重道德、改良政治。"

[4] 夏东元《郑观应志》:"面对资本短绌问题,郑观应提出'华洋合股'的思路,
即以中国的资源、市场吸纳西洋资金,双方合股经营,合作方式可以多种多样,为
了保证民族利益,合作期限以五十年为期,'一经期满,不问盈亏,即以全厂机器料
件及房屋道路'等全部无偿交还中国。"

"与其借洋款,不如与洋人合股,得其整顿,纵有军务亦不致碍。"(《郑观应致
盛宣怀函》光绪二十四年十二月初二日)

"闻东三省西藏各省强邻时欲侵占,与其留为外人蚕食鲸吞,不若大开门户,
凡与列强毗连之边境及琼、廉地方,均辟为万国公共商场,如有外人入我国籍者,
准其杂居,招集公司开办各项实业,吸收外人财力,振兴我国农工,或藉彼合力以

保疆土,免为外人侵夺。"(《与周寿臣观察论强邻侵占边省路矿拟辟为万国商场书》)

"何以云辟边界？我国现在贫弱,民生计绌。中土路矿,外人觊觎,各思侵占,不如将边界之地开作万国商场,任外人播迁有无,我收其捐税,贫民亦可得其工资。凡西人所到之埠,无不大营宫室,广投资本,各国如均有产业自应公同保护矣。"(《致伍秩庸侍郎书》)

[5]《盛宣怀致郑观应函》,光绪二十一年五月十五日:"陶斋仁兄大人阁下:两奉台函,承寄画报善书四十本,遵当分送,亦可见公之苦心矣。《盛世危言》一书,蒙圣上饬总署刷印二千部,分散臣工阅看,倘能从此启悟,转移全局,公之功岂不伟哉!……愚弟〔盛宣怀〕五月十三日。"

[6]王韬《易言跋》。《盛世危言》十四卷本和八卷本将此跋附于卷末,标题为"易言原跋"。

洋务运动失败了吗？

1894年，中日甲午海战，北洋水师全军覆没，从此，史家说，洋务运动失败了，那么十几年前的左宗棠平定天山南北高歌凯旋又做如何判断呢？

后世人总结历史，总是喜欢以这种必然的口吻，我则不是。洋务运动不仅没有失败，反而成果丰硕，直到今天我们都还在受其恩惠，绝非一句简简单单的"失败了"所能一言蔽之。

比如张之洞开办的山西机器局，后来被阎锡山承继，成为太原兵工厂，继续发挥作用，山西省的近代工业发端于此，恐怕无人敢否认吧！张之洞还兴办了湖北枪炮厂，后来变成了赫赫有名的汉阳兵工厂，抗日战争中，诞生于清末的"汉阳造"步枪是中国军队的主力枪械，无论是国民党军队，还是八路军、新四军和游击队，都大量使用"汉阳造"，该枪的生产一直持续到1944年才停止。张之洞虽然于1909年就去世了，但是他开风气之先，泽被后世，功德无量啊！谁敢说他失败了呢？还有李鸿章兴办的江南制造局和左宗棠创办的福州船政局，分别是现在的江南造船厂和马尾造船厂的前身，而李鸿章于公元1872年创办的轮船招商局则是现在的招商局集团的"爷爷"啊！

甲午海战失败并不等于洋务运动失败，洋务运动并不只是为了打仗，更不是为了打一次仗。我们来看一看洋务运动的成绩单，虽然仅仅是军事上的,但已经足够惊艳了,而且,众所周知,洋务运动并不只是涉足军事一域,还涉及教育、医疗、法律、铁路、冶炼、通信等等,它是一个综合性的改革运动。

洋务运动兴办的近代军事工业概况表①

(1861—1890)

厂、局名称	创办时间	创办人	所在地	主要产品
安庆内军械所	1861年	曾国藩	安庆	子弹、火药、炸炮
上海洋炮局	1862年	李鸿章	上海	子弹、火药
苏州洋炮局	1863年	李鸿章	苏州	子弹、火药
江南制造局	1865年	曾国藩/李鸿章	上海	兵轮、枪、炮、水雷,子弹、火药和机器。设有炼钢厂
金陵机器局	1865年	李鸿章	南京	枪、炮、子弹、火药
福州船政局	1866年	左宗棠	福州	专业修造轮船
天津机器局	1867年	崇厚	天津	枪、炮、子弹、水雷、火药。设有炼钢厂
西安机器局	1869年	左宗棠	西安	子弹、火药
福建机器局	1870年	英桂	福州	子弹、火药
兰州制造局	1872年	左宗棠	兰州	子弹、火药
广东机器局	1873年	瑞麟	广州	子弹、火药,修造小轮船
广州火药局	1875年	刘坤一	广州	火药
山东机器局	1875年	丁宝桢	济南	枪、子弹、火药
湖南机器局	1875年	王文韶	长沙	枪、开花炮弹、火药
四川机器局	1877年	丁宝桢	成都	枪、炮、子弹、火药
吉林机器局	1881年	吴大澂	吉林	子弹、火药、枪
金陵火药局	1881年	刘坤一	南京	火药
浙江机器局	1883年	刘秉璋	杭州	子弹、火药、水雷
神机营机器局	1883年	奕䜣	北京	不详

---

① 资料来自中国国家博物馆。

厂、局名称	创办时间	创办人	所在地	主要产品
云南机器局	1884 年	岑毓英	昆明	子弹、火药
台湾机器局	1885 年	刘铭传	台北	子弹、火药
山西机器局	1887 年	胡聘之	太原	火药
湖北枪炮厂	1890 年	张之洞	汉阳	枪、炮、子弹、火药

乾隆年间,历史上曾嚣张的陆地对手几乎都没有了。从康熙讨伐噶尔丹、平三藩、收台湾、战沙俄开始,到 1799 年乾隆去世,再到 1840 年中英第一次交手,中间跨越一个半世纪,一个半世纪没有对手,没有大的战争,就好像瑞士经历的那样。对于一个 1300 多万平方公里的农耕文明的帝国来说,这意味着什么?

1597 年明朝万历年间,中日在朝鲜打了将近 8 年的仗,三国的史书记载都表明明朝的火炮威力惊人,倭寇惊呼明军为天兵。当时倭寇只有鸟铳,配备明朝火炮的朝鲜海军以少胜多,全歼日本海军,史称"鸣梁海战"。这场战争与后来的甲午海战最大的不同就在于,明朝的火炮完全靠自己研发制造,北洋水师则大多依赖外购,这就是本质区别。

所以,思考近代中国,必须要考虑到这一个半世纪的天下太平给中华帝国造成了多么大的惰性,如果英国的炮舰在康熙、雍正或乾隆年间来到中国,会是怎样?曾盘踞台湾的荷兰人就替我们回答了这个问题,仅郑成功一股地方武装就把荷兰人轻松地解决了。

我把两次鸦片战争及其以后的历次列强入侵比作一个个青壮年向一位八十岁老头发起的挑战。这个老头虽然体魄雄伟,可是无论如何都打不过这些年轻人,即使他换血,也就是时人津津乐道的所谓换制度,也无济于事,他只能寄希望于他的儿子、他的孙子。

前人总喜欢把这场运动叫"洋务运动",猴王觉得不妥,应该叫"自强运动"为宜,不管是"洋务"还是"土务",皆为自强故,只要有利于自强,什么"务"都可以,管它是"洋"还是"土"呢。

1927 年,历史的分水岭

　　与客人约定的时间还未到,我冒着雨参观了酒店旁边的宋庆龄故居,故居位于汉口沿江大道和黎黄陂路的交叉口,马哥孛罗酒店隔壁。黎元洪曾两任民国总统,又是黄陂人,所以这条路被命名为黎黄陂路。黎元洪说来也算民国元老,历史人物必须放在特定时期而论,就像打牌一样,一把烂牌在手,非要想着有两个毛几个炸弹的玩法,当然是笑话了。

　　1927 年,民国十六年,值得仔细玩味的一年。那年北伐军攻克武昌,在蒋介石的提议下,国民政府从工农运动的蓬勃之地广州迁移到汉口,进入权力中枢的多是拥戴汪精卫的国民党左派,而不是正带兵打仗的蒋介石,蒋介石大失所望。虽然蒋也被选为中央执行委员会的常委,但他被免去了中常会主席的职务,只保留国民革命军总司令一职。

　　在广州的国民党一大会议上,毛泽东已是候补中央执行委员会委员,在随后的国民党二大中,被选为中央宣传部代理部长,也就是三十出头的年纪。宋庆龄故居里有张合影,是出席国民党二届三中全会的主要代表,第二排右三是毛泽东,前排居中是宋庆龄,她旁边是宋子文,与会的还有孙科、陈友仁、谭延闿、吴玉章、林伯渠、董必武、邓演达、恽代英等,可见当年他们都是同事了,这是一个与共产党友善的 team。

　　很多后人都为杨开慧抱不平,觉得她嫁给毛泽东只有受苦,其实,并不尽然。1921年他们二人结婚,毛当时已是风云人物,1927年4月到7月,毛泽东和杨开慧在汉口度过了一段甜蜜的生活。如果没有蒋介石"四一二"与共产党在上海翻脸,没有汪精卫"七一五"在汉口与共产党翻脸,毛泽东和杨开慧一家子一定会很甜蜜地过着他们的小日子,他治他的国,她打理她的家,岸英、岸青、岸龙都茁壮成长,国共携手共讨军阀。可是,没有进入权力中枢的蒋介石不愿来武汉,他先是滞留南昌,后来又在南京另立中央,国共的蜜月期随着孙中山的过早离世而扑朔迷离起来。

宋庆龄一直同情共产党,理解孙中山"联俄、联共、扶助农工"的深意,也深知中国农民的力量。那段时间,毛泽东将大部分精力投在搞农会上,思考着农民的土地问题,思考着农民与地主的关系,思考着如何以政府看得见的手来帮助地主和农民厘清土地问题。可是南京的蒋介石有不同的想法,他认为农民是可以忽视的力量,靠谱的是上海和江浙的资本家,他们才是未来国家的主人,所以,北伐军拿下南昌后,他挥师上海和江浙一带,而不愿去武汉,国共两兄弟就此分道扬镳。

国共分手,不仅葬送了孙中山的大革命设想,而且直接葬送了毛泽东一家人的幸福生活。从汉口离开后,毛泽东就开始了秋收起义继而上了井冈山,他与杨开慧自此阴阳相隔,三个没了娘的孩子,流落上海街头,岸龙失踪,岸青被伤,岸英饱经风霜。其实,探究起来,之后很多悲剧都源于这一年,中国脆弱的社会结构被硬生生地撕裂开了。承受着妻离子散的毛泽东究竟经历了多大的煎熬可想而知。

让我们翻开《毛泽东年谱》[1],梳理一下他的1927年。

1927年,毛泽东34岁。

1月4日至2月5日,在湖南考察湘潭、湘乡、衡山、醴陵、长沙五县农民运动。

3月,发表《湖南农民运动考察报告》;在武汉出席国民党二届三中全会。

4月12日,蒋介石在上海发动反革命政变。

4月27日至5月10日,出席中国共产党第五次全国代表大会,被选为候补中央委员。会议批评了陈独秀的右倾错误。

7月15日,汪精卫在武汉发动反革命政变,宁汉合流,大革命失败。

8月1日,南昌起义爆发。

同日,同宋庆龄等二十二名国民党中央委员联名发表《中央委员宣言》,谴责蒋介石、汪精卫背叛国民革命。

8月7日,出席中共中央在汉口召开的紧急会议,提出枪杆子里面出政权的思想,被选为临时中央政治局候补委员。会后到湖南领导湘赣边界秋收起义。

9月9日,湘赣边界秋收起义爆发,在去江西铜鼓萧家祠第三团团部途经浏阳张家坊时,被团防局的清乡队抓住,押送途中机智脱险。

9月,秋收起义受挫后,率起义部队向罗霄山脉中段进军。

10月,到达江西宁冈县茅坪,开始创建井冈山革命根据地。

11月,遭到中共临时中央政治局错误指责,被撤销政治局候补委员职务。

让我们再看看1927年,蒋介石的日记[2]。

1927年,蒋介石40岁。

2月23日

见汉口联席会议通告国民政府与中央党部在武昌开始办公之电,不胜愤激。如此办法,尚有党纪乎?

4月1日

如果只是个人的进退出处,不可介意。但这是关系到党与国家的问题。

4 月 10 日

共产党叛逆残忍狠贼如此，不知何时能平此乱也。

6 月 15 日

是其(武汉方面)以豫交冯，而以全力巩固两湖；其后南下攻粤或东下攻宁，皆意中事也。

7 月 13 日

时局仍以南京为重点，以武汉为焦点。此本党成败之所系也。

8 月 8 日

余以为对同志应退让，对敌人须坚持，而汉某乃异是，是诚非人类也。

8 月 11 日

时局纷扰，内部复杂，南京皆同。只有静镇谨守，持之以定，则待机而动，无不得最后之胜利也。

8 月 14 日

返抵汉口[3]故里，晚宿乐亭，深夜，忧念国事，日记曰："如何可使革命根本解决耶？"

10 月 4 日

游宝塚。见建筑皆已欧化。

日本进步之速可惊，社会程序与教育亦有进步。未至日本以前，以为其物质进步，精神必衰退，今乃知其兴盛犹未艾也。

10 月 11 日

日本对华政策之错误：(一)以为中国革命功成，其东亚地位动摇。(二)利用中国南北分裂，从中操纵。(三)利用无知军阀，压制民众。其政治家之识力，乃如是乎？

10 月 13 日

研究日本对华方针，归纳其观念共 5 点：一、满蒙经济发展。二、满蒙为日俄战争牺牲所得来；日俄之战，为东亚存亡之战。日本之侵略中国,即基于此观念之误,而漠视中国革命进步之环境。
三、投资满洲交通实业,谓中国人皆受实惠。四、不在政治上吞并满洲,致担负义务。五、须保留其在满蒙之权利。

10 月 15 日

游箱根小涌谷公园。

其国中到处有公园,可美也。

10 月 21 日

游伊东。

日本建设猛进,不知吾国何日乃能臻此耳!

10 月 24 日

上午,前往曾在中华民国开国之初担任法律顾问而为中师(孙中山)老友的寺尾亨墓地(东京港区青山)展祭。继之,访问内田良平及各省(部)次官。下午,拜会宫崎龙介、秋山定辅等人。晚间,宴日本旧友于东京日比谷之陶陶亭,畅叙同盟会时代往事,参加者有头山满、内田良平、佃信夫、萱野长知、梅屋庄吉等多人。

11 月 1 日

从此党国纷乱更难设想矣。

11 月 5 日

(一)

访日本首相田中义一于其私邸,(介石)告以中日两国将来之关系,可以决定东亚前途之祸福。田中询吾此次来日之抱负,吾以三事告之:略曰:"余之意:第一,中日两国必须精诚合作,以真正平等为基点,方能共存共荣,则此胥视日本以后对华政治之改善。第二,中国国民革命军以后必将继续北伐,完成其革命统一之使命,希望日本政府不加干涉,且有以助之。第三,日本对中国之政策必须放弃武力,而以经济为合作之张本。"又曰:"余此次来贵国,对中日两国之政策,甚愿与阁下交换意见,且期获得一结果,希明以教之。"田中则曰："阁下何不以南京为目标，统一长江为宗旨，何以急急北伐为？"吾曰："中国革命志在统一全国，太平天国失败之覆辙，讵可再蹈乎？故非从速完成北伐不可，且中国如不统一，东亚不能安定，此因为中国之大患，而亦非日本之福利也。"田中每当提及统一中国之语，辄为之色变。

（二）

综合今日与田中谈话之结果，可断言其毫无诚意，中日亦决无合作之可能，且知其必不许我革命成功。而其后必将妨碍我革命北伐之行动，以阻止中国之统一，更灼然可见矣！

日本尝以北洋军阀为对象。自满清甲午以来，凡与日人交涉者，类皆腐败自私之徒，故使日人视我中国人为可轻侮，亦积渐之势然也。

余此行之结果，可于此决其为失败。然彼田中仍以往日军阀官僚相视，一意敷衍笼络，而相见不诚，则余虽不能转移日本侵华之传统政策，然固已窥见其政策之一斑，此与余固无损也！

11月6日

中师甚敬其人（秋山定辅），惜彼邦政治家多不信彼。

文献的语言总是冷冰冰的，没有日记体更贴近人的体温。虽未听说毛泽东写日记，但是他写诗填词。

菩萨蛮·黄鹤楼

茫茫九派流中国，沉沉一线穿南北。烟雨莽苍苍，龟蛇锁大江。黄鹤知何去？剩有游人处。把酒酹滔滔，心潮逐浪高！

这是他在武汉短短的几个月里填的一阕词，可以依稀还原当时的情景，也许是一家五口，挈妇将雏，同游黄鹤楼的温馨场景，也许是杨开慧和三个孩子被送回了湖南老家避祸，他自己独自凭栏时的手笔，不过词里词外颇多隐忧啊！

几年前他曾给杨开慧写过一阕词——《贺新郎》,结果一语成谶。

挥手从兹去。更那堪凄然相向,苦情重诉。眼角眉梢都似恨,热泪欲零还住。知误会前番书语。过眼滔滔云共雾,算人间知己吾和汝。人有病,天知否?

今朝霜重东门路,照横塘半天残月,凄清如许。汽笛一声肠已断,从此天涯孤旅。凭割断愁丝恨缕。要似昆仑崩绝壁,又恰像台风扫寰宇。重比翼,和云翥。

武汉一别,毛泽东痛失娇杨。

与毛泽东的悲惨相比,1927 年的蒋介石可谓顺风顺水,他干了几件大事:"四一二"清党确立了他在党内的领袖地位;定都南京,开启中华民国新篇章;访问日本,合纵连横,谋求日本支持;娶了宋美龄,如虎添翼,可谓踌躇满志,如日中天。虽然国民党党内不买他的账的人还有很多,但是宋美龄能嫁给他,意味着江浙和上海一带的民族资本家已经把绣球抛给了他,有了钱,还愁革命不成功? 如果说 1927 年是蒋介石的得意之年,那么 1927 年就是毛泽东的失意之年了:一位一跃成为当时中国最有权势的男人,且新婚宴尔;一位壮志未酬,妻离子散。这真是一道历史的分水岭。

注释:

[1] 中共中央文献研究室编撰,逄先知主编《毛泽东年谱(1893—1949)》,中央文献出版社 2002 年版。

[2] 张秀章《蒋介石日记揭秘》,团结出版社 2007 年版。杨天石在《文汇读书周报》上发表的评论该书的文章中有商榷之处,抄录于此,供参考:

①1927 年 4 月 1 日

《揭秘本》:"如果只是个人的进退出处,不可介意。但这是关系到党和国家的问题。"

《原稿本》:"余只求于党有益,奸党无论加余任何罪状,在所不辞也。""为我个人计甚得,而党则何如?"

②1927 年 4 月 10 日

《揭秘本》："共产党叛逆残忍如此,不知何日能平此乱也。"

《原稿本》："列强未平。""六时起床办事。往访季宽兄,谈作战计划。""观察各方报告,内部纠纷疑忌,不能一致对外,各军几难前进,而逆敌在北岸,则愈逼愈紧,昨失扬州,今又失滁州,不胜忧念之至! 乃与朱绍良、何应钦商谈,决令第六军之第十七师及第四十军暂不渡江。"

③1927 年 8 月 14 日

《揭秘本》："返抵汉口故里,晚宿乐亭,深夜,忧念国事,日记曰:'如何可使革命根本解决耶?'"

《原稿本》："船抵镇海、宁波,欢迎者不绝,沿途争相瞻视。回乡休养,景物依然,而社会毫无进步,可叹也。""复见名山之雄厚青秀,爱乡之心益切,并恨卸仔不早也。""乡人小见无用,可叹! 到家见乡人,心又烦闷。""晚,宿于乐亭。"

[3] 杨天石对《蒋介石日记揭秘》的评论文章中写道:"1927 年 8 月 14 日条,将'溪口'误排为'汉口',也是不能允许的错误。"

战略者是稀有品

抗战尾声时,延安与华盛顿曾有一段短暂而又真实的蜜月期,在费正清的《费正清中国回忆录》里有两个章节详述了这段关系:第二十章"1943年——蒋介石开始失去人心",第二十一章"接触左翼"。正是对重庆的失望,才让华盛顿试图接触一下延安。

在"1943年——蒋介石开始失去人心"开篇,费正清写道:"在战时的重庆又待了一年后,我最终确信我们的盟友国民政府正在腐化堕落并逐渐失去权势。国民党逐步走向衰落,我也是逐渐得出上述结论的。"[1]他还写道:"1943年下半年,蒋介石政府的无能已经明显暴露出来,尽管(或是由于?)他一再努力实施更加严格的控制和个人独裁。通货膨胀日益严重,导致工薪阶层营养失调且备感绝望,对于外国观察家来说,左派似乎是切实可行的选择。这时,我已经恢复健康,但是我的心情随着时局的发展而与大使馆和新闻出版界的其他美国人一样,对国民党不再信任,对自由主义者的潜力不再抱有幻想,对当地的左派却表示欣赏。"[2]

文中还有大段的诸如以下的描述:

1943年2月5日,美国人幻想破灭的时刻正在到来:中国有关英勇抗战的中国人的宣传攻势正被美国观察家暗地里戳穿,他们注意到,尽管中国处于战争环境当中,但她并不是处于战争状态的国家。这个地方并没有被调动起来，因为动员机构至今并未建立。因此中国对外的宣传只不过是编造了一些危险的空话而已。

为了促进中美关系，蒋夫人于 1943 年 3 月前往华盛顿，在参众两院联席会议上发表演讲。她优雅的仪表以及富有感染力的呼吁使得演讲获得了巨大的成功，同时进一步吹大了自由中国的泡沫。我在 3 月 10 日记录道："中央社铺天盖地的新闻都是对蒋夫人游说的报道。"后来在她回国之后我去拜访她，在我看来她的一切表现只是骄傲促使下的逢场作戏。[3]

1943 年夏天发表的三篇文章，最终打破了美国人对自由中国的幻想。这三篇文章是：赛珍珠于 5 月 10 日在《生活》杂志发表的文章，《纽约时报》记者汉森·鲍德温（Hanson Baldwin）于《读者文摘》(Reader's Digest) 8 月号上发表的文章以及比松（T. A. Bisson）在太平洋学会出版的《远东纵览》(Far Eastern Survey) 上发表的文章。《远东纵览》虽然发行量有限，但在中国颇具影响力，比松断言，中国共产党是"民主的"，相反，国民党则是"封建的"。鲍德温和赛珍珠属于非意识形态的代表，他们只是尽力对中国的真实情况予以真实的评估。作为随军记者的鲍德温反映了驻扎在昆明的美国军人长期存在的幻灭感。赛珍珠对蒋夫人那种风行的夸张言辞表示反对，认为这些只是转瞬即逝的时髦玩意儿。作为罗斯福总统的座上客，蒋夫人如同一位难以取悦的公主。赛珍珠的作品《大地》(The Good Earth) 获得 1934 年诺贝尔奖，这使其成为美国最著名的中国观察家。[4]

很多不深入了解历史的人总是一厢情愿地赞颂蒋的抗战，这种赞颂犹可理解，因为之前他的努力被人为地忽略了。人总有令人称道的一面，他当然比汪精卫要强，在国民党里也算是凤毛麟角，工作也算是努力，他是抗战期间中国的合法领袖，这一点连延安方面也不怀疑。但是，一切都差强人意，1944 年，在全球反法西斯战争节节胜利时，唯独中国的军队在大溃败,日本陆军元帅畑俊六发动豫湘桂战役,取得了连日本人都不敢相信的大胜利。所以,彼时的美国有理由怀疑蒋介石的领导力了,有理由与延安的中共接触一下了。

在猴王的眼里,蒋的最大错误还不是在这些细枝末节上,是他在1945年做出的战略性的错误决定,他错过了与延安方面联合建立新中国的历史机遇,不然,1945年的中国很有可能成为一个新兴的东方大国,那么三国鼎立的格局就不是在1972年基辛格访华时确立,而是早在1945年就确立了。

可惜的是,骄傲过头的蒋以为消灭共产党易如反掌,结果自己败退台湾。一晃半个世纪过去了,历史的机遇稍纵即逝。从公司角度而言,世界上只存在两种CEO,一种是把公司做大,一种是把公司做死,蒋属于后者。

蒋也曾研读过马克思主义,1923年他被孙中山派去苏联考察了几个月,他深知共产党闹革命是依靠工人阶级。1927年他在上海,汪精卫在武汉,联合收缴了工人纠察队的枪支,打击了共产党的骨干,以为天下无虞,没想到出了个毛泽东,不靠工人,靠农民取得了革命胜利。

费正清在"接触左翼"一章里提到了两位共产党女性,一位是魅力四射的龚澎,一位是毛泽东的《论持久战》(*Prolonged War*)的英文翻译杨刚,他非常欣赏这两位富有激情的共产党人。与国民党强大的宣传机构相比,延安派驻到重庆的宣传人员很少,并且他们还要受到戴笠的掣肘,即使如此,他们宣传的效果却出奇的好,因为他们当时找到了新闻传播的正确方法,《论持久战》被翻译为英文就是范例之一,让世界反法西斯同盟知道了在延安那个小地方还住着一位大战略家。

汪精卫痴迷于细节且走不出来,而彼时的毛泽东鹰瞵大地且又不失细节。所以,一位吃着牛奶面包、喝着红酒却得出中国即将亡国灭种的结论,一位蜷缩于陕北窑洞,喝着小米粥、就着红薯却展望中国必胜的光明前景。要知道1938年5月,中日对决才刚刚开始,高手和菜鸟,自有时间来做判断。

人群中从来不乏高谈阔论者,也不乏饱读诗书者,不乏 MBA、MPA 训练出来的所谓管理者,但战略思维者是恐龙级的,非培训出来的,有点天生的意味,可遇而不可求,蜗牛再训练也是蜗牛,井底之蛙再配上望远镜还是井底之蛙。向战略者致敬!

注释:

[1]—[4] 美·费正清《费正清中国回忆录》,闫亚婷、熊文霞译,中信出版社 2013 年版。

谜一样的李叔同

披发佯狂走。莽中原，暮鸦啼彻，几枝衰柳。破碎河山谁收拾？零落西风依旧。便惹得、离人消瘦。行矣临流重太息，说相思、刻骨双红豆。愁黯黯，浓于酒。

漾情不断淞波溜。恨年来，絮飘萍泊，遮难回首。二十文章惊海内，毕竟空谈何有？听匣底、苍龙狂吼。长夜凄风眠不得，度群生、那惜心肝剖？是祖国，忍孤负。

1905 年 6 月，赴东瀛的轮船上，一位翩翩公子写下了这阕词——《金缕曲·留别祖国并呈同学诸子》。当时日俄战争在中国的东北大地打得如火如荼，日本成为中国仁人志士们争相研究的新的对象，与自己一衣带水的弹丸小国何以能强盛起来？

此人便是李叔同。

我又南行矣。笑今年、鸾飘凤泊，情怀何似？纵使文章惊海内，纸上苍生而已。似春水、干卿何事？暮雨忽来鸿雁杳，莽关山、一派秋声里。催客去，去如水。

华年心绪从头理，也何聊、看潮走马，广陵吴市。愿得黄金三百万，交尽美人名士。更结尽、燕邯侠子。来岁长安春事早，劝杏花、断莫相思死。木叶怨，罢论起。[1]

李叔同的《金缕曲》一定是受到龚自珍的《金缕曲》的启发，龚自珍在

1841年去世,适逢第一次鸦片战争,估计他是被气死的,他生前虽然也是"文章惊海内",但是穷其一生都是下级官吏,空有抱负,纸上苍生而已,所以,他才大喊"我劝天公重抖擞,不拘一格降人才"。不过,我们的船太大了,船上的人也太多了,七嘴八舌,掉头何易?眼看冰山就在眼前,痛苦的都是站在桅杆上的人,舱里的人该吃该喝,醉生梦死,浑然不觉。

要说文章惊海内,杜甫可谓是第一人。

> 幽栖地僻经过少,老病人扶再拜难。
>
> 岂有文章惊海内,漫劳车马驻江干。
>
> 竟日淹留佳客坐,百年粗粝腐儒餐。
>
> 不嫌野外无供给,乘兴还来看药栏。[2]

杜甫很喜欢称自己为腐儒,在另一首诗里,他写道:

> 江汉思归客,乾坤一腐儒。
>
> 片云天共远,永夜月同孤。
>
> 落日心犹壮,秋风病欲苏。
>
> 古来存老马,不必取长途。[3]

处于时代剧变转折点,知识分子不是腐儒,他们是人群中最敏感的那一小部分人,他们是知悉春江水暖的那第一只鸭子,他们是鲁迅所说的满屋子昏昏欲睡的人中那些少数保持着清醒的人,他们是站在桅杆顶端的人,他们注定会享受敏感所带来的喜悦,也会承受敏感所带来的痛苦。

文章写得再好有什么用呢?怎敌得住敌人的拳头?所以,李叔同才踏上了去东瀛的留学之路,那个时代提供不了"赋诗填词"的背景,那个时代的背景只有两个字:救亡。

十几年前猴王漂在上海滩时,在福州路书店里第一次接触到李叔同,就深以他为人生榜样。他出身天津世家,卓尔不群,不论干什么都出类拔萃,几乎是全才,于绘画,于音乐,于诗词,于文章,于歌剧,于篆刻,都堪称大家,在他最绚烂的 38 岁皈依佛门,并兴盛南山律宗。出家的那一天,山寺外,据说他的日本和中国的两位美丽的夫人苦苦哀求,但他意已决,不为所动。今天始知他还研究过法律,并且也不是浅尝辄止,颇有造诣。佛教中的律宗最讲究戒律,非常严格,何时吃饭,何时出行,皆严格执行,虽栉风沐雨,也在所不辞,这实在是法律人才有的品质,李叔同成为南山律宗的第十一代宗师看来绝不是偶然。

谜一样的李叔同,入世之深和出世之远,都是如此决绝,无人企及,很难用世俗之观念来度之,这是一种浓缩的人生,他的一个月的经历或许比许多人一辈子的经历都要丰富,38 岁岂不相当于普通人的四百多年?所以,不管时光流转了多少年,我们还在谈论他们,即使过了百年,他们的思想依旧浓烈,没有丝毫稀释,这一点上,他们真不是什么"纸上苍生而已",那多半是谦虚。

李叔同的风骨为世人所仰慕,但是风骨总是要付出代价的,他何尝愿意出家为僧?猴王揣测大抵是因为生在那个兵荒马乱的时代,音乐和绘画虽美,艺术虽高尚,但有什么用呢?同样,在当今之语境下,风骨一样是稀缺品,只适合被事后追慕,永远斗不过现实的平庸。我们这个时代,好像什么都不缺了,但是缺少像李叔同这样有风骨的人,我们拿什么让我们的后代追慕呢?

注释:

[1]清·龚自珍《金缕曲·癸酉秋出都述怀有赋》。

[2]唐·杜甫《宾至》。

[3]唐·杜甫《江汉》。

康德的幸福生活

　　1993年第一届国际大专辩论赛决赛在狮城新加坡举行,当时我即将上大三,决赛在复旦大学代表队和台湾大学代表队之间举行,辩题是"人性本善",正方为台湾大学,反方为复旦大学。当时复旦大学的主辩蒋昌建清瘦有风骨,舌战群儒,很有一股雄辩的范,有两句话让我至今印象深刻:"黑夜给了我黑色的眼睛,我却用它来寻找光明";"这个世界上有两件事情会让我们的心灵得到深深震撼,一个是头顶上浩瀚的星空,一个是内心神圣的道德法则"。前一句是诗人顾城的话,他隐居于新西兰的小岛,而后砍死了自己的爱人,看来这个光明不好找啊!后一句是康德的话,他住在东普鲁士的一个小镇哥尼斯堡,与顾城一样,过着隐居林泉的生活。

　　这是我第一次听到康德,康德一生都没有离开出生地哥尼斯堡,一生也未婚,但是有没有女朋友不知道,反正是独身一生。他每天的生活作息很有规律,早早起床,喝咖啡,看书,写作,散步,谁给他做饭不知道,也许叫外卖吧(那时估计还没有外卖)。每天下午三点半,他准时从宅子里出来散步。时间久了,小镇上的人都习惯了,不用看时钟,康德一出来,教堂的钟声也跟着响起,丝毫不差,只要看见康德出来,一准是下午三点半,大家纷纷对表,那时的机械表估计还不太精密,要时常对表。据说康德一生中只有一天爽了约,因为读卢梭的小说《爱弥儿》,读得入神,忘了出门,以至于小镇上的百姓不知道该听教堂的钟声还是该等待康德的出现。

自从去了一趟北欧和美国,我就对出国旅行没有了强烈的兴趣。虽然对中国人而言,出国旅行还是奢侈的事。外企里面的职员,把出国旅行看成必需,甚至有炫耀和攀比的成分在里面,一到休假,都会问你去哪里,言外之意是你去哪个国家。但于我而言,同质化的风景已经引起不了太多的兴趣,我倒喜欢那些名不见经传的但能独守一方宁静的地方。去哪里有两个前提,第一要宁静,第二要有美景。喧闹的美丽犹如娱乐圈的明星,多半是涂脂抹粉,流水线一般的没有个性。在我的眼里,没有比守在山下的小院子里更惬意的事情了:白天陪母亲翻地、种菜、浇花、施肥、采摘,下午泡一壶茶读书兼写作,晚上陪父母到半山腰上散步,看月亮、星星,还有山下的万家灯火。过一种康德般的生活也不赖,当然,咱比康德强,咱有老婆,有孩子,咱不用叫外卖,咱有自己的菜园。

山下本也有时钟,不是教堂上的钟,是旁边一个别墅区里钟楼上的钟,以前总是准点报时,早上躺在被窝里闭着眼跟着数,六点了,OK,起床。这次回去它不再报时了,可能没电了,不过,老两口的作息时间依旧,和康德一样。山村的人见了我无不说,你爸妈真厉害,不管刮风下雨,每天雷打不动地上山散步。

康德著作等身,代表作《纯粹理性批判》《实践理性批判》《判断力批判》,读起来晦涩难懂。康德的脑子就像瑞士的手表一样复杂而精确,怪不得没结婚。对于感性的女人而言,他就是一个怪物。

我们历史上的康德也很多,离群索居,享受寂寞,按照基督教的说法,所有杰出的艺术家、科学家和思想家都是上帝选出来的具有慧根的人,他们代表着上帝的旨意,推动人类的智慧一步步接近上帝。中国的儒释道也有相同的阐述。伟大的艺术家、思想家和科学家最后都或多或少地触及宗教的深处,欧洲古典的科学家和思想家们都有一个共同的爱好——讨论和证明上帝的存在,康德也不例外。牛顿也不例外,笛卡尔也不例外。人类的认知永无止境,个体,只是一个小小的微不足道的片段。人类认识宇宙与蚂蚁认识地球一样,不过,人类的确是一只了不起的蚂蚁。

康德80岁去世,去世时骨瘦如柴,犹如我们的高僧坐化一样,让我想起李叔同。弘一法师最后圆寂时手书四个大字:悲欣交集。康德的幸福在于他平静地度过一生,虽不富足,但没有经历战争,小镇上的人都来瞻仰他们这个小镇上最伟大的儿子,他孤零零地来,也孤零零地走,了无牵挂。

在他后面,有了黑格尔,有了马克思,有了……哲学已经发展到尽头,再多说都是同义反复。

康德的生活有点像苦行僧,当然,人家可能非常快乐。快乐的生活,宁有种乎?

马克思过时了吗？

马克思过时了吗？

没有。

至少他的几大论断依然有效：

生产力和生产关系的关系；

供给和需求的关系；

资本家和打工仔的关系。

当然这些都不是他的原话，猴王略作了演绎而已。

人类近代的两次世界大战是"亲如一家"的资本主义国家发动的内讧，为什么？

网上有很多人都喜欢嘲讽朝鲜，却很膜拜新加坡。其实，大胆想象一下，如果让金同学去新加坡，兴许也能干得不错，他毕竟是在瑞士喝的墨水，别看他比画着要打谁谁谁，他打了吗？没有。其实，那是夹缝中没有安全感的政权的典型"悲催"，他是为了刷存在感：我还在呢，你们不能忽视我。倒是美国一抬手就打了不少国家的脸。

很多经济学家很膜拜罗斯福新政，宣称他拯救了美国继而拯救了资本主义世界，其实这只是个假象，罗斯福只是给美国经济吃了去痛片，麻醉了一下神经，药效过后，还会痛。他想得通：反正我又不会一直是总统，这届任上没事就行，狂印钞票又如何？倒是我们的阎锡山同学,三十八年如一日,把山西当成自己家来建设,在军阀林立的民国时期建成了一个模范省。啥事都不能太教条,要 case by case(逐项具体分析)。

吃了去痛片的失业者卷起袖子建了铁路、桥梁、大坝、机场,但是有嘛用?这些又不是牛奶,也不是面包,好在彼时美国农业好像还"给力",美国中部的农田还足够肥沃,美国人口还不算多,气候还算风调雨顺(当然飓风也很可怕)。假如遇到像我们20世纪60年代初的困难时期,那美利坚可就悬了,说不定就会出李自成,出陈胜和吴广,那么美利坚或许就是现在的非洲模样,须知美国的政权也不是谈判得来的,也是枪杆子里面出来的。

从理论上而言,人类可以今天盖房,明天就拆,就像搭积木,那么永远都不会失业,永远有事做。但那只适用于"吃饱了撑的"年代,除非我们找到了不竭的能源利用之道,地球也经得住折腾,到那时,人类经济就简单了,只有仨字:逗你玩。

拯救美国的不是罗斯福,也不是所谓的"凯恩斯主义",虽然他在市场经济原教旨主义者看来已经够"左"的了,真正拯救美国和资本主义的是第二次世界大战,二战才是美国经济危机的消炎药。

当时德国实行的也是凯恩斯主义,希特勒也学罗斯福,可是奈何德国太小,供给和需求无法摆平。英国、法国比德国更糟,过剩的产能都无法找到宣泄口。只有战争,战争就像一场巨大的焰火表演,顷刻之间销了库存。

当时可有例外?有,苏联。苏联是仅有的绿洲,新的生产关系让无产阶级有了尊严,大大促进了生产力发展,较为平等的有计划的分配方式杜绝了生产过剩,所以,苏联才能幸免。那个年代,全世界往左转不是偶然。

民主很重要吗?非常重要,关乎人的尊严和生活品质,但是与物质消费的诱惑力相比,不值一提。俺们的好宰相管仲说得好:仓廪实而知礼节,衣食足而知荣辱。人饿了时和动物无异。假如美国现在有一半人失业,恐怕给这些失业者国会旁听的权利远不如给他们面包,他们估计早就不耐烦那些政客的喋喋不休,揭竿而起了。

先民族,然后民生,然后民主,这是三部曲,不能乱了顺序,国家也是有境界高低之分的,和人一样。

冷兵器时代的战争大多是因为短缺,热兵器时代的战争则有可能源于过剩,二战就是证明。只要没有建立全球政府,这种过剩就不可能避免,当然有联合国会好一点,有 WTO,有 IMF① 会 nice 一点,但是作用有限。

上一次拯救资本主义世界的是二战,不过代价过于高昂,相当于挥刀自宫,那么谁能拯救未来的资本主义世界?

互联网?

互联网算一个。它在生产力和生产关系之间,供给和需求之间,资本家和打工仔之间搭起了桥梁,人类朝更高水平的有计划的市场经济迈了一步。但即使如此,从概率上来讲,过剩的全球产能也还会有不可调和的时候,一个国家的股市会崩盘,楼市会崩盘,国家信用会破产,难道全球规模的经济就没有崩盘的时候?绝对有。一旦崩盘会怎样?有强大军事力量的国家当然就不那么客气了,人类或许又会进入到比拳头大小的时代,至少这个概率是存在的,到那时,移民有啥用?没用,环球同此凉热,被剥夺的首先是外来者,所以,不要太天真,天下大同还远着呢。我们当然会把理想主义的旗帜高高举起来,但在旗子后面却都是各种现实盘算的脸。

只要天下尚未大同,马克思就永远不会过时。

---

① 国际货币基金组织。

学学民国大师如何谈恋爱

　　上次在杭州时,浙大出版社的美女编辑赠送给猴王一本她编的新书《一半儿温馨一半儿冷》,是关于一对才子佳人的爱情故事,才子是出自湘西凤凰古城的沈从文,佳人是合肥世家娇小姐张兆和。

　　民国时有那么几对神仙眷侣的佳话,梁思成与林徽因,张学良与赵四,蔡锷与小凤仙,徐志摩与陆小曼,沈从文与张兆和,当然还有很多,这些才子佳人让刀光剑影的民国时光有了一定的浪漫调调,那时的人们茶余饭后议论这些佳话与现在狗仔队守在 T3 航站楼拍王菲一样亢奋。要不说距离产生美,现在的互联网、大数据,简直可以让一个人的私生活无可遁形,王菲出门、坐上车、到机场、安检、登机,到香港落地,那边狗仔们也守着,直到目送进某情郎私宅,然后彻夜守候,不离不弃。她需要 24 小时无"死角",想来都无聊。

　　看看人家民国时谈恋爱,这边灯下铺上一张宣纸,研好墨,举头望月,然后用一枝细细的毛笔写下一段娟秀的小楷,折叠好,塞进信封里,用糨糊封住,第二天一大早塞进邮筒,然后就开始了等待和思念。过了一周,那边才接到信,然后也是灯下铺一张宣纸,也是举头望月(那时没雾霾,天天能见到月亮),也是研好墨,也是用一枝细细的毛笔写下一段娟秀的小楷,也是封在信封里,也是用糨糊封住,第二天也是塞进邮筒,然后也开始了等待和思念,多么有范!多么有情调!一样的相思,可以

被岁月拉得很长很长,真像木心那首诗所说的那样:

> 记得早先少年时
>
> 大家诚诚恳恳
>
> 说一句 是一句
>
> 清早上火车站
>
> 长街黑暗无行人
>
> 卖豆浆的小店冒着热气
>
> 从前的日色变得慢
>
> 车,马,邮件都慢
>
> 一生只够爱一个人
>
> 从前的锁也好看
>
> 钥匙精美有样子
>
> 你锁了,人家就懂了

不像现在,一个社交软件立马将意境破坏。

为了追张兆和,沈从文愣是写了三年多的情书,才打动了佳人芳心。出自省会城市的张兆和刚开始对这位山村里出来的乡下人没有啥感觉,不堪沈从文的"骚扰",到胡适那里投诉。胡适说:你们谈恋爱我可管不了,我不能阻止一个男人爱一个女人啊。胡适是绝顶聪明的人,他因不能违抗母命,娶了一个其貌不扬且学识平平的村妇江冬秀,自己爱情不怎么甜蜜,自然知道其中之滋味。要不是江冬秀,胡适说不定早如火如荼地追那些漂亮女生了,其实不用追,倒追胡适的美女应该也不在少数。最近,有位地产大亨离婚了投向一位美女的怀抱,搞得舆论汹汹,什么陈世美啦,什么薄情郎啦等帽子纷至沓来,猴王不禁问:他缺钱吗?不缺。他缺事业吗?不缺。他缺什么呢?他缺年轻时谈恋爱的那种感觉。那个年代的人或许都缺这个,父母之命,媒妁之言,组织介绍,党委安排。英雄难过美人关,能过美人关的都是伪英雄。

世间事都是如此,来之不易则必会加倍珍惜,来得容易,必然逝去也快。时下,上床如吃肯德基,床头见,床尾就散,什么微信、QQ、陌陌、facebook、twitter,性之可得太容易了,反而剩男剩女更多,为什么?就好像炒股,都在抛,谁来买呢?

说说这本新书吧,里面的插画真是一绝,作者青兮的文笔也不错,图文并茂,相得益彰,建议时下的年轻人读读,享受文字盛宴的同时,也捎带学学民国时大师们如何谈恋爱,别搞得浪漫的事情都如逛菜市场一样。当然现在大学里的那些所谓"大师"就不必学了,不知道啥时候他们改名字叫"叫兽"了。

创新者必特立独行

二战时,图灵发明了图灵试验机,是现代计算机的前身,破解了德军的 ENIGMA(密码系统),为赢得二战胜利立下了不朽功勋。可惜,在此过程中,他遭受了很多的白眼、讽刺、谩骂,甚至被开除,但他最终成功了。1954 年 6 月 7 日,图灵被发现死在家里,年仅 41 岁,尸体旁边有一颗被咬了一口的苹果,上面有氰化钾残留物,他被卷进一场被冤枉的指控里,他的离去,让人类的计算机和互联网晚诞生了二十年。几十年后,一位叫乔布斯的人把他生产的计算机命名为苹果,logo 是一颗被咬了一口的苹果,这是对图灵的致敬。

还有一部电影——《美丽心灵》,说的是普林斯顿大学的约翰·纳什,被心理疾病折磨得行为古怪的他最终成为诺贝尔经济学奖的获得者,他的纳什均衡理论和博弈论深深影响了现代经济社会。当年,似乎只有普林斯顿才能接受这样一个"神经病",正如很多年前接受了同样行为怪异的爱因斯坦。

《风声》中扮演地下党的周迅说:老鬼和老枪其实不是一个人,而是一种精神。苏轼说:古来成大事者,不唯有超世之才,亦必有坚韧不拔之志。猴王说:牛人都有一个共有的特性,特立独行。厉害的牛人留给世界的不仅仅是一个个特立独行的背影,还有一个个特立独行的精神,即使你把他们扔进乌泱乌泱的人群中,不用特意去分辨,他们都会很容易被认出,因为他们有着特立独行的眼神,周身散发出那种卓尔不群的气质。现实的世界里,很多人都在说 diversity(多元化),感觉很时髦,但挂在嘴上的居多,真正知道多元化意义的人其实很少很少,大多数人生来都有一个共同的癖好:以攻击异己者为乐。

凡开创新天地的人必苦心孤诣,必特立独行。当年马云在北京乞讨般地推销,磨破嘴皮跑断腿,无人买他的 idea,铩羽而归,何曾想过如今全中国的妇女同志冒着被剁手的危险痴痴地拥护他,不管其后道路如何,阿里巴巴这种百折不挠的独创精神值得首肯。

有梦想就要全力以赴,所谓木秀于林,风必摧之,这说明这棵树还不够粗壮,粗壮的树只会与风共舞,这个世界上不乏特立独行者,但能踩出一条宽阔的道路的人不多。推动历史者不能只有理想主义的目标,还必须有现实主义的办法。

德先生，赛先生，宁有种乎？

"为政以德，譬如北辰，居其所而众星共之。"这是孔子的话，看看我们的五星红旗，是不是就体现了这句话呢？

孔子总说："有朋自远方来，不亦乐乎？"是不是有一个完全开放的胸襟呢？

儒家两千来年，生命力自不必怀疑，试图打倒它的人都一个个作古，它却依旧在那里岿然不动。当然，试图打倒它的人还会有，不过，结局都一样，徒劳。

世间总有标新立异者，我们要表示欢迎，因为孔子教导我们："人不知而不愠，不亦君子乎？"

现在重拾儒家不只是小孩子去读读经，或者穿着汉服到处溜达，那是具有表演性质的儒学，仅具象征性，最紧迫的在于要切实把儒家的为政以德、恪守法律和秩序的原则落实到治国理政和民间规则上。即使最黑暗时，士大夫依然敢于对王权说 no，信心何在？当然是孔孟的信条。翻开孔孟之道，秩序和民本是两大基石，在这两大原则下，帝王和王朝的运作才有合法性，这与现代政治不谋而合。我们要把历史上贯彻得不错的儒家制度承继下来，比如唐宋以来尚书省、中书省、门下省以及吏户礼兵刑工的内阁六部设置，本身是三权分立的，宋以后运行得也不错,其实我们现在的司法系统与明清类似,都察院、大理寺、刑部对应着检察院、法院和公安局,政治局常委有点像军机处或内阁辅臣,御史相当于纪委,翰林院相当于社科院。

古代的文官敢于批判身居高位者,直接上奏折,直接廷议,打死我也要说,海瑞骂得嘉靖狗屁不是,嘉靖照样不敢杀他,害怕留下恶名。张居正父亲去世了,按规矩,要丁忧 27 个月,在父亲坟前尽孝道,万历皇帝年幼,舍不得让张居正走,张居正也不想走,好不容易熬到了首辅,一走三年,回来还会有位置吗?万历发御旨要"夺情",即是用皇上的权力夺回臣下的孝道,结果,文官系统就是不肯,皇帝即使廷杖打死了几个人,其他人还是不依不饶,奏折来回很多天,成了旷日持久的口水战。反对张居正最坚决的恰是他的学生,颇有点梁启超的气概:吾爱吾师,吾更爱真理。搞得万历不得不妥协,让张居正在北京丁忧,每日穿孝服吃素。说实在的,我们不用讥讽古人,真有很多事情,我们做得还远不如人家。在《才子不是从天上掉下来》一文中,我还举过明末江南四大才子之一的祝枝山的例子,爷爷是副省级干部,姥爷是常委级干部,但祝枝山本人愣是科举落榜 N 多年,51 岁时才中了进士。

翻看历史,御史无处不在,连明末阉党魏忠贤都是败在御史嘴上。古代有科举保证文官体系新陈代谢,现在有公务员考试保证吐故纳新。另外,我们比之进步的是取消了帝制,家天下或私天下没有了理论根基。

要把言官监察系统重新运作起来,纠察百官,毫不留情,真正达到惩戒作用。所谓巡按制度,早就施行了。明朝时京官及五品以上的外官要定期被史部训话,这叫京察,还有对外官的考察,叫外察,这是 performance review(绩效考核)。《明史》有详细记载:

考察之法,京官六年,以巳、亥之岁,四品以上自陈以取上裁,五品以下分别致仕、降调、闲住为民者有差,具册奏请,谓之京察。

> 自弘治时,定外官三年一朝觐,以辰、戌、丑、未岁,察典随之,谓之外察。[1]

> 至(弘治)十四年,南京吏部尚书林瀚言,在外司府以下官,俱三年一次考察,两京及在外武职官,亦五年一考选,惟两京五品以下官,十年始一考察,法大阔略。旨下,吏部覆请如瀚言,而京官六年一察之例定矣。京察之岁,大臣自陈。去留既定,而居官有遗行者,给事、御史纠劾,谓之拾遗。拾遗所攻击,无获免者。[2]

制度不可谓不严密,弹劾不可谓不严格。

文官体系,监察系统,多好的历史遗产!

20世纪初,大多数中国知识分子完全丧失了信心,打了败仗,受了欺负,开始骂爹、骂娘、骂祖宗,这是我们近代中国人的怪癖,老外遇事会说"My God",我们遇事会问候老娘。

中国近代历史教育就是骂祖宗的教育,一切的错都在祖宗那里,咒骂他们我们才能得解脱,完全是实用主义的路子。一天到晚羡慕人家西方莺歌燕舞,而不看这莺歌燕舞前究竟发生了什么,光看贼吃肉不看贼挨打。

如果英国的舰队在康熙年间开到我们近海,命运会如何?多半会很悲催,荷兰人在台湾不是已经领教过了吗?一个郑成功就把他们打得满地找牙。

假设一下,如果当年康熙、雍正和乾隆继续派大军越过帕米尔高原进入中亚和欧洲,持续扩张,后果如何呢?他们不是不能办到,只是不想办了,疆域够大了,知足了,帝国疲倦了。

乾隆时代,环顾四野,似是天下无敌,当然要睡大觉了,这一睡不要紧,足足几十年,一觉醒来,乌龟早游到彼岸了。

我们要超越"拼爹"的历史观,东西方的文化在历史长河中各有其精彩,也各有其暗淡,中华文明历经坎坷依旧幸存下来,自有其华彩乐章在那儿支撑着。想想当年唐朝朱雀大街147米宽，独特的排水系统、坊市制度颇具现代城市格局，武则天在东都洛阳修建了近100米和200米高的两个通天塔，曰明堂和天堂。《旧唐书》记载：

> 凡高二百九十四尺，东西南北各三百尺。有三层：下层象四时，各随方色；中层法十二辰，圆盖，盖上盘九龙捧之；上层法二十四气，亦圆盖。亭中有巨木十围，上下通贯，楠、栌、樘，借以为本，亘之以铁索。盖为鸑鷟，黄金饰之，势若飞翥。刻木为瓦，夹纻漆之。明堂之下施铁渠，以为辟雍之象，号万象神宫。[3]

唐朝时的一尺相当于我们现在的30.7厘米，换算下来，明堂近百米之高。天堂呢，更高。《资治通鉴》记载："又于明堂北起天堂五级以贮大像；至三级，则俯视明堂矣。"[4]天堂的第三层就可以俯视明堂，可见天堂要高出明堂一倍左右，也就近200米了。试想当年的武皇站在塔上俯瞰大地，是不是也有一股"问苍茫大地，谁主沉浮"的气概？刘允济曾作《明堂赋》："穆穆焉，皇皇焉，粤自开辟，未有若斯之壮观者矣！焕乎王道，昭贲三才，远乎圣怀，周流九垓。鸿名齐于太昊，茂实光乎帝魁。浃群山于雨露，通庶品以风雷。盛矣美矣！皇哉唐哉！"[5]如此创造力，彼时人们的性格焉能不奔放？焉能不自信？焉能不乐观？何如近代如此之叽叽歪歪！

初夏日，猴王受邀访问长沙远大城，入住他们自己建造的新方舟酒店。水是甘甜的再生水，空气是PM2.5近乎零的新鲜空气。晚饭后，漫步在花园式的厂区，远处有座灯火璀璨的高楼，那就是曾令全球媒体热议的仅用了19天就拔地而起的57层高楼，巍巍然若泰山。那一刻，猴王脑海里浮现出大唐盛世的通天塔来，这难道不是一个信号？

德先生，赛先生，宁有种乎？

注释：

[1][2] 清·张廷玉等《明史》，卷七一，志第四十七，选举三。

[3] 后晋·刘昫等《旧唐书》，卷二十二，志第二，礼仪二。

[4] 北宋·司马光《资治通鉴》，卷二百四十，唐纪二十。

[5]《全唐文新编》，卷一百六十四。

国运决定开国者的命运

此去美国华盛顿，猴王专门拜谒了托马斯·杰斐逊的纪念堂。托马斯·杰斐逊是美国第三任总统，《独立宣言》的起草者，在美国历史上号称完人，集政治家、思想家、哲学家、科学家、教育家多个称谓于一体，他还是文学家和诗人，有点像我们的开国领袖毛泽东，在他的任内，美国疆域扩大了一倍，经济发展很快，后人很少对他有微词。

他的纪念堂里刻着他的一句名言：我向上帝盟誓，为反对一切笼罩在人类头上的各种暴政而战斗。

然而，你无法想象到这样一位写下"天赋人权，人人生而平等，都有追求幸福权利"的完人竟是一位拥有267名奴隶的奴隶主，而且，他经常惩罚和鞭挞奴隶，他在1820年积极鼓吹向美国西部边疆推行奴隶制，美国的所有教科书对此绝口不提，其中一本教科书里说："在他一生中，托马斯·杰斐逊倾向于白人之间的平等，且反对奴隶制。"

显然在说谎。

杰斐逊如此，美国的国父华盛顿亦如此，他家的奴隶并不比杰斐逊家的少。美国的奴隶制直到建国将近百年时才由林肯颁布废奴宣言予以废止，而且，废奴的动机并不完全是为了解放奴隶，而是因为北方军队在南北战争中节节败退，林肯的谋士给他出了个主意——颁布废奴宣言可以彻底瓦解南方阵营，这招果然奏效，奴隶纷纷跑掉，南方军队士气顿时大减。

美国第 28 任总统是伍德罗·威尔逊,1913 至 1921 年当政,史书公认其为"理想主义者"。1919 年在巴黎和会上他还支持过中国,所以很获当时中国知识分子的好感。可是在他的任内,美国频繁出兵入侵南美诸国,极力扩张,美国教科书里却写道:"威尔逊尽量避免侵略性外交政策……"

威尔逊还是一位公开宣扬"白人优越论"的种族主义者,这在美国总统里并不多见,但大多数教科书对此视而不见,有的教科书会巧妙地掩饰说"威尔逊听任其内阁成员在联邦政府里扩散种族分离的做法",将责任推卸给了别人。

国运决定开国领袖的命运,假如后来的美国民不聊生,四分五裂,这些领袖人物的形象将大打折扣,至少不会如此高大,他们的污点或许会被无限放大,被人们当作茶余饭后的笑料和谈资。

1215 年 6 月 15 日,泰晤士河畔,兰尼米德(Runnymede)草地,英王约翰极不情愿地在一份停战协定上盖上了玉玺。这份协定写在了一片羊皮纸上。他的身后是贵族们集结的军队,很显然,他是被迫的,这份啰里啰唆的文件后来被莫名其妙地冠名为《大宪章》(拉丁文为 *Magna Carta*,英文为 *Great Charter*),并逐渐获得了至高无上的地位,成了英、法、美等国宪法的雏形。其实它只是国王和贵族之间妥协的一个普通条约而已,是一个重新厘定分赃细节的协定,其中还包括什么鱼塘的归属、借犹太人的钱不用还、寡妇应不应该改嫁的条款,这里无关乎农奴的权益,他们依旧如草芥一样可以被国王和贵族随意处置。条约签订后不久,约翰就废了它,纸上的东西未必牢靠,这点中西皆然。其后几百年,英国的君主们并没有把它当回事,可是,随着英国成为工业化时代的世界第一强国,这份文件便被披上了玫瑰花的色彩,孙子伟大了,爷爷自然也跟着光彩起来。

你爹名声的好坏不完全取决于他,而取决于你,如果你是英雄,他就是英雄,如果你是混蛋,他也是混蛋。在这个地球上,99.99%的世人是没有时空观的,只着眼于当下,着眼于眼前。爱新觉罗家族的名声由康熙决定吗?并没有,他们的名声由慈禧太后决定。

在晚清的屈辱记忆里,谁还会记得清朝给中国带来的巨大贡献,是谁一劳永逸地解决了漠北,使长城成了内陆的一道风景?是谁平定了天山南北?是谁使西藏彻底内附?是谁"改土归流"奠定了现在56个民族56朵花的中华民族大家庭的局面?

无能的人总怨爹不行,能干的人即使他爹再不行,在他眼里也行。

国运与生育

在所有新政中,猴王很高兴能看到放开二孩的政策。中国人产能过剩,需要调整,不过,调控三十年足够了,再调控下去,厂子可就要关门了。

国运和生育真有相关性吗?猴王是理科生,不喜欢情绪化渲染,咱们要以数据来说话。

以大清国为例,康熙能生,一生一个排,35 个儿子,20 个女儿,为清朝之最,谁敢不承认康熙朝是清朝最鼎盛的时代呢?雍正,10 子,4 女,还有养女 3 人,他作为清朝最勤奋的皇帝,基本奠定了清朝国富民丰的家底,的确做到了泽被后世,他儿子乾隆紧跟着享了六十多年的福。乾隆在位 60 年,生了 17 个儿子、10 个女儿,他在 1799 年跨世纪的门槛前去世了。中国真是进入到一个转折点,数字虽只是数字,但有时还真有那么点宿命感,中国人讲究逢 5 逢 10,似乎到这些数字年,总要发生点什么变化似的。随后的嘉庆生了 5 个儿子、9 个女儿,道光也生了 9 个儿子、10 个女儿,清朝继续着人丁兴旺的盛世华章,1840 年前的清朝还没有遭遇多大的麻烦,即使有,也很快被化解,都是有惊无险。

到了咸丰,遇到了断崖式的逆转,咸丰只生了 2 子 1 女。咸丰在位 11 年,遭逢第二次鸦片战争,太平天国起义,英法联军攻陷北京,火烧圆明园,件件都是天大的事情,可谓焦头烂额。现代医学告诉我们,这心情不好与生育少大有关系,心情不好,精子质量一定很差了。咸丰的爹道光皇帝算是一个中规中矩的皇帝,虽无雄韬武略,但也恪尽职守,并且很节俭。据《清朝野史大观》记载,他还穿着打着补丁的套裤,有一次他见到军机大臣曹振镛也穿着打着补丁的裤子,还问他在哪里补的,要多少钱,当曹振镛说要三钱时,他说真便宜,宫里要五两银子呢。因为是野史,不辨真假。但道光的简朴不只是在衣着上,在其他吃穿用度诸方面都很节俭倒是实情,可是在选择接班人上,他犯糊涂了,如果他选择六阿哥奕䜣,可能会好点。不过,猴王查了奕䜣的子嗣,生了 4 个儿子,还早夭了两个,唉,大清国的血脉低迷啊!

紧接着,同治、光绪、宣统,一代不如一代。同治没有生育,据说还有"断背山"情结。皇后曾有身孕,但是被慈禧害死了。这也太狠了,一下子就断了大清国的龙脉。

光绪好像也没生育,当了窝囊的 34 年傀儡皇帝。

宣统即位时仅 3 岁,仅当了 3 年皇帝,当然任内没有子嗣,清朝也就这样终结了,不管是从政权上,还是从接班人上。

最后,不能生的清朝被能生的袁世凯取代了。袁世凯也生了一个排,共生了 17 个儿子、15 个女儿,还有 22 个孙子和 25 个孙女,儿孙总和达 79 人。袁世凯怪不得想当皇帝,他这能生的架势直逼康熙啊!

在南方孙中山的一片讨伐声中,袁世凯代表清廷与南方议和,他授意段祺瑞上书清廷,三言两语就把隆裕太后给吓着了,赶紧颁布退位诏书。有人说袁世凯是窃国大盗,有点言重了,要不是他出山在乾清宫里向清朝后宫晓以利害,就凭孙中山那几杆枪,打到北京城要等到猴年马月。就凭这一点,袁世凯立了大功一件。

改革的号角已被吹响,长江后浪推前浪,眼见得前浪拍死在沙滩上,那后浪在哪里呢?

为了中国再繁荣 30 年,小兄弟们抓紧时间吧,晚上别再加什么班,别去什么夜店,别喝酒,别抽烟,回家陪老婆再生产吧!

水调歌头·卢沟桥

（2015年7月7日，车过赵登禹路，忆当年二十九军大刀队，御倭寇，砍敌颅，尽忠报国。）

雪洗虏尘静，风烟望五津。何人续写悲壮？吹角古城楼。关山平添豪气，大刀剁向敌颅，谁敢犯神州？回望狼烟处，英雄遍田畴。

忆当年，旌旗裂，骤雨歇，金戈铁马，枪林如注，伤痕可忘却？卢沟桥头落照，永定河边衰草，登临使人愁。何处祭英豪？把酒酹滔滔。

旧时王谢

游子话河东

　　春节回家,临走时,老同学给猴王拿了一份家乡特有的礼品,一包闻喜煮饼,礼轻情却重啊。话说这闻喜煮饼,当年也是贡品之一,没少塞慈禧太后的牙缝,猴王遍览泰西诸国也未见识到糕点的如此做法,算是民间绝活之一,千年前河东大地的农业文明早已经登峰造极,物阜民丰,无灾无害,此为明证。

　　闻喜闻喜,原名桐乡,当年汉武帝巡游路过此地听说汉军大破南越国,龙颜大悦,把此地命名为闻喜,别小看汉武帝这么一改,风水的确大变。闻喜有个裴柏村,历史上出了 59 个宰相、59 个大将军,光唐朝就出了 18 个,最有名者当属中兴唐朝的名相裴度。当年大文豪韩愈奉唐宪宗旨意专门起草《平淮西碑》,对裴度击败叛军吴元济一事大加褒奖,你说这地方能没有喜吗?

　　当年是哪一年?公元前 113 年,西汉元鼎四年。这年秋天,汉武帝刘彻已经 44 岁,当政已经 27 年,他率领群臣到河东郡汾阳县(今山西万荣县北面)祭祀后土,在汾河里中流击水。此时,秋风萧瑟,鸿雁南飞,想到自己缔造的大汉帝国无敌于天下,自己却难逃衰老的命运,刘彻不禁有点感伤,作《秋风辞》:

秋风起兮白云飞,草木黄落兮雁南归。

兰有秀兮菊有芳,怀佳人兮不能忘。

泛楼船兮济汾河,横中流兮扬素波。

萧鼓鸣兮发棹歌,欢乐极兮哀情多。

少壮几时兮奈老何!

"泛楼船兮济汾河,横中流兮扬素波。"可见当年汾河的浩浩汤汤,不似今天这般"泉眼无声惜细流"。

闻喜过后是夏县,一听这名字,就是丰收在望,司马光在此地的涑水河畔撰写了《资治通鉴》,管你开封府里变法派们如何翻云覆雨,我自在我这中条山下冷眼旁观,这个倔老头一写就是十三年,比猴王写《历史岂有底稿》还要多三年。

夏县过后是安邑,是大禹的都城,大禹治水,三过安邑而不入。当年猴王求学并州,每当那绿皮火车哐当哐当地行到安邑,一个不起眼的小站,就知道运城快到了。安邑从未去过,比大禹还不如。

安邑过后就是运城了。中条山南麓有一片浩淼的盐池,人不可一日无盐,毫不夸张地说,此盐池养育了炎黄的最早一批子孙,可以说无盐池就无华夏。《圣经》里屡次提及红海和死海,我们的史书里也屡屡提及这片白花花的盐池。

河东土地平易,有盐铁之饶,本唐尧所居,《诗·风》唐、魏之国也。周武王子唐叔在母未生,武王梦帝谓己曰:"余名而子曰虞,将与之唐,属之参。"及生,名之曰虞。至成王灭唐,而封叔虞。唐有晋水,及叔虞子燮为晋侯云,故参为晋星。其民有先王遗教,君子深思,小人俭陋。故《唐诗·蟋蟀》《山枢》《葛生》之篇曰:"今我不乐,日月其迈";"宛其死矣,它人是媮";"百岁之后,归于其居"。皆思奢俭之中,念死生之虑。吴札闻《唐》之歌,曰:"思深哉!其有陶唐氏之遗民乎?"[1]

盐池后面山上有一条"虞坂古道",直通到黄河边,盐从此路被运到全国各地,与云南边陲的"茶马古道"类似。运城之所以起此名,盖因是"运输"之城啊!

2015年,盐池发生了一件大事,阳光下的盐池瞬间变成了玫瑰色,持续月余,这是因为水中的硫酸镁遇到一定的气温而发生的化学变化。据说此景数千年来只发生了三次,一次在唐代宗(762—779)时期,一次在宋神宗熙宁二年(1069),一次就是公元2015年。唐代宗在"安史之乱"中力挽狂澜,是继唐太宗、唐玄宗之后一位有作为的皇帝,他推行常平盐制度,政府调节盐价,杜绝商人囤积居奇。公元763年,最后一股叛军史朝义被诛,各路兵马班师凯旋,杜甫在蜀地闻之作《闻官军收河南河北》一诗,收进我们中学生的课本里:

剑外忽传收蓟北,初闻涕泪满衣裳。

却看妻子愁何在,漫卷诗书喜欲狂。

白日放歌须纵酒,青春作伴好还乡。

即从巴峡穿巫峡,便下襄阳向洛阳。

宋神宗熙宁二年,听起来好像有点陌生,史上有名的"王安石变法"亦称"熙宁变法",也是千年一遇的大变革,看来,2015年也是一个好年景,我们权且迷信一回。

过了运城,沿着山脚下的高速公路路过长平村,关二爷巍巍然屹立山巅,护佑众生。当年的关羽也许是一碗羊肉泡馍下肚,热气腾腾,脸上一片潮红,猴王推测红脸关公打这而来,八成是一碗羊肉的结果。东汉末年,汉室倾颓,群雄逐鹿,话说周王朝时,周室丢了头鹿,诸侯们纷纷去找,鹿与鼎乃一国皇权之象征,所以都想逐鹿中原,都想一言九鼎。关羽吃完羊肉泡馍,夜读《春秋》,深感大丈夫应该建功立业,不辜负这个"火热"的时代,然后翻过群山,渡过黄河,也加入到了寻鹿的行列,在路过一片桃园时,遇到了这头鹿的合法继承者之一刘备,然后入伙,然

旧时王谢

231

后……地球人都知道了。

长平过后是解州，这个"解"字有点意思，书面发音"xiè"，当地土语为"hài"，所以，你会发现此地的标注有一点小小的混乱，如果你出了酒店打一辆车和司机说"我去 xiè zhōu"，司机多半茫然不知所云。解州有一座中国最大当然也是世界最大的关帝庙，曲阜有孔庙，解州有关帝庙，一文圣，一武圣，千百年来，皇家抑武扬文，所以，文圣高于武圣。

虽然帝王于文圣也是三心二意，不过，老百姓知书达理，有益社会稳定，如果都像关二爷这般话不投机便舞枪弄棒，岂不是天下不保？所以，关二爷漂洋过海，成了财神爷。当年华人下南洋，做生意不容易，被土匪抢，被贼偷，所以把忠义千秋的关二爷请出来做保护神，关二爷的形象慢慢与钱有了联系，其实关二爷只要有羊肉泡馍一碗就足够了。

过了解州即是虞乡镇，亦称"虞舜之乡"，此地无虞矣，只因此地出了一位文学大家——柳宗元，一篇《封建论》把千年历史说透，九篇《永州八记》开启山水诗篇，最后客死柳州，世人称颂他为柳柳州。毛泽东也很推崇他，劝郭沫若多向他学习，"郭老从柳退，不及柳宗元。名曰共产党，崇拜孔二先"。再作一首《读〈封建论〉呈郭老》："劝君少骂秦始皇，焚坑事业要商量。祖龙魂死业犹在，孔学名高实秕糠。百代都行秦政法，'十批'不是好文章。熟读唐人《封建论》，莫从子厚返文王。"真是大长我河东人的面子啊！

过了虞乡就到了舜的都城蒲坂，即现在的永济市。舜南巡荆湘不归，二妃娥皇与女英去寻他，整天以泪洗面，滴滴泪水洒在那竹子上，所以才有了今天的斑竹，真是"九嶷山上白云飞，帝子乘风下翠微。斑竹一枝千滴泪，红霞万朵百重衣"[2]。孔子最推崇舜，说他是理想中君主的样子。

过了永济就到了黄河边，朝登鹳雀楼以观长河落日，"欲穷千里目，更上一层楼"，真是心旷神怡。暮宿普救寺里闻钟磬之音，美女崔莺莺与张生在此间巫山云雨,"待月西厢下,迎风户半开,隔墙花影动,疑是玉人来",真是圆满的大结局啊! 就许你好莱坞来个英雄救美抱得美人归,就不许我来个花前月下把酒花下眠?

作为一位河东子弟,没有理由不骄傲啊!

注释:

[1] 东汉·班固《汉书》,卷二十八下,地理志第八下。
[2] 毛泽东《七律·答友人》,1961 年。

汾阳峪道河，一段被遗忘的传奇

1981 年 9 月，北京来了一位新的美国驻华大使，他是中美建交后的第二任驻华大使，他还有一个中文名字——恒安石（Arthur William Hummel）。据说他很崇拜中国 11 世纪的一位政治家——王安石，所以起了这么一个名字。此前他担任美国驻巴基斯坦大使，众所周知，当时中美两国牵手是经由巴基斯坦这位小兄弟，巴铁当时也是美铁，两个闹别扭的大哥总要有一个小兄弟来撮合一下吧，给彼此一个台阶下。基辛格这小子运气不错，摊上了创造历史的好机遇，恒安石当时是基辛格的助手，也跟着风光了一把。

恒安石来了之后办得最漂亮的事是促使中美两国签署了中美"八一七公告"，因为美对台军售让两国差点翻了脸，他是紧急来灭火的，可谓受命于危难之际。到现在这个公告还起着作用，不管谁上台，就举起这小本本，这还算数吗？算数，那好，就继续处下去吧！

里根政府终于在合适的时间选对了一个合适的人，恒安石与中国渊源太深了。从 1949 年到 1972 年，美国派往月球的人都比派往中国的人多，老一代的"中国通"所剩无几，他们很少有人能挺过麦卡锡主义，新的"中国通"都还在台湾，谁来北京呢？没有人比恒安石更有资格了。如果民国时期也实行一出生就加入国籍的政策，恒安石恐怕就是一位大鼻子的中国人了，因为他于 1920 年 6 月 1 日国际儿童节那天出生于中国山西的一个小县城——汾阳县。

恒安石的父亲恒慕义是位传教士,1915年来到汾阳,在铭义中学教英语,后来担任美国国会图书馆亚洲部主任,也算是美国最早的一批"中国通"。恒安石在汾阳长到8岁,小时候应该说一口汾阳话吧!不知道当年一起玩耍的小伙伴还健在否?肯定也会给他起外号,比如"小石头"之类的。后来恒安石回美国读书,据说不怎么好好读书,中途又跑回中国,还是在中国朋友多。他在燕京大学教英文,恰逢日寇偷袭珍珠港,美国对日本宣战,为了防止日裔美国人刺探情报,美国政府把几万名日裔美国人在加州的一个地方"集合"了起来。电影《中途岛之战》里涉及这段史实,海军高官的儿子交了一位日裔美国女友,他本人则是美军的飞行员,即将在中途岛迎战来犯之日寇,真是纠结啊!日本也如法炮制,把所有外籍在华人员也拘押了起来,其中两千多名被拘押到潍县(今山东潍坊)的集中营,英文名WeiHsien Camp,又名乐道院集中营,恒安石不幸也是其中之一。1944年的夏天,在当地的中国游击队的配合下,他被成功地解救出来,然后就地加入了游击队,与他们一起并肩战斗直到日本投降,整个过程犹如好莱坞大片。

话说1981年他重返中国后可曾回到汾阳县峪道河怀旧一番?没有见到过此类报道。那么,他居住过的汾阳峪道河究竟是什么样子?

去夏乘暑假之便,作晋汾之游。汾阳城外峪道河,为山右绝好消夏的去处;地据白彪山麓,因神头有"马跑神泉",自从宋太宗的骏骑蹄下踢出甘泉,救了干渴的三军,这泉水便没有停流过,千年来为沿溪数十家磨坊供给原动力,直至电气磨机在平遥创立了山西面粉业的中心,这源源清流始闲散的单剩曲折的画意。辘辘轮声既然消寂下来,而空静的磨坊,便也成了许多洋人避暑的别墅。

说起来中国人避暑的地方,哪一处不是洋人开的天地,北戴河,牯岭,莫干山……所以峪道河也不是例外。其实去年在峪道河避暑的,除去一位娶英籍太太的教授和我们外,全体都是山西内地传教的洋人,还不能说是中国人避暑的地方呢。在那短短的十几天,令人大有"人何寥落"之感。

……

在我们住处,峪道河的两壁山崖上,有几处小小庙宇。东崖上的实际寺,以风景幽胜著名。神头的龙王庙,因马跑泉享受了千年的烟火,正殿前有拓黑了的宋碑,为这年代的保证,这碑也就是庙里唯一的"古物"。西岩头有一座关帝庙,几经修建,式样混杂,别有趣味。北头一座龙天庙,虽然在年代或结构上并无可以惊人之处,但秀整不俗,我们却可以当它作山西南部小庙宇的代表作品。

这是梁思成和林徽因在《晋汾古建筑预查纪略》里对山西汾阳峪道河的描述。在另一篇散文《山西通信》里林徽因更是对整个山西不吝溢美之词:

居然到了山西,天是透明的蓝,白云更流动得使人可以忘记很多的事,单单在一点什么感情底下,打滴溜转;更不用说到那山山水水,小堡垒,村落,反映着夕阳的一角庙,一座塔!景物是美得到处使人心慌心痛。

当时她和梁思成正在山西找寻宋金时代及以前的建筑,最好能找到唐朝时的木制建筑,因为日本人当时扬言,中国大地上已经没有唐朝以前的木制建筑了,而日本却有。同行的还有另一位在此居住的牛人费正清和他的妻子费慰梅,现在的那些活跃的"中国通",比如史景迁、傅高义全都出自他的门下。基辛格1972年访华前特意去请教他,并声称与费正清的谈话改变了历史。邓小平也曾举杯对他说:对你为恢复中美关系所做出的贡献表示感谢。在《费正清中国回忆录》里费正清也对峪道河的状况有所描述:

还有更多的事发生在1934年的夏天,梁思成夫妇同我们一起来到山西的滹沱河,再一次住进了小峡谷中的恒慕义博士的磨坊。

我们住的房屋宽敞而凉爽,位于溪流的上游。这是一个由十几户传教士家庭组成的小社区,他们居住在这个山谷的其他磨坊。

　　这段印证了林徽因的惆怅,这里是一些外国人的避暑胜地而不是国人的,当然风景一定很优美。1930年中原大战,冯玉祥在与阎锡山结盟倒蒋失败后隐居此地一年之久,据说见此地风光绝佳,把其父母的墓都迁移了过来。根据他们的描述,猴王脑海中是黄山脚下的宏村,典型的世外桃源的画面,真有那么美吗?

　　2015年8月下旬,我与朋友到平遥考察分布式能源,与县政府的会议定在了第二天。看了看地图,汾阳峪道河与平遥相距并不远,我们临时起意,去传说中的峪道河看一看。

　　百度地图已经显示我们进了峪道河,路边下车问行人,得到肯定的答复。这就是那条峪道河,是林徽因笔下的曲折幽美的峪道河?河床已经干涸,山峦倒是还有几分清秀。

　　沿河的路倒不错,是铺就的柏油马路,想必当年是没有的。林徽因的晋汾笔记里,描述泥泞不堪的路的片段可是不厌其烦地多次出现。

　　我们继续沿河道上溯,在河道的尽头看到一座房子,远远地就能看到飘摇的旗子,原来是一间农家乐饭店,可见这河水枯竭不是一天两天了。在这应该多雨的季节里,农家乐饭店生意一点不受影响,门庭若市,峪道河里的水都去哪里了?

　　沿路一直打问那些传说中的磨坊别墅,没有人知道,抱着小孩站在路边的妇人显然是外来的,对此地不甚了解,我们打算找一位场面上的人来打问一下,他们见多识广,肯定有所耳闻。

　　进了农家乐,我们径直去找老板,老板不在,但有一位管事的接待了我们,待我们说明来意,这位先生便带着我们在附近游走。饭店的后面还遗存一间磨坊,门上着锁,透过玻璃看到里面承载磨盘的一根大横梁,足有壮汉的腰那么粗,磨坊后面还有些残垣断壁,前面院子里还有一块原来河道里的石头,状如太湖石,还有一个洞穴,貌似当年湍急的河水由此而下推动着磨盘。

墙上还有毛主席的语录,历史总会留下点印记,只要足够近,远的就不知道了。

当那位先生听我描述了梁思成、林徽因还有冯玉祥的故事,他似乎想起了什么,一拍脑门:"跟我来,我们这里还有他们的画像。"我如获至宝,赶紧跟着他,生怕掉队,他带我进了两个房间,原来在他们的两个包间里的墙上有两幅照片,一幅是梁思成和林徽因考察山西期间的留影,一幅是冯的戎装标准照,这些都是能从网上分分钟搜索到的照片,我大失所望。

用完午饭,我们决定自己去实地考察一番,沿着河道,我们努力搜寻隐藏在树林里或岸边的任何可能的遗迹,终于有了发现,在河道旁边的山崖上,我们看到了很多废弃的窑洞,一座挨着一座,散落在不算高的山腰上。我们上了山腰,进了这些窑洞,除了残砖断瓦,没有发现任何能显现出时代印记的东西,偶尔发现废弃的磨盘都让我激动一番。在山腰处望峪道河镇,村落错落有致,一派祥和,估计这些村民不会知道当年这里是如何的闻名遐迩。

在返回的路上,看到了一座狄青桥,北宋仁宗时期的名将狄青即出生于汾阳峪道河镇的刘村,还有一说是出生于现文水县的狄家社,死后谥号"武襄",这是有宋一代与岳飞齐名的名将,在包青天演义故事里多次出现。据说此地曾有很大的一座狄青墓,但早已湮没于荒草之中了,他倒是幸运,当地人显然还记着他。

入夜时分,回到了平遥,华灯初上,游人如织,一弯弦月挂于天际。偶有诗兴,填词一阕以记之。

> 西风寒,雨霁云残。珠帘卷,把栏杆抚遍。何处觅归舟?似水流年,一曲木兰词,羞煞汉宫飞燕。谁言夕阳须尽欢?谁言月高人不还?正西风落叶下长安,英雄叹。

江山与美人

昨夜,车过枣庄城。枣庄,多么平淡无奇的一个名字,让人不免想起石家庄、驻马店这样的名字,但你可知道这么土的地名在古代却有一个诗意的名字——兰陵,而且还出了一位"貌柔心壮,音容兼美"的兰陵王。

其实石家庄、驻马店也不是从开始就这么土的,石家庄在古代就有很多大气的名字,比如获鹿、鹿泉、真定等。获鹿意为中原逐鹿,有问鼎天下的气魄,厉害着呢。驻马店呢,古代曰天中、汝南或蔡州,那里有一个小土包,7 米多高,名曰天中山,是华夏九州地理概念的中心位置。中学课文里,李愬雪夜入的蔡州就是指今天驻马店的位置,蔡州也比驻马店好听一点。当然以前的雅名变成今天的土名者不只是这些,还有临沂古称琅琊,金华古称婺州,还有黄山市,当时叫徽州,"一生痴绝处,无梦到徽州",现在都"无梦到黄山"了。听说各地都在酝酿改名字,其实,有没有文化,不用看别的,看起的名字就能立见高下。

火车在枣庄没停,疾驶而过,站台上的灯火一瞬而过,倏忽明灭,像不像历史?来不及品味,即空留回味。

自从认识了兰陵王,他的故事就时时萦绕于怀,写独孤信的时候就想到了他,写潘安的时候想到了他,写卫玠的时候想到了他,写司马相如的时候也想到了他,古代四大帅哥独独就剩下了他,孤零零地飘零在运河两岸。每次高铁路过枣庄,只要广播里一报站名,我都会不经意地欠起身,望望窗外,仿佛看到了兰陵王的影子。

渐渐地,兰陵这个地名被人遗忘了,人们记住了枣庄这个地名,打小看《铁道游击队》的我们,一提起枣庄,就会想到那飞驰的列车,那夕阳西下的微山湖,那一群武功高强的山东大汉,老洪、李强……

后来,枣庄也被淡忘了,人们谈论更多的是台儿庄,李宗仁将军于1938年4月在此阻击南下的日寇第五和第十师团,与那个不可一世的板垣征四郎决战于运河两岸一个多月,虽然一片古城在炮火中徒剩残垣断壁,但挺起来的却是中华民族不屈的脊梁。

李宗仁将军当年临危受命,任第五战区司令长官,驻防徐州,台儿庄一战,断了日寇以津蒲路南下亡我中华之痴梦,堵住了因韩复榘临阵脱逃而门洞大开的齐鲁大地,像极了千年前兰陵王率五百勇士解围洛阳而拯救北齐江山的壮举。

> 兰陵王长恭以五百骑突入周军,遂至金墉城下。城上人弗识,长恭免胄示之面,乃下弩手救之。周师在城下者亦解围遁去,委弃营幕,自邙山至穀水,三十里中,军资器械,弥满川泽。[1]

> 齐兰陵武王长恭,貌美而勇,以邙山之捷,威名大盛,武士歌之,为《兰陵王入陈曲》,齐主忌之。[2]

功高盖主,必遭主忌惮。人性的弱点在历史的关键时刻总是不太给力。

> 邙山之捷,后主谓长恭曰:"入阵太深,失利悔无所及。"对曰:"家事亲切,不觉遂然。"帝嫌其称家事,遂忌之。[3]

怪只怪兰陵王主人翁意识太强了,窝囊的领导们提防的往往就是主人翁意识太强的部下,比如岳飞,干活干得太猛,领导不免会嘀咕:你想干什么?

自台儿庄大捷之后,蒋介石和李宗仁之间的明争暗斗就没有断绝过,最后以李宗仁被边缘化而收场,而兰陵王呢,则被后主高纬一杯毒酒赐死,岳飞就更别提了。

> 武平四年五月,帝使徐之范饮以毒药。长恭谓妃郑氏曰:"我忠以事上,何辜于天,而遭鸩也!"妃曰:"何不求见天颜?"长恭曰:"天颜何由可见。"遂饮药薨。赠太尉。[4]

英雄何罪之有? 只因你的英雄气场太强啊!

高纬害了兰陵王,却也没能坐稳江山,在北周宇文邕大军的横扫之下,他携着他的爱妃冯小怜四处逃窜,最后被生擒,死于非命。冯小怜据说长得非常性感,自然很容易找到下家,只可怜了高纬,在他逃窜之际,可否想起了兰陵王这位铁哥们? 可否后悔过? 反正,五百壮士解围洛阳的奇迹不会再现了。都说损人利己,其实,损人者往往不利己。李商隐曾不无惋惜地写道:

> 一笑相倾国便亡,何劳荆棘始堪伤。
> 小怜玉体横陈夜,已报周师入晋阳。
>
> 巧笑知堪敌万几,倾城最在著戎衣。
> 晋阳已陷休回顾,更请君王猎一围。[5]

千年后,一位叫马君武的文人也写了一首诗,讽喻那位不抵抗的张少帅:

> 赵四风流朱五狂,翩翩胡蝶正当行。
> 温柔乡是英雄冢,哪管东师入沈阳。
>
> 告急军书夜半来,开场弦管又相催。
> 沈阳已陷休回顾,更抱阿娇舞几回。[6]

很长时期内,大家都觉得错怪了张少帅,是蒋介石下令不抵抗的,现在看来,没有那么简单,蒋介石连韩复榘这样的杂牌军都调度不了,又如何轻易调度比国军装备还精良的东北军？谁信呢？国人的历史观喜欢贴标签，以为那个年代，蒋介石可以掌控一切，其实，蒋在那个年代的作用被远远夸大了，他充其量只是控制了江浙沪地带而已，其他地方，他说了不算。东北陷落，要怪只能怪张少帅误判了形势，以为那个国联能帮忙，结果误国亦误己。

"梦里临高楼看那天地万户，繁华如故，又一夜远方灯火沉浮，照亮了这孤寂的返途……回望昔日荣枯，忍长叹，卿与家国尽辜负，若得来生，不做君王，用山河，换一场你我当初……"(歌曲《梦里江山》)兰陵美酒捧出一支夺目的郁金香，玉碗盛来一片琥珀之光，但使主人能醉那远方的客人，不教何处是他乡还是故乡？车过枣庄，耳边传来歌声。

爱江山更爱美人，爱江山，那是男人的虚荣心，爱美人，那是男人的天性，这两大诱惑已经消磨了很多豪杰，还将继续消磨更多的豪杰。

注释：

[1] 北宋·司马光《资治通鉴》，卷一百六十九，陈纪三。

[2] 北宋·司马光《资治通鉴》，卷一百七十一，陈纪五。

[3][4] 唐·李百药《北齐书》，卷十一，列传第三。

[5] 唐·李商隐《北齐二首》。

[6] 民国·马君武《哀沈阳》(其一、其二)。

情迷五大道

当我想去欧洲走走的时候,我就来到了天津,当我来到天津后,觉得去欧洲也没那么紧迫了。

你在欧洲还找不到一个可以媲美五大道的街区,包括伦敦、巴黎、罗马、佛罗伦萨和哥本哈根。此地囊括了近代如此多的风云人物,一个末代皇帝,三个中外总统,七个总理,无数总长,有文学巨擘,也有掘墓大盗,有外交奇才,也有窃国汉奸,有富商巨贾,也有高级洋买办,每个人都是一本书,都可以独立成册。

当我试图把五大道里近百个历史名人穿插起来时,我就觉得又可以写一本书了。看晚清和民国这些人,觉得现时的生活过于平淡了,虽然我们的微信生活似乎也很丰富,到处旅游,到处美食,到处自拍,但与这些宅子里的人相比还是小巫见大巫。人一辈子怎么能那么跌宕起伏?能做那么多事情?能经历那么多?想想看,所谓幸福的生活其实就是平庸的生活。

像这样的扎堆的小洋楼,与美国芝加哥的所谓橡树社区有点像,那里虽也有海明威的旧宅,也有一些艺术家的故居,不过不成规模。我家对面的星河湾也有,据说也住了很多富商和名人,有点好莱坞比弗利山庄的意思,百年后会不会也像五大道一样,人们从门前经过,透过爬山虎和栏杆指指点点,评述着当年的是是非非?估计不会了,不是一个量级。世间再无五大道,地球上再出现五大道的概率估计也极低了。

在参观庆王府时,小猴子内急留下来一坨粑粑,猴王评述道:你这是粪土当年万户侯啊!清朝最后一位铁帽子王爷之所以住到了天津,是因为冯玉祥的一位部下——鹿钟麟。1924年,鹿钟麟不费一枪一弹摆平北京事变,只带了一支卫队就把紫禁城里的清朝遗老遗少赶了出来。南北议和时,清室逊位条件之一就是"清室优待条件"[1],袁世凯是旧臣,与清室还有感情,毕竟人家给他发了那么多年的工资,所以,还遵守这个约定,每年给四百万两银子,还让溥仪住紫禁城和颐和园;冯玉祥就不管它了,直接轰出紫禁城,四百万两银子变成了五十万两,你以为你是英国女王?还想占着白金汉宫?人家君主立宪了,你是被推翻的好不好?对不住了,直接废为庶民。

高调且奢华的庆王府,现在属天津市政府外事办,里面还有咖啡馆,露天喝上几杯,触摸一下历史的体温,那感觉一定独特。当年庆亲王没少在这里办堂会,津门的名角大腕们没少在这里登台唱戏,京剧名角马连良就住在离这不远处的那座著名的疙瘩楼。都说建筑是凝固的音乐,我看也是凝固的历史。

有机会可以去看看宣统的那篇退位诏书,写得蛮有文采的,不知何人捉笔?风传为末代状元南通人张謇所书,又一说是袁世凯的心腹徐世昌所书,据猴王推测,应该有多个版本,实乃南北各方反复协商的结果,有多少人参与其间修改文辞或润色亦未可知,至于谁出力多少,已不重要,重要的是几千年帝制终于终结了。

前因民军起事,各省响应,九夏沸腾,生灵涂炭,特命袁世凯遣员与民军代表讨论大局,议开国会,公决政体。两月以来,尚无确当办法。南北暌隔,彼此相持,商辍于途,士露于野,徒以国体一日不决,故民生一日不安。今全国人民心理多倾向共和,南中各省既倡议于前,北方诸将亦主张于后,人心所向,天命可知。予亦何忍因一姓之尊荣,拂兆民之好恶。是用外观大势,内审舆情,特率皇帝将统治权公诸全国,定为共和立宪国体,近慰海内厌乱望治之心,远协古圣天下为公之义。袁世凯前经资政院选举为总理大臣,当兹新旧代谢之际,宜有南北统一之方,即由袁世凯以全权组织临时共和政府,与民军协商统一办法。总期人民安堵,海宇义安,仍合满、汉、蒙、回、藏五族完全领土为一大中华民国。予与皇帝得以退处宽闲,优游岁月,长受国民之优礼,亲见郅治之告成,岂不懿欤!钦此!宣统三年十二月二十五日。[2]

署名者有内阁总理大臣袁世凯、外务大臣胡惟德、民政大臣赵秉钧、度支大臣绍英、学务大臣唐景崇、陆军大臣王士珍、海军大臣谭学衡、司法大臣沈家本、农工商大臣熙彦、邮传大臣梁士诒、理藩大臣达寿。这一幕让我想起了霍光废昌邑王刘贺的一幕,袁世凯能兵不血刃地终结了清朝,也算是大功一件。

这里的落款还是农历,宣统三年十二月二十五日即公元1912年2月12日。有意思的是,将此诏书翻译为英文并知会各驻华使节的是颜惠庆,他是当年少有的英语人才,最早的英汉双解词典的编纂者,他在五大道也有宅子,睦南道24—26号,后来他当了国务总理、驻美大使,这处宅子租给了伪满洲国作为领事馆。历史真是一脉相承的,藕断丝还连,不可能分得那么清清楚楚。比如五大道还有一处洋房,是同为民国驻美大使的顾维钧的寓所,河北路267号,现这处宅子是天津市民革市委的办公地,有点意思。

当年颁布退位诏书时情景如何?上海《申报》于1912年2月22日以"清后颁诏逊位时之伤心语"为标题报道说:"此次宣布共和,清谕系由前清学部次官张元奇拟稿,由徐世昌删订润色,于廿五日早九钟前清后升养心殿后,由袁世凯君进呈。清后阅未终篇已泪如雨下,随交世续、徐世昌盖用御宝。此时溥伟自请召见,意在阻挠此诏。而清后并诏某大臣曰:'彼亲贵将国事办得如此腐败,犹欲阻挠共和诏旨,将置我母子于何地!'此时无论是何贵族,均不准进内,于是盖用御宝陈于黄案,清后仍大哭。清帝时立清后怀中,见状亦哭,袁世凯君及各国务大臣亦同声一哭。"历史的一页就这么翻过去了,在孤儿寡母的哭哭啼啼中落下了帷幕,难道就没有一点留恋?

退位诏书里有一句话让人印象深刻,"予亦何忍因一姓之尊荣,拂兆民之好恶"。这让我想起雍正曾说过的一句话:"愿以一人治天下,不以天下奉一人。"还有《史记·五帝本纪》里尧曰"终不以天下之病而利一人",知之易,行之难。

庆亲王载振随着溥仪一道仓皇跑到天津,租界其实比皇宫还安全,那个年代,租界就是中国的"世外桃源",好在这些遗老遗少不缺银子,从宫里顺手拿几颗珠子也能买一座宅子,这不,庆亲王看上了重庆道上的这间宅子,以前是太监小德张的府邸,他估计想不到,紧挨着重庆道的大理道,也就是他宅子的正南面,正是把他们赶出紫禁城的鹿钟麟的宅子,真是冤家路窄。其实,这还不算太荒唐,在睦南道上还有一个军人的宅子,他就是大名鼎鼎的孙殿英,1928 年他以演习剿匪为名扒了乾隆和慈禧的陵墓,冯玉祥说:"殿英老弟,你我志同道合,一起革大清的命,我革活人的命,你革死人的命。"当年孙殿英在五大道这座宅院里贩卖这些文物古董时,庆亲王搬到五大道也仅仅几年光景,祖坟被邻居刨了,还当着你的面销赃,这不是被活活气死的节奏? 这真是不是冤家不聚头啊!

要说冤家路窄,还有一桩。在鞍山道有一栋洋楼,名张园,是清末湖北提督张彪的宅子。武昌起义时,提督张彪率军与起义军隔江对峙,南北议和,清帝逊位后,张彪也解甲归田,他没有回到山西榆次的老家,而是在天津五大道筑张园,做起了寓公。1924 年 11 月 13 日,应冯玉祥之邀,孙中山和夫人宋庆龄北上,于 12 月 4 日来到天津,住进张园,一住就是 27 天,他们走后不久,此地又接待了一位重量级的客人,1925 年 2 月 23 日,被赶出紫禁城的溥仪带着前清的遗老遗少住进了张园,张彪每天早请示,晚汇报,以尽"事君"之责[3]。历史之所以复杂,就在于人是复杂的,推翻清朝的孙中山与被推翻的清朝末代皇帝前后脚同居一室,不可思议,又在情理之中,张彪、袁世凯、康有为、杨度等人,这些体制之内的所谓开明派,既有革新的主张,又有怀旧的情愫,依猴王之见,这才是承前启后的年代里一个正常人的正常表现,被推翻的不一定全是糟粕,被建立起来的也不一定全是精华,与时俱进是应该的,传承也是应该的,水可以做到泾渭分明,历史则不能。

　　看过五大道,逝水悲兴废,浮云阅古今,感觉这里的人物都有一个共同的特点:见风使舵。他们不是下野的总统,就是没落的贵族,不是投机的商人,就是左右逢源的政客。那个年代,是长长的韩剧,主角很多,城头变幻大王旗,铁打的愚民,流水的政客,热闹得很,后来的后来,国共成了两大主角,他们都成了配角。主角的故事耳熟能详,配角的花絮其实也很多,要是讲来,三天三夜都讲不完,容下回分解,最后来一首诗结束如何?

从南锣鼓巷到五大道

从琉璃瓦到西洋墙

那天早上

紫禁城里的空气有点忧伤

一声炸雷

急雨敲窗

惊破羽衣霓裳

雨后的黄昏

花易零落

疾驶的马车

穿透时空的墙

五大道的街上

无人辨其香

从南锣鼓巷到五大道

从紫禁城到劝业场

那天傍晚

月色很彷徨

角楼的风铃

黍离悲凉

你说

把窗关好吧

西风

把你的眼睛擦得更亮

午后的暖阳

斜依在院墙

落英缤纷处

闲人成行

我抚遍栏杆

饮下百年陈酿

无人知何觞

从南锣鼓巷到五大道

你走后

家里来的客人太多

我还在费思量

注释：

[1] 中国第一历史档案馆《光绪宣统两朝上谕档》,第 37 册,广西师范大学出版社 1996 年版,432-434 页。

清末民初南京临时政府与清政府议和代表商定的有关清帝退位的条件。经过南北议和代表的磋商,南京临时政府方面于1912年2月9日向清政府致送有关清帝退位优待条件的修正案。12日隆裕太后代表清廷认可了这一条件,并于次日公布,宣布清帝退位。

第一项,关于大清皇帝辞位之后优待之条件。

共八款:

(1)清帝尊号仍存不废,中华民国待以各外国君主之礼;

(2)清帝岁用400万两,由民国政府拨发;

(3)清帝暂居宫禁,日后移居颐和园,侍卫人等照常留用;

(4)清帝宗庙陵寝永远奉祀,民国政府酌设卫兵保护;

(5)光绪陵寝如制妥修,民国政府支付实用经费;

(6)宫内各执事人员可照常留用,惟不得再招阉人;

(7)清帝私产由民国政府特别保护;

(8)原禁卫军归民国陆军部编制,额数、俸饷仍如其旧。

第二项,关于清皇族待遇之条件。

共四条:

(1)王公世爵概仍其旧;

(2)皇族具有与国民同等的权利;

(3)皇族私产一体保护;

(4)皇族免服兵役之义务。

第三项,关于满、蒙、回、藏各族待遇之条件。

共七条:

(1)与汉人平等;

(2)保护其原有财产;

(3)王公世爵概仍其旧;

(4)民国政府为生计过艰的王公代筹生计;

(5)先筹八旗生计,在未筹定前,其俸饷仍旧支放;

(6)从前营业、居住等限制一律蠲除,各州县听其自由入籍;

(7)听其自由信仰原有宗教。

修正内容:

1924年10月,冯玉祥发动北京政变后,修改了这一优待条件。

今因大清皇帝欲贯彻五族共和之精神,不愿违反民国之各种制度仍存于今日,特将清室优待条件修正如左:

第一条　大清宣统帝从即日起,永远废除皇帝尊号,与中华民国国民在法律上享有同等一切之权利；

第二条　自本条件修正后，民国政府每年补助清室家用五十万元，并特支出二百万元，开办北京贫民工厂，尽先收容旗籍贫民；

第三条　清室应按照原优待条件第三条，即日移出宫禁，以后得自由选择住居，但民国政府仍负保护责任；

第四条　清室之宗庙、陵寝永远奉祀，由民国酌设卫兵，妥为保护；

第五条　清室私产归清室完全享有，民国政府当为特别保护，其一切公产，应归民国政府所有。

[2] 中国第二历史档案馆《中华民国史档案资料汇编　第二辑》，江苏人民出版社 1981 年版，72 页。

[3] 民国·赵尔巽《清史稿》，卷四百七十三，列传二百六十。

宣统二年，擢（张彪）湖北提督，加陆军副都统。三年，新军变，总督瑞澂弃城走，彪率卫队巷战，自夜至日午，不能支，退召水师。瑞澂劾以构变潜逃，诏革职，图后效。复充湘豫鄂援军总司令，率残军保汉口。禁卫军及北洋军南下，督队先驱，屡有克捷。既复汉阳，还原官。官军请改共和，要彪署名，力却之，遂称病去，东渡日本。归寓津，筑张园自隐。乙丑，迎跸驻园，供张服用，夙夜唯勤。丁卯秋，病笃，见驾临视，已不能起，强启目含泪而逝，年六十八。

造访永祚寺

吃完早饭,看看离开车还有点时间,插空打了一辆专车直奔双塔寺,也叫永祚寺。久居晋阳城,但从没有造访过晋阳的象征性建筑——永祚寺,都说熟悉之地无风景,就是这个样子。

> 清晨入古寺,初日照高林。
>
> 曲径通幽处,禅房花木深。
>
> 山光悦鸟性,潭影空人心。
>
> 万籁此都寂,但余钟磬音。[1]

想起这首古诗,想想也就是眼前的这个样子。

知道双塔的厉害还是因为梁思成和林徽因,他们在 1937 年曾赴山西寻找唐代木制建筑,两人穿着讲究,还坐着新式轿车,挎着莱卡相机,尤其是梁思成,名片上印着各种头衔,乡下人哪见过这阵势?当时又是阎锡山治下,梁启超说什么也算阎锡山的老领导,所以沿途特给二人面子。双塔是他们的必经之地,他们爬上爬下搞测绘,梁思成负责用莱卡相机照相,林徽因则负责绘图。那时人都吃不饱,搞建筑研究的在普通人眼里基本上属于吃饱了撑的类型,好比几十年前我们看老外的各种极限运动,也是属于吃饱了撑的类型。现在我们都吃饱了,肯定有撑得不知所措的人,并且会越来越多,所以我们的文艺事业也日渐发达,热衷极限运动的也大有人在。你看王石有事没事就召集一帮霸道总裁挑战各类雪山,就是精力严重过剩的后果,结果最后还是过剩,怎么办?就去哈佛上学,捎带谈一场恋爱。

说起梁思成和林徽因在山西如何获得礼遇,有文献为证,他们俩的老朋友,也是同伴的费正清在《费正清中国回忆录》里有详细描述:

> 我们还见识到梁思成用老派的上层社会方式与军官和地方官员打交道。例如,当我们在寺庙和军队争用露营地的时候。他虽人很瘦小,而且有点跛脚,但是他表面上看充满自信,穿着也很现代。他低调,礼貌而恭敬地将其名片递出,上面印满了各种头衔和机构团体,高雅的谈吐中时不时会提及几个名人,这时候谈话的对象也会变得越来越有礼貌并开始想方设法地帮助我们。这展现了如何利用旧中国统治阶级地位的有利条件使事情顺利开展。[2]

还记得见过一幅老照片,当时一位传教士叫李提摩太,曾在这座双塔处留影,他是山西大学堂的创办人,外国人都视中国古建筑为宝贝,因为它是中国古典文明的精华所在,我们却见怪不怪都把它们当破烂,恨不能扒了它盖自家的房子。当年英法联军火烧圆明园,他们纵火劫掠是首犯,但之后数十年如一日地"劫掠"圆明园的是住在海淀区的市民,隔三岔五翻墙进去顺点宝贝,最后刮地皮,拿筛子筛,反正是爱新觉罗家的,不拿白不拿。

梁思成和林徽因当年做建筑研究的那股范儿可谓空前绝后,现在设计院里的人哪有那股架势。巧合的是,当梁思成和林徽因费了九牛二虎之力在五台山找到唯一一座唐代木制建筑时,那天恰是 1937 年 7月 7 日。覆巢之下岂有完卵?日本人也在找中国的唐代建筑呢。

永祚寺是明朝万历二十七年开建的,也就是 1599 年,算是世纪之交。塔没有什么稀奇的,不过地处太原市的东山之巅,空气奇佳,主要是没人,就三五个人在参观,比里面的僧人还少;不过有稀奇的,是这里的碑帖,从王羲之、王献之到褚遂良、颜真卿、虞世南、怀素、张旭、米芾、苏轼、朱熹、蔡襄、黄庭坚、文徵明、赵孟頫、董其昌、傅山，几乎囊括了古今所有的大书家，满满的几面墙，够你看一阵子的。不过，搞书法的，也属于吃饱了撑的类型，吃不饱，连悬腕都悬不起来。在古代，你看唐宋是书家盛世，那时候人都能吃饱，就琢磨这些事，凡吃不饱的年代必是文艺凋敝的年代。话说二十世纪五六十年代，你看我们的北京城，那些盖的建筑，一个比一个丑，each one is more ugly than other one，有哪几个能比得上故宫？你说不拆迁还等啥呢？后来好在整了国家大剧院、"大裤衩"、"鸟巢"等等，一下子洋范起来，谁敢说我们土？

　　收集这些碑帖的是康熙年间的太原知府，名字叫李清钥，他不是山西人，是辽宁铁岭人，"大城市"出来的人，本山大叔的老乡。清朝时铁岭是名副其实的大城市，那是努尔哈赤的老家地界，龙兴之地，再小那也是大。

注释：

[1] 唐·常建《题破山寺后禅院》。

[2] 美·费正清《费正清中国回忆录》，闫亚婷、熊文霞译，中信出版社 2013 年版，109 页。

文章千古事

雨中爬上昆明东郊的鸣凤山,为的是一睹吴三桂的金殿,说是金殿,实为铜殿。雨中的金殿游人不多,旁边的院落里一地落花,无人欣赏,一阵幽香拂过,似乎当年的陈圆圆刚刚走过。

吴三桂先降清,然后又反清,其实是在做生意,就看谁的出价高,最后落得汉人不齿,大清厌弃,成为中国历史上成王败寇的一大反面教材。假如吴三桂真能华丽转身,篡了大清的江山,绝对是卧薪尝胆的勾践第二,可惜,勾践舍了西施报了大仇,吴三桂赢回陈圆圆却换来了忍气吞声。

在金殿的文物馆的楹联柱上,猴王看到一副对联:

上联:金钟自明初音起,伴建文遁隐,悼永历缢崩,讽三桂倒戈,庆松坡护国,几番风雨几番愁,声诉沧桑珍盛世

下联:殿宇从北极飞来,引鹦鹉啼春,教凤凰鸣瑞,迎吕仙踏翠,牵闽梦寻踪,无际云天无限碧,翠挑日月挂繁星

明朝的第二个皇帝建文帝朱允炆斗不过他的叔叔燕王朱棣,传说遁隐于此,朱棣到处寻他,据说派郑和七下西洋的一大目的就是寻找他的踪迹,后来实在没有了音讯加之江山稳固而作罢,朱棣的担心不是多余。后来南明最后一个皇帝永历帝朱由榔兵败逃进缅甸,被缅王收留,当时东南亚有很多中国的附属国,找一个避难之所还是很容易的。可

惜吴三桂做事够绝,发兵侵入缅甸,缅王只得交出朱由榔,可怜的朱由榔被吴三桂逼迫在此地自缢而亡。吴三桂临阵倒戈输了大明江山丢了气节,蔡锷护国讨袁再造共和赢得了美名。这副楹联记述了明初到民国在此地发生的历史,一唱三叹,颇为工整,临末,作者还不禁感叹旧事之沧桑,亦呼吁我辈需珍惜今日之繁盛,可谓薄古而厚今。

中国古典文化的一大精华在楹联,文采飞扬,谈古论今,对仗工整且富有哲理,寄存于山水之间,给山水增添灵气,令人每每读之回味无穷,受益匪浅。

猴王很喜欢成都武侯祠里的一副楹联:

> 能攻心,则反侧自消,自古知兵非好战
>
> 不审势,即宽严皆误,后来治蜀要深思

这副对联是清末官至四川按察使的云南剑川人赵藩所撰,题写在武侯祠,当然说的是诸葛亮的事情了。

《三国志》记载:

> 谡送之数十里。亮曰:"虽共谋之历年,今可更惠良规。"谡对曰:"南中恃其险远,不服久矣,虽今日破之,明日复反耳。今公方倾国北伐以事强贼。彼知官势内虚,其叛亦速。若殄尽遗类以除后患,既非仁者之情,且又不可仓卒也。夫用兵之道,攻心为上,攻城为下,心战为上,兵战为下,愿公服其心而已。"亮纳其策,赦孟获以服南方。故终亮之世,南方不敢复反。[1]

诸葛亮听了马谡的建议,采用攻心法七擒七纵孟获安定了南方,从此腾出手来全力北伐。虽然马谡后来大意失街亭,诸葛亮不得已挥泪斩马谡,但马谡绝不是纸上谈兵的赵括,还是有两把刷子的。这番攻心术很是高明,我们允许关羽大意失荆州,就不许马谡失街亭?这不公平。历史需要全面地来看,功是功,过是过,不要动不动就好的成了神,坏的成了魔。

按察使相当于我们如今的省委政法委书记,专管公检法,也算是不小的官了,赵藩治蜀的体会都体现在这副对联里,鉴古而知今。游览武侯祠的游客,只要是有心人,莫不驻足玩味其中的道理。

> 世外人法无定法,然后知非法法也
>
> 天下事了犹未了,何妨以不了了之

这是悬挂于新都宝光寺的一副对联。据说毛泽东很欣赏武侯祠和宝光寺的这两副对联,并嘱咐被派往四川的官员,在上任前要好好看看这两副对联,理解其中的深意。实话说,前一副对联还好理解,后一副实在是高深莫测。猴王观之,武侯祠联乃是儒家联,这一副联乃是道家联,言中国事,无外乎儒释道三法,知儒释道则知中国也。当年陶渊明、陆静修和慧远同住庐山,陶渊明无疑为儒家,陆静修为道家,慧远乃为高僧,当然是佛家了,三人经常于东林寺畅聊,每次分手,慧远都不会送过虎溪,传说,一过虎溪,山上的神虎就要大吼:快回来。一日三人聊得兴起,一直过了虎溪,山上神虎果然大叫,三人相视而笑,就此作别。清朝文人唐英在庐山东林寺三笑亭题了一联:

> 桥跨虎溪,三教三源流,三人三笑语
>
> 莲开僧舍,一花一世界,一叶一如来

话说名声最大的长联,号称天下第一长联者,莫过于昆明滇池大观楼的对联了。说来也巧,题写者正是题写成都武侯祠名联的赵藩,云南正是他的老家,这次他留下的只是墨宝,作者却是孙髯:

> 上联:五百里滇池,奔来眼底。披襟岸帻,喜茫茫空阔无边。看东骧神骏,西翥灵仪,北走蜿蜒,南翔缟素。高人韵士,何妨选胜登临。趁蟹屿螺洲,梳裹就风鬟雾鬓;更苹天苇地,点缀些翠羽丹霞。莫辜负四围香稻,万顷晴沙,九夏芙蓉,三春杨柳
>
> 下联:数千年往事,注到心头,把酒凌虚,叹滚滚英雄谁在。想

汉习楼船，唐标铁柱，宋挥玉斧，元跨革囊。伟烈丰功，费尽移山心力。尽珠帘画栋，卷不及暮雨朝云；便断碣残碑，都付与苍烟落照。只赢得几杵疏钟，半江渔火，两行秋雁，一枕清霜

180 字的长联横跨数千年的历史，汪洋恣肆，大气磅礴，绝无仅有。猴王不禁弱弱地问，如今这蓝藻暴发、臭气熏天的滇池可是那"四围香稻，万顷晴沙，九夏芙蓉，三春杨柳"的滇池？别说辜负了这幅大好景色，我们首先不能辜负的是这大观楼上的名联啊！

去年两会的时候，李克强总理吟咏了晋祠里的一副对联：

同声相应，同气相求，同人共乐千秋节

乐不可无，乐不可极，乐事还同万众心

这是挂在晋祠傅山纪念馆门上的一副对联，由清末举人刘大鹏撰写。可惜，晋省的高官里有几人留意过这副对联？又有几人理解其中的深意？

晋祠里还有一幅李世民撰写的楹联："文章千古事，社稷一戎衣。"在离其不远的晋中市常家庄园里也有一副对联："拥林万亩，眼底沧浪，方悟种德若种树；存书万卷，笔下瀚海，才知做文即做人。"说得多好！古往今来，问鼎江山者不过是打打杀杀，后遗症太大；真正有价值的，能够穿越古今的，并且能够打动人心的是文章，斯人虽已去，文章却永存。

注释：

[1] 西晋·陈寿《三国志》，卷三十九，董刘马陈董吕传第九。

圆明园之殇

致巴特勒上尉的信(Lettre au capitaine Butler)[1]

先生您征求我对远征中国的意见。您认为这次远征是体面的,出色的。多谢您对我的想法予以重视。在您看来,打着维多利亚女王和拿破仑皇帝双重旗号对中国的远征,是由法国和英国共同分享的光荣,而您想知道,我对英法的这个胜利会给予多少赞誉。

既然您想了解我的看法,那就请往下读吧:

在世界的某个角落,有一个世界奇迹。这个奇迹叫圆明园。艺术有两个来源:一是理想,理想产生欧洲艺术;一是幻想,幻想产生东方艺术。圆明园在幻想艺术中的地位就如同巴特农神庙在理想艺术中的地位。一个几乎是超人的民族的想象力所能产生的成就尽在于此。和巴特农神庙不一样,这不是一件稀有的、独一无二的作品;这是幻想的某种规模巨大的典范,如果幻想能有一个典范的话。请您想象有一座言语无法形容的建筑,某种恍若月宫的建筑,这就是圆明园。请您用大理石,用玉石,用青铜,用瓷器建造一个梦,用雪松做它的屋架,给它上上下下缀满宝石,披上绸缎,这儿盖神殿,那儿建后宫,造城楼,里面放上神像,放上异兽,饰以琉璃,饰以珐琅,饰以黄金,施以脂粉,请同是诗人的建筑师建造一千零一夜的一千零一个梦,再添上一座座花园,一方方水池,一眼眼喷泉,加上成群的天鹅、朱鹭和孔雀,总而言之,请假设人类幻想的某种令人眼花缭乱的洞府,其外貌是神庙,是宫殿,那就是这座名园。为了创建圆明园,曾经耗费了两代人的长期劳动。这座大得犹如一座城市的建筑物是世世代代的结晶,为谁而建?为了各国人民。因为,岁月创造的一切都是属于人类的。过去的艺术家、诗人、哲学家都知道圆明园,伏尔泰就谈起过圆明园。人们常说:希腊有巴特农神庙,埃及有金字塔,罗马有斗兽场,巴黎有圣母院,而东方有圆明园。要是说,大家没有看见过它,但大家梦见过它。这是某种令人惊骇而不知名的杰作,在不可名状的晨曦中依稀可见,宛如在欧洲文明的地平线上瞥见的亚洲文明的剪影。

这个奇迹已经消失了。

有一天,两个来自欧洲的强盗闯进了圆明园。一个强盗洗劫财物,另一个强盗在放火。似乎得胜之后,便可以动手行窃了。他们对圆明园进行了大规模的劫掠,赃物由两个胜利者均分。我们看到,这整个事件还与额尔金的名字有关,这名字又使人不能不忆起巴特农神庙。从前他们对巴特农神庙怎么干,现在对圆明园也怎么干,不同的只是干得更彻底,更漂亮,以至于荡然无存。我们把欧洲所有大教堂的财宝加在一起,也许还抵不上东方这座了不起的富丽堂皇的博物馆。那儿不仅仅有艺术珍品,还有大堆的金银制品。丰功伟绩!收获巨大!两个胜利者,一个塞满了腰包,这是看得见的,另一个装满了箱箧。他们手挽手,笑嘻嘻地回到欧洲。这就是这两个强盗的故事。

我们欧洲人是文明人,中国人在我们眼中是野蛮人。这就是文明对野蛮所干的事情。

将受到历史制裁的这两个强盗,一个叫法兰西,另一个叫英吉利。不过,我要抗议,感谢您给了我这样一个抗议的机会。治人者的罪行不是治于人者的过错;政府有时会是强盗,而人民永远也不会是强盗。

法兰西吞下了这次胜利的一半赃物,今天,帝国居然还天真地以为自己就是真正的物主,把圆明园富丽堂皇的破烂拿来展出。我希望有朝一日,解放了的干干净净的法兰西会把这份战利品归还给被掠夺的中国,那才是真正的物主。

现在,我证实,发生了一次偷窃,有两名窃贼。

先生,以上就是我对远征中国的全部赞誉。

维克多·雨果(Victor Hugo)

1861 年 11 月 25 日于高城居

立夏后的一天,我站在圆明园的海晏堂,在大水法的残垣断壁间给小猴王诵读雨果的信。细雨中的圆明园游人稀稀拉拉,人们撑着伞或披着雨衣在坍塌的宫殿前争相留影,一百五十多年前的事早已经烟消云散,大多数人来此地只是满足好奇心或是旅行社安排的北京游必有的行程之一。

雨果文中提到的额尔金(Lord Elgin)只是一个苏格兰勋爵的名称,并不是人名,它是苏格兰詹姆斯·布鲁斯家族的封号。我们所熟知的额尔金是小额尔金,他是随着第二次鸦片战争的战舰来到中国,作为英国女王的全权代表来办理对华交涉,相当于特使加全权大使。有人说如果不是咸丰皇帝虐待参加谈判的代表,让额尔金在《泰晤士报》的记者好友托马斯·鲍尔比死于非命,他不会如此盛怒而做出火烧圆明园这样昏头的决定。这种猜测虽过了一百五十多年,依然还在重复地争论着,正如早先 BBC 所作的报道(2015 年 2 月 2 日)——"The palace of shame that makes China angry(圆明园蒙羞让中国人愤怒)",作者恰是当年那个托马斯·鲍尔比的后代 Chris Bowlby。关于焚毁的决定出炉的背景,他如此写道:

But loot was an established part of army pay, and Elgin helped organize an auction of the many thousands of works of art and other objects that had been taken. The army tradition was to share out the spoils, with officers and other ranks taking their cut, and some of the cash used to compensate the families of dead or wounded soldiers.

That might have been the end of the pillaging and destruction.

But then news emerged that the delegation that had gone to negotiate Chinese surrender had been taken prisoner. Some members, including the journalist Bowlby, were tortured and murdered.

"For three days the men were tied up, and for three days their bandages were soaked with water so that they would become tighter and tighter," says historian Vera Schwarcz. "Every time they begged for water their mouths would be filled with dirt." Eventually several prisoners died, their corpses hardly recognizable.

In response, Lord Elgin ordered the British troops to burn down the entire Summer Palace complex.

The destruction, he wrote later, was intended "to mark, by a solemn act of retribution, the horror and indignation... with which we were inspired by the perpetration of a great crime".

He was worried about his reputation back in Britain, too. "What would *The Times* (newspaper) say of me," he reportedly told a French commander, "if I did not avenge its correspondent?"

但是战利品向来都是军饷的来源之一,额尔金组织了一个拍卖会,按军队的惯例来分战利品,将数以千计的宝物分给军官和士兵,得来的一些现金用来抚恤死者家属和伤员。

破坏原本可以到此为止。

但是坏消息传来:此前去谈判的代表团被囚禁,包括鲍尔比在内的一些人被酷刑折磨而死。

"他们被泡过水的绳子捆了三天,随着时间推移,绳子因吸水,会越捆越紧,"历史学家 Vera Schwarcz 说,"每当他们乞求给点水喝时,嘴里就会被塞上秽物。"几名囚徒最后死掉时,尸体已面目全非。

作为回应,额尔金勋爵下令军队焚毁整个圆明园。(笔者按:不止圆明园,还包括西郊所有的三山五园)

对于这场浩劫,他辩解道:我们意图"用庄严的复仇来表达我们的憎恶和愤怒,这都是因这场巨大的罪行而引起的"。

他还担心过自己回到国内后的名声,据说他曾经对一位法国指挥官说:"如果我不为他们的记者报仇,《泰晤士报》会怎么说我呢?"

额尔金难道就不会想一想,他焚毁了人类的一大奇迹,《泰晤士报》记者,甚至全世界的记者会怎么说他呢?别说《泰晤士报》了,大文豪雨果就没放过他。事件过了仅仅一年,雨果就愤怒地写了上述这封信,已然把强盗的罪名贴在了他的脑门上。

当然人们还有另一个猜测,正如雨果信中所提到的,"我们看到,这整个事件还与额尔金的名字有关,这名字又使人不能不忆起巴特农神庙。从前他们对巴特农神庙怎么干,现在对圆明园也怎么干,不同的只是干得更彻底,更漂亮,以至于荡然无存"。老额尔金当年毁了古希腊的巴特农神庙,他的儿子小额尔金下令焚毁了圆明园,这真是一个强盗世家,有其父必有其子,掠夺和焚毁艺术品的习性宁有种乎?人们有理由怀疑这是一个家族的怪癖。不过,宗教常讲因果和报应,老额尔金毁掉巴特农神庙不久后就得了离奇的怪病,几乎毁了容,小额尔金呢,烧掉圆明园之后的第三年就在印度死掉了。

以猴王之见,焚毁圆明园的真实原因既不单是为了给什么好友记者复仇,也不是什么家族癖好的遗传,愤怒的人终究会做出一些非理性的举动,尤其是在非理性的战争背景下,但这都不是主要原因。当年的小额尔金已经击溃了清朝守军,把清朝皇帝赶出了京城,已经掠夺了皇帝藏有的无价之宝,还盘算着签订新的条约攫取新的利益,第一次鸦片战争中他们已经尝到了甜头,这次,他们胃口更大,并且即将达到目的,在此关头,焚毁圆明园纯粹是多余的节外生枝的动作,损人而不利己,所为者何?

究其真实原因,猴王猜测,其实源于他内心深处的嫉妒,只有妒火中烧的人才会摧毁别人拥有而自己却无法拥有的美好的事物,譬如恋爱中昏了头的人,宁可毁掉自己心爱的人也不愿让别人得到。

于尖船利炮这些工业革命的玩意,额尔金他们很自负,他们的阿姆斯壮大炮(Armstrong gun)不是令清朝军队战栗不已吗?但是对于如此仙境般的园林山水,他们却很自卑,当年托马斯·鲍尔比的笔下也证实了这一点:

> Once they had arrived in China Bowlby wrote in his newspaper reports and private diary of his admiration for aspects of Chinese life—its fine buildings and admirably cultivated gardens.
>
> 当他们到达中国之后,不论在他的报纸的报道里还是在他的私人日记里,鲍尔比对中国生活的美慕之情溢于言表,尤其是那些优美的建筑和令人美慕的优雅的花园。

正如雨果所说的,在欧洲,所有大教堂加起来,也没有圆明园里的财宝多,同样,所有的欧洲王室加起来,也造不出这样规模的园子来。

既然造不出来,我就毁掉她,彼时的额尔金犹如魔鬼附体。历史上这样魔鬼附体的人很多,咱中国历史上也不乏其人,自从阿房宫被付之一炬后,江山就代有纵火者。

额尔金进入圆明园后并没有马上下令焚毁,他游览了近两个星期后才煞有介事地贴出要火烧圆明园的公告,这应该是在他把园内可移动的宝贝都据为己有之后,或许那时他正站在圆明园最高处俯瞰这旷世美景,感叹美景虽美,却无法带走,自己得不到,那么谁也甭想得到。嫉妒的人从来没有正常逻辑可言。

英法联军中英国军队的首领是格兰特(James Hope Grant),全权代表是额尔金,一武一文,一位是大提琴手,一位是国际象棋的高手,都是受过良好教育的"文明人",不会不懂圆明园的独特价值。只能说,他们要破坏的恰恰就是这份独有的价值,他们想以此非常规手段来达到刺伤咸丰皇帝自尊的目的,同时教训一下这个拒绝屈服的古老民族。

要说还能透露出什么其他信息,那就是彼时的英法似乎还不打算占领和瓜分中国,如果他们有意识占领这片土地,他们就不会摧毁已经到手的宝贝了,这与后来的日本人还是有区别的,强盗也是分等级的。

再八卦一下,据说当年给英法联军带路的是位名门之后,他的名字叫龚孝拱,龚自珍的儿子。据《清朝野史大观》记载:"定庵(龚自珍)子孝拱,晚号半伦。半伦者,无君臣父子夫妇兄弟朋友,而尚嬖一妾,故曰半伦云。半伦少好学,天资绝人,顾性冷僻而寡言语,好为狭邪游。中年益寥落,至以卖书为活。英人威妥玛立招贤馆于上海,与之语,大悦之,旅沪西人均呼为龚先生而不名,月致百金以为修脯。庚申之役,英以师船入京,焚圆明园,半伦实与同往。单骑先入,取金玉重器而归。"[2] 当然这是野史,在正史里没有记载,孤证不足为凭,不过,可以肯定的是,首先劫掠的是英法联军,然后是圆明园附近村民们开始趁火打劫,打劫的饕餮盛宴一场接着一场,直到给我们留下来这残垣断壁,一地伤感。

圆明园的大火烧完了吗？明火已灭,暗火熊熊,只要那些被劫掠的宝贝还在大英博物馆,火就永远在中国人的心里燃烧。

注释：

[1]〔法〕雨果《就英法联军远征中国给巴特勒上尉的信》,程增厚译,《雨果文集》第11卷,人民文学出版社2006年版。

[2]小横香室主人《清朝野史大观》,卷十,清朝艺苑,龚半伦传。

古镇印象

古运河申遗成功,运河两边的很多江南古镇开始躁动起来。从京杭大运河南边的塘栖古镇到北边的古北水镇,还有中段的台儿庄古镇,漕运和货运的功能早已经退出了历史舞台,有的只是怀旧,如颓院芳草,如陋巷美人……

2014年6月,我在杭州的塘栖古镇——运河边上的一座千年古镇——冒雨拍了夜景,与无锡南下塘的古镇相比,这里没有多大的区别。那天天公作美,下着瓢泼大雨,游人很少,所以倒是拍了几张令自己感到非常得意的片子,特别是一对情侣相拥从我身旁经过,然后消失在灯火阑珊的尽头,那温馨的画面,至今令人回味。

当时的画面是这样的:我左手撑着伞,右手举着相机。这定力和臂力像不像狙击手在训练?

稍早前去过乌镇、同里、周庄和锦溪,古镇的格局大同小异,看多了古镇,有点审美疲劳,不禁有些感慨,当它们以盆景的模样示人时总有点怪怪的感觉,游人是如织,商家是亢奋,夜景是炫目,但感觉有点用力过猛,好比一位天生丽质的少女非要浓妆艳抹一般,倚门卖笑与在闺阁上"巧笑倩兮"当然是有本质区别的。

在西湖的苏堤上散步时,发现苏堤的一边都被帆布蒙了起来,原来是张艺谋的所谓"印象西湖"在表演,说实在的,猴王很反感这种粗劣的包装,苏轼早就说过,"欲把西湖比西子,淡妆浓抹总相宜",老谋子何必要多此一举呢?这就好比给青山刷一层绿漆,或者给悬崖安装一部电梯一样,用力过猛,过犹不及。

不过,历来是批评容易,拿出解决方案难,猴王也不能免俗。仔细想一想,这些运河边的江南古镇之所以能繁盛千年,那是因为运河承载着南北漕运、盐运和货运的功能近千年,所以,沿岸之商业设施伴随运河而生,如雨后之春笋,这是一件再自然不过的事了。而如今古运河的运输功能基本上已退出了历史的舞台,与发达的现代航运和陆运相比,运河成了一条景观河,与其结伴的古镇自然也难免式微,以我们当下的折腾水平,恢复她们的外表是小菜一碟,但是填补她们的内容却很难。所以,古镇难免成为一个超大的灯光的盆景,或成为庸俗商业的附庸。

乌镇由于中青旅的全盘接手,由内而外的打磨,算是商业与古镇结合得不错的案例。据说他们盘活的另一座古镇,北京密云的古北水镇,一到周末,订个房间都难,火得不得了。那也是一座运河边的古镇,坐落于长城脚下。在京杭大运河的中段还有座古镇,名曰台儿庄,当地政府也是以倾城之力把她恢复了起来。希望她们都不是孤例。

有人说,城市不是规划出来的,是自然长出来的,一个城市有她的灵魂。老话说,没有复盛公,就没有包头城。包头,一个本是晋商当年进行中俄贸易时临时歇脚的地方,慢慢发展成了一个城市,这是事先谁也没有想到的,清政府也没有刻意地去规划,她就那样自自然然地在草原上长了出来,倒是现在我们的规划能力和技术手段让古人望尘莫及,不过,好像城市病却越来越多。

如何保护这些古镇,让她们以尽可能自然的状态融入我们的生活,猴王没有答案,您呢?

饮食南北

夫人做的豆角肉丝焖面,就着大蒜,爽歪歪,晚上无社交活动,可以放肆一下。说起生吃大蒜,想起上世纪末第一次到上海,几个北方来的兄弟在虹口区四川北路附近的路边店吃炒面,面端上来了,不着急动筷子,问老板:有蒜吗?老板一脸狐疑:要蒜做甚?吃呗!老板从后厨拿了几瓣蒜,我们几个三下五除二,剥了蒜就着面吃得那叫一个香。吃着吃着,有点异样,看到周围人都看着我们,像看动物园里的动物一样。后来才知道上海人是不生吃大蒜的,主要是因为那个味儿,写字楼里一个个小资穿得衣冠楚楚的,喷着香水,又是封闭的环境,某个人吃瓣大蒜还不把大家给熏着。

我有位亲戚更夸张,其人刚分配到上海工作不久,他说,在单位食堂里,只要是厨师往油里放一瓣蒜,嗞啦一声,整个单位楼上楼下都能闻到蒜味,所以,他到上海后从来不吃蒜。当时我就觉得他矫情,不就是农民的儿子嘛,刚来上海没几天就装贵族。

在吃大蒜这件事上,山西和山东真是两兄弟,这两个地方的人都爱吃面,也都离不开大葱和大蒜,山东更明显,到了餐馆,桌子上必有一盘蒜,山西则必有一瓶醋。来上海之前,多在山东出差,这吃蒜的嗜好得到了"发扬光大"。记得我出差去的那个厂子,负责接待我们的厂办主任是一位典型的山东美女,宽盘大脸宽肩膀。我观察到,我们一起吃饭时,她也生吃大蒜。要不说山东人健康,山东的女人首先战斗力强,几瓣大蒜下肚,生几个娃算什么!遥想当年武松上景阳冈,打死老虎不是偶然,那一定是牛肉、酒精和大蒜混合后的强大力量,画面一定是这样的:店小二,好酒好菜只管拿来,再来几瓣大蒜。

或许是山东人都吃生蒜,整个空气里弥漫的都是蒜味,久而久之,大家也就习惯了。古话怎么说的?入芝兰之室,久而不闻其香;入鲍鱼之肆,久而不闻其臭。不过,到了满是香水味道的上海滩,这蒜味可就是大麻烦了,黄浦江上的风再大,也吹不走这恼人的蒜味啊!我得好好想想,当初刚到上海时面试失利的那几份工作是不是因为俺吃完蒜忘吃口香糖了,一定是把面试的美女熏倒了,说不定我转身出门时,人家会在牙缝里挤出三个字:乡乌银。

在上海工作后,逐渐发现,上海人做饭爱放姜,也许是上海冬天阴冷的缘故,姜有发热功能,也兼具辣味,且无挥发性气味,所以,深受青睐。当然到北京以后,生吃大蒜的场合也很少了,但北京烤鸭是必要卷着大葱吃的,不过,别担心,等你出门时,细心的服务员会递上一支口香糖。

说起南北的饮食差别,《洛阳伽蓝记》里讲了一个故事[1]。南北朝时,北边是鲜卑人拓跋氏的政权,他们先是建都平城(大同),后来迁都洛阳,一步步汉化,虽如此,但是毕竟还是胡人,饮食习惯还是以牛羊肉和奶制品为主,而南朝是西晋士族南渡之后的汉人王朝,饮食习惯以江南特色为主。当时有一位北魏的尚书令,名叫王肃,本来是南朝齐琅琊(临沂)人,公元 495 年偷渡归顺了北魏,当时正是拓跋宏刚刚迁都洛阳的第三年,百废待兴,鲜卑人正需要人才,王肃是正儿八经的儒生,饱学之士,自然得到重用。王肃到了洛阳后,依旧保持江南的饮食习惯,不吃羊肉和奶酪,只吃鲫鱼羹、喝茶,北朝人都说他一饮一斗,像有漏洞的酒瓶,意为量大。有一次,拓跋宏请王肃吃饭,王肃吃了不少羊肉和奶酪,拓跋宏很奇怪,就问他:你说中国的美食里,羊肉与鱼羹相比怎么样？奶酪与茶水相比怎么样？王肃答：羊肉是陆地上之最，鱼肉是水里之长，都是美味，只是人们所好不同而已，不过，从味道上来讲，还是有优劣之分，羊肉好比齐、鲁大邦，鱼肉好比邾、莒（春秋时的小诸侯国）小国，茶水则比不上奶酪，好比奶酪的奴仆。王肃一看就是个机灵鬼，拍马屁于无形，拓跋宏大笑，当场说了一个谜语，让诸位大臣猜："三三横，两两纵，谁能辨之赐金钟。"有大臣猜出是"习"字，为什么？"三三横"和"两两纵"是"羽"，"金钟"指的是"大酒杯"，古代"白"有酒杯的意思。拓跋宏在此的深意是南北人饮食的不同在于"习惯"不同而已。拓跋宏不愧为中国少数民族里第一个具有跨民族眼光的伟人，公元 493 年，他力排众议将北魏都城从大同迁到洛阳，这得有多大的勇气啊！

　　若一个人要对中国做充分的了解，我建议他南北都要生活一段时间，体验一下北方的粗犷和大方，了解一下南方的婉约和细腻，中和一下方才完美。

注释：

[1] 北魏・杨衒之《洛阳伽蓝记》，卷三。

劝学里东有延贤里，里内有正觉寺，尚书令王肃所立也。肃字恭懿，琅琊人也。伪齐雍州刺史奂之子也。赡学多通，才辞美茂，为齐秘书丞。太和十八年，背逆归顺。时高祖新营洛邑，多所造制，肃博识旧事，大有裨益。高祖甚重之，常呼王生。延贤之名，因肃立也。肃在江南之日，聘谢氏女为妻。及至京师，复尚公主。其后谢氏入道为尼，亦来奔肃。见肃尚主，谢作五言诗以赠之。其诗曰："本为箔上蚕，今作机上丝。得路逐胜去，颇忆缠绵时。"公主代肃答谢云："针是贯线物，目中恒任丝。得帛缝新去，何能纳故时。"肃甚有愧谢之色，遂造正觉寺以憩之。肃忆父非理受祸，常有子胥报楚之意。卑身素服，不听音乐，时人以此称之。肃初入国，不食羊肉及酪浆等物，常饭鲫鱼羹，渴饮茗汁。京师士子道肃一饮一斗，号为"漏卮"。经数年已后，肃与高祖殿会，食羊肉酪粥甚多。高祖怪之，谓肃曰："卿中国之味也。羊肉何如鱼羹？茗饮何如酪浆？"肃对曰："羊者是陆产之最，鱼者乃水族之长。所好不同，并各称珍。以味言之，甚是优劣。羊比齐、鲁大邦，鱼比邾、莒小国。唯茗不中，与酪作奴。"高祖大笑，因举酒曰："三三横，两两纵，谁能辨之赐金钟。"御史中尉李彪曰："沽酒老妪瓮注瓨，屠儿割肉与秤同。"尚书左丞甄琛曰:"吴人浮水自云工,妓儿掷绳在虚空。"彭城王勰曰:"臣始解此字是'习'字。"高祖即以金钟赐彪。朝廷服彪聪明有智,甄琛和之亦速。彭城王谓肃曰:"卿不重齐、鲁大邦,而爱邾、莒小国。"肃对曰:"乡曲所美,不得不好。"彭城王重谓曰:"卿明日顾我,为卿设邾、莒之食,亦有酪奴。"因此复号茗饮为酪奴。时给事中刘缟慕肃之风,专习茗饮。彭城王谓缟曰:"卿不慕王侯八珍,好苍头水厄。海上有逐臭之夫,里内有学颦之妇,以卿言之,即是也。"其彭城王家有吴奴,以此言戏之。自是朝贵宴会,虽设茗饮,皆耻不复食,唯江表残民远来降者好之。后萧衍子西丰侯萧正德归降,时元乂欲为之设茗,先问:"卿于水厄多少?"正德不晓乂意,答曰:"下官虽生于水乡,而立身以来,未遭阳侯之难。"元乂与举坐之客皆笑焉。

棒棰岛断想

棒棰岛酒店三面环山,一面临海,得天独厚的地理位置。

一进酒店房间,看到墙上是刘禹锡的种桃道士诗:

> 百亩庭中半是苔,桃花净尽菜花开。
>
> 种桃道士归何处?前度刘郎今又来。[1]

在猴王的上一书里[2]还特意提到刘禹锡和他的这首诗,人生乐观至此,刘梦得当为猴王一生的楷模。

人生不可能不争权夺利,尤其是荷尔蒙作用下的男性,但适可而止,适度而为,证明自己很 man 就行,何须非得称王称霸?韩愈说过,如果柳宗元当年真被唐宪宗重用为宰相,那么唐宋八大家铁定会少一人。韩愈真这么说过,有墓志铭为证,元和十五年(820),韩愈亲自为好友柳宗元写了墓志铭:

> 子厚前时少年,勇于为人,不自贵重顾籍,谓功业可立就,故坐废退。既退,又无相知有气力得位者推挽,故卒死于穷裔。材不为世用,道不行于时也。使子厚在台省时,自持其身,已能如司马刺史时,亦自不斥;斥时,有人力能举之,且必复用不穷。然子厚斥不久,穷不极,虽有出于人,其文学辞章,必不能自力,以致必传于后如今,无疑也。虽使子厚得所愿,为将相于一时,以彼易此,孰得孰

失,必有能辨之者。[3]

　　宰相俗务缠身,特别是中唐时期,宰相与宦官朋党纠缠不清,每天如履薄冰,战战兢兢,处理的都是一些扯淡的毫无价值的琐事,面对的都是一群人渣,这些人渣不是贪得无厌的节度使,就是做人全无底线的宦官。想想看,俺这位老乡估计也会烦透了,也肯定写不出《封建论》《永州八记》这些皇皇巨著来。皇帝给他放了大假,专门写文章,还有工资拿,没事就偷着乐吧!

　　　　其召至京师而复为刺史也,中山刘梦得禹锡亦在遣中,当诣播州。子厚泣曰:"播州非人所居,而梦得亲在堂,吾不忍梦得之穷,无辞以白其大人;且万无母子俱往理。"请于朝,将拜疏,愿以柳易播,虽重得罪,死不恨。遇有以梦得事白上者,梦得于是改刺连州。呜呼!士穷乃见节义。今夫平居里巷相慕悦,酒食游戏相征逐,诩诩强笑语以相取下,握手出肺肝相示,指天日涕泣,誓生死不相背负,真若可信;一旦临小利害,仅如毛发比,反眼若不相识。落陷阱,不一引手救,反挤之,又下石焉者,皆是也。此宜禽兽夷狄所不忍为,而其人自视以为得计。闻子厚之风,亦可以少愧矣。[4]

　　刘禹锡和柳宗元都因为永贞革新失败被一贬再贬。有一次,刘禹锡被贬播州,即今遵义境内,当时可谓人烟稀少之地,柳宗元知道刘禹锡还有年迈母亲,母子一别,何时能团圆?且路途遥远,不宜同往,他愿以条件好些的柳州来换播州,即使因此获罪也在所不惜。韩愈感叹道,柳宗元真是铁哥们啊,比那些平日里花言巧语、骗吃骗喝之徒强上百倍,真是"士穷乃见节义"。

　　推窗凭栏,窗外是浩渺的大海,仙山朦胧,直入眼帘,海鸥翔集,岸芷汀兰,想想看,人生乐事莫过于三大件:一件是有一座房子,面朝大海,春暖花开;一件是心中有一片可供思考和畅想的海洋,无拘无束,自己是自己的主宰;一件是有几位知己。第一件要难一点,那是需要很多银子的,需要做很多的妥协,第二件得来全不费工夫,第三件完全看造化了,可遇而不可求。

酒店前面是高尔夫球场,话说这高尔夫和小时候的玻璃球游戏无多大差别,差别是当年不限场地随处可玩的儿童少年,现在变成了大腹便便一人挥杆还需要几个跟班伺候的所谓成功人士。为此,还衍生出各种规矩,比如各种材质的球杆,各种专用的鞋,各种花哨的衣服,各种剪裁正好的草地,还发什么会员卡,想踩我的草地还得论资格,就差在门口树一个牌子,那啥啥啥和那啥啥啥不准入内。话说,小时候,俺村里的那野草坡,你随便踩,没那么多规矩,牛羊和人一律平等,都能入内。想当年,台球进入中国,就是一帮小混混在街头巷尾"薪火相传",一个个穿得歪七扭八,嘴上叼着烟头,身边还站着身材特棒的小女朋友,个个打得那叫一个好。自从无锡的那位丁俊晖先生夺了冠,咱这厢也开始穿上马甲,带上领结,坐在沙发上喝着专供水,还要求看球的不准出声,就像看大师的钢琴演奏会一样,俨然也是贵族运动了。要猴王总结一下,所谓贵族运动,一个字,就是"作"。

黎明即起,沿着山路,闻花香,阅鸟鸣,听远处海潮声,犹如婴儿的酣睡声。作家的觉实在太少,只怪上帝要他多操劳,忽然想起美国乡村音乐,偶感,中英文命之,或不能达意,见笑。

Country roads calls me go home

I hear her voice in the morning hours

Like a breeze brush my cheek

She reminds me of my home far away

Homesickness suddenly haunting my hairs

That I should have been home

Yesterday, Yesterday!

乡间路,唤吾归家

吾闻幽兰之声于晨间

如风拂其颊

田园将芜胡不归？

乡愁，陡生华发

我应归家

昨天，昨天！

说到诗，不得不提一下一首诗。在酒店的海滩边，刻有毛泽东手书的一首诗，诗名为"远望"，诗的作者不是毛泽东而是叶剑英，全诗如下：

忧患元元忆逝翁，红旗缥缈没遥空。

昏鸦三匝迷枯树，回雁兼程溯旧踪。

赤道雕弓能射虎，椰林匕首敢屠龙。

景升父子皆豚犬，旋转还凭革命功。

1965 年 8 月 24 日，叶剑英元帅到大连视察军事工作，下榻在棒棰岛宾馆，写下了这首七律，叶剑英存留的诗作很少，这是仅存的一首，颇有气魄，站在海边的人或多或少都会沾点大海的胸怀。

注释：

[1] 唐·刘禹锡《再游玄都观》。

[2] 侯兴国《历史岂有底稿》，浙江大学出版社 2015 年版。

[3][4] 唐·韩愈《柳子厚墓志铭》，作于唐宪宗元和十五年。

陈独秀的"独"和胡适的"适"

秋日的早上,晴空万里,遂带小猴子参观北大老红楼,当年五四运动的发源地。记得电影《开天辟地》里有一个镜头,许德珩跑进宿舍大喊:同学们,巴黎和会上我们被骗了,青岛割让给了日本!一时群情激愤,学生们冲出宿舍,火烧赵家楼,许德珩后来成为九三学社的创始人。

小时候读史书读到五四运动这段,其中说年轻学子是从北大游行到北洋政府再到天安门,心里嘀咕:当年学子们身体都很棒啊!从北五环到天安门,数十里地啊!他们都是健走健将吗?后来才知道,老北大的红楼在五四大街,故宫的东北边,景山公园的东侧,离民国的"风暴眼"并不远。当年新文化运动的两位主将,一位陈独秀,一位胡适,都在这里开坛讲过学,桃李满天下,《新青年》当时发行量将近两万份,北京城里能识文断字的几乎无人不读,可谓一纸风行,洛阳纸贵。

陈列柜里展出有陈独秀与鲁迅等人的来往信件,陈独秀的字实在是漂亮,字如其人,"一身诗意千寻瀑",金岳霖表扬林徽因的话用到陈独秀身上也是合适的。一个"独"字可真是他一生的真实写照!新文化运动,独树一帜;五四运动,独领风骚;缔造中共,独占鳌头;大革命失败,独走江湖。蒋介石让他当教育部部长,他断然拒绝,毛泽东邀请他回延安,他婉言谢绝,两头不买账;在狱中,老婆来送饭,不忘温存一下,狱卒要制止,他大怒:我身体有罪,性欲没罪。一介狂人,只因处在一个疯狂才能生存的时代。

陈独秀是秀才一枚，造反不是他的长项，不是谁想跨界就能跨界成功的，瞿秋白也和他一样，力不从心，投错了行，最后有了《多余的话》。鲁迅则很有自知之明，专心写自己的文章，做中国的巴尔扎克和马克·吐温，文字也一样是投枪和匕首，一样可以让敌人发抖，干自己擅长的事情就是成功。

1942 年，陈独秀于贫病交加中客死四川江津，没能看到抗战的胜利，若是他活着，抗战胜利后，他又会如何选择呢？恐怕还会"一枝独秀"吧。

话说这个繁体的"獨"字还真是有点意思，左边是反犬旁，右边是蜀，有一个成语曰蜀犬吠日，可见是多么的孤独。

胡适在美国取得洋博士学位，师从实用主义大师杜威，可谓少年得志，27 岁便被北大聘为教授，一时成为师生皆艳羡的人物，时人莫不以"我的朋友胡适之"为荣。胡适一直秉承"多研究些问题，少谈些主义"，属于温和的改良派，与陈独秀热衷于激进的共产主义学说形成对比。从新文化运动到五四运动，从北洋政府到民国政府，胡适基本顺风顺水，四平八稳，他鼓吹民主，要求行宪，与国共两党都保持着距离，也是两头不买账，但两头也都没有为难过他，他没坐过牢，也没颠沛流离过，一直与执政层保持着不远不近的距离，进退自如。抗战胜利后，他一度还有以无党派人士的身份参选民国总统的机会，虽是被蒋介石利用了一把，但之前他也得了个驻美大使当当，也算是部级干部了，可以说是文坛政坛皆春风得意，晚年旅居美国，也没遭受迫害。从个人角度而言，胡适的每一次选择都是最优的选择，有锋芒但不毕露，有性格但不任性，可谓实现了个人利益最大化，不愧是实用主义大师的门徒，以今日之视角观之，无可厚非，只要不侵害第三方，趋利避害乃人之本性。

胡适本名叫嗣穈，很晦涩的一个名字，后来改为胡适可见不是心血来潮，他一辈子都在践行着"适之"，适者生存。

　　1962 年,他因心脏病去世,蒋介石送挽联:"新文化中旧道德的楷模,旧伦理中新思想的师表",可谓极尽哀荣。不过,据说蒋在胡适去世当天的日记中写道:晚,闻胡适心脏病暴卒。在 3 月 3 日的"上星期反省录"里又写道:胡适之死, 在革命事业与民族复兴的建国思想言, 乃除了障碍也。猴王曾造访过斯坦福大学,与著名的胡佛塔擦肩而过,很遗憾,未能进去查阅一下蒋介石的日记,所以,只能说是"据说",不过,搞政治的人的脑子是真复杂倒是千真万确的!

　　都说性格决定命运,看来名字也决定命运,起名字绝不能马虎啊!

中国能大一统，为什么欧洲不能？

英国脱欧，意料之外吗？不，意料之内，我要是英国女王或卡梅伦，绝对支持脱离欧盟，虽然嘴上可以不说，但心里却明镜似的，早该退了，原因很简单，两条。

第一条，历史原因。英伦三岛与欧洲大陆隔海相望，本来就不是一伙的，虽然历史上英国王室与欧洲大陆王室有姻亲，但属表侄关系，若即若离，刚开始还亲昵，后来就越来越远了。从拿破仑战争，到第一次世界大战、第二次世界大战，英国基本幸免，欧洲都没有借血与火的熔炉锻造在一起，何况不大认同欧洲的英国呢？这个"游离分子"更不会自己跳进欧洲这个大熔炉里。

第二条，现实原因。欧盟算什么？一个松散的各怀心思的 party，几位混得不错的大佬天天请那些小兄弟吃饭，这些小兄弟还嫌饭菜咸了淡了；大佬们逢年过节还要发红包，群里的小兄弟还嫌红包太少，整天闹着退群。来自中东的那些远房亲戚更厉害，直接住进主人的客厅，随便到冰箱里拿吃拿喝，一点也不把自己当外人，主人还要顾及上等人、文明人的优雅，不敢怒也不敢言，忍不住批评了两句，人家就拿冲锋枪到你卧室里突突突突，英国一看这阵势，让我继续为你们埋单？没门，开溜。

那为什么中国能大一统呢？

首先要感谢秦始皇同志,从中国地图来看,两千多年前的秦国在中国版图上的位置相当于欧洲的白俄罗斯位置,白俄罗斯属内陆,不靠海,背靠俄罗斯的广袤原野,再远点就是西伯利亚冻土,有点像我们的甘肃、青海和新疆,前面是波兰、德国、法国等,好比彼时我们的楚国、赵国、齐国,哪一个都不是软柿子,都是列强啊!秦国既无战略地位之优,也非中心地位,何以能统一六国?可能这就是命。

公元前221年,中国就进入了大一统,南到越南,东到大海,成为一个庞大的帝国,而直到公元2016年,欧洲还是四分五裂的欧洲。

从秦始皇起,车同轨,书同文,统一度量衡,中国开始进入稳定文明的阶段。中国历史开始经历统一,分裂,再统一,再分裂的循环,每一次循环几乎都是稳定体之外的文明打扰的结果,而非内在的分裂。在经历一次次外来文明的袭扰后,中国还是两千年前的中国,是奇迹吗?绝对是,因为绝无仅有。

秦朝有了万里长城,所以外患解除,文明体日渐巩固,虽遭逢陈胜吴广发难,刘邦项羽楚汉争霸,但公元前202年,汉朝建立,乱了也就近二十年,中国又是一统天下的面貌。

汉朝(前202—220)延续了四百多年,从汉高祖刘邦到汉武帝刘彻到汉元帝刘奭,汉匈战争不断,胜利天平逐渐偏于汉朝,最牛的一句话出自汉朝大将陈汤之口:明犯强汉者,虽远必诛。

东汉末年分三国,西晋东晋南北朝,这是中原王朝分崩离析的年代,从公元220年到581年,五胡乱华,华夷混杂,中原文明与游牧民族纠缠不休三百多年。之后便是隋唐帝国(581—907),又是一统天下,延续了三百多年。

唐朝过后是五代十国,城头变幻大王旗,但不过五十多年的光景,北宋开始了,公元960年,赵匡胤黄袍加身,北宋延续国祚一个半世纪。北宋的主要对手是谁?契丹、西夏和金。

北宋完了是南宋,延续国祚又是一个半世纪,主要对手变成了金和蒙古。

两宋加起来也是三百多年的历史。

蒙古铁骑横扫今俄罗斯、中东和东欧大平原，最西抵近今奥地利维也纳附近，然后灭了金、西辽、西夏、大理，最后进攻南宋，中国第一次进入大一统但非汉人主导的政权，延续了不到一百年。

明朝兴起，朱元璋赶走了蒙古人，重新恢复汉人的大一统，明朝延续国祚近三百年。明朝末年，后金兴起，清朝从顺治、康熙起，迅速汉化和儒家化，建立了比元朝更稳固的政权，延续了两个半世纪，算是少数民族统治的最长时期了，后期的清朝基本是满汉一体，很难说是纯粹的爱新觉罗氏的政权。清朝的终结最终源于一个异族——大和民族，从1894年到1949年，乱了半个世纪，中国才重新一统。

只有中国人才有"天下大势，合久必分，分久必合"这条古训，才有"青山依旧在，几度夕阳红"的感慨，中国以外的人是不大理解其中深意的。

中国每次大一统都能延续几百年的历史，农耕文明和儒家治理形成了一个超稳态的治理结构。可以这样说，在农耕文明社会，你找不到比儒家治理更好的治理方法了，即使进入工业文明社会，儒家治理依旧生机勃勃，没有任何理由证明儒家不欢迎民主政治，儒家治理其实就是民主政治在农耕文明社会的序言。

所以，我们要感谢秦始皇、汉高祖、汉武帝、隋文帝、唐高祖、唐太宗、宋太祖、明太祖、康熙、雍正、乾隆，因为他们，我们才享受了一统天下的制度红利，而欧洲虽然也曾试图一统，但没有成功。美洲有吗？有，华盛顿和林肯。但他们的老家都在欧洲，他们只不过是随风飘到美洲的种子，已经不知道乡关何处。

当然，如果列位要找上述每个人的缺点，那也能找出一箩筐，但我们若是拉开历史的视界，从战略层面上来评价他们，他们个个都是造福中国的伟人，中国这所恢宏大气的房屋就是在他们手上建立并一代又一代接力维护的,所以,大一统才成为中国人血液里的东西,成为文化基因,永远传递下去。

房屋建好了,至于里面的结构,如何去装修,那就看后来人了,每一代人都有每一代人的风格。前人栽树,后人乘凉,但前人不可能把树都栽完了。

中国的大一统还有着无穷的想象,欧洲的大一统则似乎已经成了一个梦,gone with the wind(随风而逝)。

眼媚儿

（步左誉韵新作）

黄昏楼高梅花寒，雪映小栏杆，一江秀色，两鬓添白，绕梁声渐残。绮窗东风卷珠帘，慵懒对春闲，何如旧时，盈盈秋水，淡淡春烟。

乱

弹

掺和历史

最美的事莫过于一帮朋友喝酒聊天,海阔天空地聊,会碰撞出很多火花,每当此时,我更喜欢当一位聆听者。那一晚,朋友贡献了一瓶产自1993年的顶级红酒,木桐,Mouton Rothschild,木桐酒庄是法国波尔多五大酒庄之一。

木桐酒的特点是包装独特,每一款都是一幅世界名画,1993年款是一幅裸女图(作者待考),因此当年没能通过美国海关,导致那年在美国所售红酒皆无任何图案,光瓶包装。最著名的木桐当属1973年份的,彼时,毕加索刚刚去世,木桐酒庄也刚刚从二级酒庄的第一名升级为一级酒庄,毕加索的妻子为木桐酒庄贡献了《酒神图》,这幅图在毕加索生前从未被发表,所以,弥足珍贵。标签上还写了一段法文:Premier je suis, second je fus, Mouton ne change。意思是说:今天是第一,昨天是第二,木桐永不变。山不在高,有仙则灵;水不在深,有龙则灵。喝木桐与其说是喝葡萄酒,不如说是欣赏一件艺术品,与其说品的是酒,不如说品的是历史。

好酒总觉得喝得特别快,不一会儿就见底了,喝完后,在座者都在包装上签署大名,某某某和某某某到此一喝,朋友拿回去继续窖藏起来。实话说,瓶子比瓶子里的酒值钱,所谓的好酒和普通酒,酒本身的质量自然有区别,但真正的区别是在喝酒的形式上,你想一瓶几块钱的酒喝完了,谁会在瓶子上面写上一句某某某到此一喝。人类社会中的诸多高低贵贱之分,更多的是在形式上,至于内容,往往在其次,无从知晓。只有你打开瓶盖,始知是好酒还是烂酒,但如果你不打开它,那么你永远不会知道它的味道,就像历史,我们只能透过门缝去看,透过玻璃去观察。这个世界上没有口感完全相同的两瓶酒,我们只能用经验去推测,去接近,去感知。

我们聊起我即将出版的新书,我们聊起康有为,聊这位假借持有光绪的衣带诏到处忽悠的大仙的诸多轶事,包括西湖边偶遇 17 岁的船娘,以为西施再现,强娶入门,等等。酒精是思想家的好友,因为它会让思想家更健谈。最近读了梁漱溟的《忆往谈旧录》,梁提及康有为也有一段评价:人品不可恭维。野史的视角往往更客观。

酒过三巡,菜过五味。朋友讲了一幅特别温馨之画面,当年他与太太去英国读书,去了一个离伦敦有点距离的小城,两人拉着拉杆箱打不上出租车,这时,一辆劳斯莱斯停在他们面前,车里坐着一对满头银发的夫妇,老头探头出来问:要不要送你们一程?就这样他们到英国的第一天是坐着劳斯莱斯去学校报到的。猴王打趣:不是老两口不知道炫富,而是他们已经厌倦炫富了。另一位朋友开玩笑说:估计老两口出生时家里人就开的是劳斯莱斯,他们或许以为这不算什么,没准看到夏利还惊为豪车呢。猴王不由想起钱锺书杨绛夫妇俩去英国留学,也是第一次去异国他乡,两人免不了有点忐忑惶恐,一次钱锺书乘坐公交车,车未停稳,他就下了车,一个趔趄,磕掉了大门牙,杨绛戏曰:钱锺书一到英国就吻了牛津大学的土地。

人生最美妙的不是创造历史,那样会很累;最美妙的是掺和历史,恰如这样的晚上。

改革往往在利益聚焦点外意外发生

一次应邀参加了北京国际能源专家俱乐部的讲座,是关于墨西哥油气改革的。由于把时间搞错了,迟到了几分钟,还好没有错过美国得克萨斯州大学奥斯丁法学院教授欧文·L. 安德森(Owen L. Anderson)博士作的专题报告,他讲述了墨西哥油气改革的前世今生,尤其对 2013 年墨西哥通过的《油气改革法案》着墨很多。与其说是墨西哥油气改革史,毋宁说就是一部浓缩的墨西哥近现代史。

由于有急事提前离场,有两位专家的点评没有听到,不过,墨西哥驻华大使 Julian Ventura 先生的长篇点评令人印象深刻。他一再强调这项法案的通过有多么艰难,多么来之不易,需要国会超过 2/3 投票同意才能获通过,当然墨西哥的国家石油公司 Pemex 也要同意才行,它的人均 productivity(生产力)已经降到历史最低,在油价飞涨时,它是肯定不愿意的。

猴王不是墨西哥油气改革的专家,但是喜欢发掘历史的脉络,历史总是有底稿的,改革的路径从来是有迹可循的,换句话说,就是有路径依赖的。

山西的煤老板就是一个案例。以 2003 年年底煤价飞涨为开端,大批的民间资本,包括江浙一带的老板介入到山西煤炭的生产之中,民进国退,蔚为大观,一夜暴富者有之,随后是矿难频繁发生,省长市长县长纷纷引咎辞职,千夫所指,这是一场危险的饕餮盛宴,犹如美国西部淘金片。无奈的山西又开始以政府看得见的手强行调整,大批投资人的权益得不到有效保护,其中的评估和法律保障环节更是疑似走过场。矿难是没了,但政坛的"塌方"却来了,当年主导煤焦领域改革的几位大员悉数落马,改革的成本何其高也。

现在煤价基本到了低谷,改革的最佳时机过了吗?墨西哥的经验告诉我们,还有置之死地而后生的可能,在利益聚焦点处,不大容易发生改革,改革往往在利益聚焦点外意外发生,比如困扰多年的煤炭矿权和煤层气矿权的重叠变得简单多了,以前的煤炭矿权属国家和省级政府两级所有,煤层气则属于国家一级管理,由央企来经营,采矿的和采气的互相打架,强龙难压地头蛇,胳膊又扭不过大腿,很纠结。现在简单了,都暂时归山西省来配置,改革悄悄地发生了。2016年4月6日,国土资源部部长姜大明签署65号令,公布《国土资源部关于委托山西省国土资源厅在山西省行政区域内实施部分煤层气勘查开采审批登记的决定》,这个决定的背景是什么?是煤层气的开采和利用连续多年没有达到十二五规划的目标,而且是远远没有达到,煤层气从刚开始的一块肥肉变成了今天的一根鸡肋,姥姥不疼,舅舅不爱,反而好办了。

现在油气价格低迷,"三桶油"的日子也不好过,猴王以为,梦寐以求的改革时机可能恰恰来了,包括电网,当电卖不出去时,破除垄断就成了伪命题,改革是利益分配,没有利益或利益很少的时候最好分配。

老炮儿

听说《老炮儿》特好看,还没得空去致敬一下,从海报大致猜测应该是与港产《古惑仔》相类似的江湖戏,以飙雄性荷尔蒙为主,当然必须在关键时刻有雌性荷尔蒙来锦上添个花,许晴估计干的就是这个活。要是我当编剧,肯定会塞好几个十三姨这样的角色,关键时刻啥也不说,就对着荧幕忽闪几下漂亮的大眼睛,就能把底下的小年轻们给闪晕了,当年我就是这样被成功闪晕的。

冯小刚戏里戏外绝对属于北京胡同里那种"爷"范,有张海报照片拍得很牛,一根即将燃尽的烟头衬托着一张沧桑的黑脸,上扬的角度一股杀气,不怒自威,甭说话,这气场就是 official statement(正式声明):俺是老大。从摄影师的角度我一定要给这位同行点个赞,谁下次要是也能给猴王拍这么个 sharp(犀利)角度的照片,搁在新书里,那得多牛啊!不多卖它几千本都对不起那相机。

要说 sharp insight(犀利的洞察力),今有位特别细心的朋友观影后发现了一个问题,六爷从北四环里的北医三院打车回后海的家,竟路过了北四环外的慧忠路隧道,很明显这位司机师傅绕道了,难道这是暗示咱北京近来雾霾太大,司机迷路了?还是他连咱六爷都敢骗?这家伙看来也是一老炮儿。

在北京这地界,做人要特别低调,穿着风衣都要立起领子来,这叫夹着风衣做人,就像六爷在戏里穿的那样,一看人家那皮衣绝对是将军家里才有的库存,55式将校呢大衣,日本军刀,不是你随便借就能借来的。是的,这里遍地都是老炮儿,尤其是在二环内和后海区域,一定要温良恭俭让;在这个地方吃饭,不要喝点酒就嘴大,把不住门瞎吹,说不定你邻桌也是一老炮儿,回头人家鄙视你一眼,让你在北京的成就感荡然无存。当然在东四环外,你可以稍许张扬一点,这里基本都是些"国际民工",老炮儿不到这边来,这里基本上都是这样一类人:买辆十万元左右的车,还吭哧吭哧地还着房贷,一天到晚手上端着杯星巴克,只害怕人家不知道他或她在CBD那个最高的写字楼工作。这里用不着低调,该吹抓紧时间吹,说不定明天就被炒鱿鱼了,谁也来不及笑话谁。

老炮儿是北京四九城内的胡同英雄,仗义,打抱不平,不喜欢叽叽歪歪,以削各种人渣为己任,要说他的祖师爷在哪里,就在猴王的老家,关公故里——运城。关羽那是中国历史上最大的老炮儿,连香港的古惑仔也供奉他。关二爷戎马一生,本不爱钱,最后却成了财神爷,这说明什么? 这说明你只要仗义,自然就不缺钱花,相反,如果你不仗义,再多的钱也买不来安全感。

这就去看《老炮儿》,问候一下胡同历史的主角,胡同都快没了,他们也快散了。

定量与定性

西方人喜欢做定量分析,就是黄仁宇老先生说的数目字管理(digital management),我们老祖宗则擅长定性分析,一幅山水画,不成比例,但意在画外。两者各有所长,各有所短。农耕文明时,我们占优,小农经济用不着数字管理,跟着感觉走就行;工业文明时,西方则占优,马克思说过,社会化大生产和社会化需求之间存在数字鸿沟,你必须做定量分析。现在的大企业里都有 marketing(行销),他们的职责就是要弥合老马说的这个信息不对称的鸿沟,在未来世界,合二为一,便是完美。

猴王曾参加过一个管理培训,当然类似的管理培训和方法很多,其中有个测验,一个人要回答很多个问题,每个问题的答案后面会有相应的数字,把这些数字相加,最后会得出一个四位数,这四位数代表着一个人特有的性格,这是一个从定量到定性的科学方法,基本准确,大致上都可以反映出一个人的性格特征,除非你刻意说谎。网上这种心理测验也很多,不妨去测一测。

其实,聪明的管理者可以免掉这个定量的过程,严格地说不是免掉,而是他们早已经归纳了之前的定量过程,他们于人群中只需寥寥数句便可判断出一个人的性格,这就是所谓的气质使然,然后据此做出决定,把合适的人放在合适的位置上。伯乐识千里马,伯乐非异也,擅长定性也。所谓的领导力其实很简单,就是识人和用人的艺术,比如你与人讨论问题,你会发现那些固执己见且一根筋的人大多适宜也的确从事着重复性的和事务性的工作,而那些思维敏捷且从善如流的人大都是做着富有创造性的工作,且往往是管理者。

举个例子,在网上看网友留言,你看不到他的表情,甚至不知道性别,也不知道从业背景,但从他或她的文字中可以慢慢还原出一个人的大致形象甚至履历,当然这需要做定量分析。高手之所以不同于常人,那是因为他会很快地从有限的定量分析中做出定性判断,并且误差很小,当然,走眼的时候也是有的,譬如一见钟情往往也不靠谱。

如果你让历史上那些开国皇帝或领袖做上述的测验,他们肯定是后一种人,其中那些力挽狂澜的中兴明主也是后一种特质居多,但坐江山的那些守成帝王则是前一种居多。东西方的那些伟大的跨国公司创始人大多也是后一种特质,比如比尔·盖茨、乔布斯、任正非、柳传志、马云等等,但守成的 CEO 就不同了,这和王朝周期率基本一致。

美国总统呢?也一样。开国领袖和中兴者后一种特质居多,比如华盛顿、林肯、罗斯福、肯尼迪,现代的克林顿也勉强算一个,而大多数总统则属前一种特质,所以,美国历史上那么多总统,容易记住的有几个?中国古人语:江山代有才人出,各领风骚数百年。就是这个意思,不可能上来的都是英雄,英雄毕竟是稀缺品。

至于普罗大众,当然大多数人属于第一种并且处于中间地带,领袖、大艺术家、大发明家、大文学家、大企业家毕竟都是少数,当然,现实要比这样简单的分类复杂得多,但基本趋向还是准确的。

你可能会很好奇,猴王我属于哪种特质。咱不能信口雌黄,也不能自诩自夸,以数据说话。测验的那一拨人里,俺是唯一一个孤零零居于右下角的特质的人,好像是 CNTJ,评语最简单,只有一条——natural leader,天然的领袖。

山中无老虎,猴子称大王。

商业和信仰

旅途车上无聊,灵感一旦来了,就写上一段,不浪费时间。

坐在出租车上,突然想到了商业和信仰之间的关系。脑海里闪现出一个问号:蒋介石为什么后来皈依了基督教?

合理解释是宋美龄是基督徒,基督徒必须和基督徒结婚。明朝万历年间来中国的利玛窦在福建和浙江一带传教,你可想到当时的内阁辅臣都是基督徒?比如徐光启,英文名 Paul Xu,今上海徐家汇是他的故里。据说浙江现有百万基督徒,不可小视的力量啊!

韦伯的《资本主义和新教伦理》探讨过资本主义在新教伦理占主流的国家发达起来的原因,的确有道理,浙商重商轻政治,算计很清,信用意识很强,有敬畏,有底线,很会抱团,但在政治上格局较小,虽做大生意,却鲜有大品牌,善变换,不专注。蒋介石北伐时对付军阀有一套,用做生意的手法,三下五除二,统一南北,不过,谋江山社稷,仅凭做生意的技巧远远不够,因此蒋后来败退台湾。不可否认,人才须放对位置,发展社会经济是要算清账的,理财的能力至关重要,所以后来台湾经济腾飞,也不是偶然。毛泽东出生于湖湘文化的氛围中,前有晚清三名臣——曾国藩、胡林翼和左宗棠,后有出使英国的三名臣——郭嵩焘、曾纪泽和薛福成,都是纵横捭阖、安邦治国的人物。鸦片战争之后近代史基本由湖南人书写,湖南人不重商但谋天下,不过,致富上不及浙江人,做生意稍差点。

　　说说我们山西人,早年晋商时期,开放气魄天下无二,晋商也开办了一个个集团公司,敢为天下先,创造了一个个前无古人的商业模式,遍及全国和海外的商业网络,到处是分公司。这些集团公司都有行为规范(code of conduct),每年春节各地总经理都要回平遥、太谷、祁县总部开年会(annual dinner),盘点一年,绩效考核(performance review),发奖金(bonus),定来年目标,一切如现代企业制度。晋商的成功有秘诀吗? 有一个,即没有离开儒家。晋商可谓儒商,那些总经理、掌柜的个个都饱读诗书,可谓标准的儒生,可见,中国经济繁荣的时期都是孔孟思想占主流的时代,有敬畏,有底线,知廉耻,这与新教伦理和资本主义相得益彰有异曲同工之妙。

　　一个内陆省份搞得如此风生水起,为什么到了现代却是"窝里横",靠卖祖宗留下的资源度日? 匪夷所思。其实原因很简单,心中没有了信仰,魔鬼支配了灵魂,当然治国为商都乏善可陈。

　　出了站,看到南北出口之间的通道处有很多无家可归者,看着他们没有愁苦,表情还都很淡定,有睡觉的,有看书的,有三五成群聊天的,突然想起来一位出租车司机曾告诉我,这里曾有一对无家可归者生了孩子后把孩子卖了,警察把孩子追回来,他们一转手又卖了。其实,十几年前猴王来北京时也和他们差不多,想想这人类社会,颇有意思,说完高大上,看看低下小,怎么都是人生,不是吗? 有什么样的信仰,就有什么样的人生模样。

　　车行在长安街,过天安门,华灯璀璨,迎接那些来自全球的成功者,APEC 会议在即,这就是社会,这就是人生,猴王只是咸吃萝卜淡操心地多看了那么几个剖面,多看了那么两眼。快到家了,北京晚安!

幻觉不是艺术

　　总有一些朋友发牢骚说怀才不遇,其实,怀才不遇是尚不完美之社会的常态,如果怀才都遇了,那就是大胡子所说的个性自由发展的共产主义了。马克思有一句最接地气的话:人只有解决了衣食住行,才能从事科学、艺术、宗教等活动。饿着肚子搞艺术创作,只能说是有利于产生幻觉。当年他在大英图书馆里写作《资本论》,要不是大款哥们恩格斯给他埋单,他估计也饿得产生幻觉,那么,现在我们看到的恐怕就不是被资本主义和社会主义都视为经典的《资本论》了,或许是一幅《向日葵》。

　　经常有人欣赏凡·高的《向日葵》,说这儿画得好,那儿画得妙,恕直言,我横竖看不出个好来。凡·高一生孤苦伶仃,向日葵对他有什么用?只是便宜了拍卖场里的那些阔佬们,所以,他的向日葵注定是一幅疯长不羁的样子,那是幻觉。那些妄想从吸毒里寻找灵感的艺术家和那些试图从饥肠辘辘里发掘灵感的艺术家一样,都是寻求幻觉,幻觉不是艺术。

　　画家里,我比较欣赏毕加索,生前快乐,看着他的画的后人也感觉快乐。再看看我们的唐宋年代,之所以诗词歌赋,文采风流,那是因为大家都能吃饱穿暖,世界老大的范儿在那里摆着呢。搞艺术的前提是必须吃饱,吃好当然更好,试想当年的鲁迅,如果饿着肚子还能嬉笑怒骂吗？怕是连骂的力气都没有了。都说曹雪芹举家食粥著"红楼"，我才不信呢，他一定是在锦衣玉食的环境里写了不少，在家道中落时把大团圆的结局改成了悲剧而已，前八十回都是煊煊赫赫，鲜花着锦，哪里有败落的迹象？小时候我们经常会读到这样的句子：某某某放弃了在美国的优厚待遇，毅然回国，诸如此类的。我们不否认有凤毛麟角的英雄存在，但我们更应回归常识。美国何以能科技发达？科学家如果天天吃糠咽菜，哪能有那么多辉煌成果？

什么是科学？就是吃饱穿暖后满足好奇心的过程。什么是艺术？就是吃饱穿暖后高兴得不好好说话，变成了唱，唱还觉得不过瘾，还要舞之蹈之，还要涂鸦，还要把竹子弄个孔发出好听的声音，总之就是"把时间浪费在美好的事情上"。如果你还不明白，就去看看《甄嬛传》吧，一样的话怎么到了那些美女的嘴里就是那么个甜甜的味道，还有《舌尖上的中国》，一样的吃饭怎么就变成了那样诗意的说法。

在当今世界，虽然有互联网和大数据，但依然是千里马常有而伯乐不常有，你是千里马，不一定非要参加什么一级方程式赛车，在自己的草原里悠闲散步不是也挺好？成功的定义如果定得过窄，只能自寻烦恼。

我的一位朋友说，历代书家都讲究藏锋，宋徽宗的瘦金体就有点太峭拔了，不免怪异。治国需要圆通，需要力量，不能太突兀和走极端，当然也忌讳太浪漫，治国更需要理性，需要耐性，好比理财，数字本身没有美感，也无关乎什么浪漫。

陈寅恪说过：独立之精神，自由之思想。试想饿他几天，他还能说得出口？多半是嘴硬罢了。

世上已无高仓健

　　快睡觉了,夫人还在写报告,等她的时候,我就写写高仓健吧。忽闻他走了,这次是真的"千里走单骑"了,不会再回来了,不禁有点感伤,一代好男人走了,世上已再无高仓健了。

　　小时候在我的脑海里帅男人的形象有四个,除了周恩来和我那颇有男子汉气概的父亲,剩下两个都给了日本人,一位是高仓健,一位是三浦友和。那时我特别喜欢用我那还没有发育好的少年嗓音故意低沉着学着杜丘的范,后来得知那应该是配音演员的声音。不过,不得不承认,那个时代的电影配音等于二次创作,精彩绝伦。

　　现在回过头来看,20世纪80年代的影视剧少得可怜,但是我们的精神世界却无比丰富,有一股单纯的味道,像《阳光灿烂的日子》里的夏雨,一副野蛮且自然生长的感觉,一切东西都不添加什么防腐剂,包括情感。记得周六的晚上,雷打不动是整个机关的人聚会的大日子,都去了电视机房,一家老小,三代同堂看《追捕》《血疑》《人证》《望乡》《阿信》。周一的时候,人们津津有味地谈论着剧情和人物,这个话题能一直持续到下一个周六的晚上,真是其乐融融。偶尔在黄昏的校园里听到擦肩而过的熟悉的旋律,都是这些电视剧的主题曲或插曲。

　　高仓健、真由美、山口百惠、三浦友和、栗原小卷,母亲太喜欢真由美了,整天嘴里也念叨着栗原小卷,衣着打扮都随她们。当然母亲还喜欢另外两位美女，一位是赵四小姐，一位是小凤仙。一曲高山流水的《知音》就是我每天听母亲哼唱而学会的，母亲和父亲时常赞叹少帅和赵四矢志不渝的感情，这些对我影响都非常大，但那时还不知道啥叫"小三"。一个人的价值观其实能追溯到童年的一个个小细节里，在你价值观懵懂的时候恰好接受了什么往往决定了你的未来会是什么样子，当然也决定了你的择偶观。我基本是按照上述女性来找女朋友的，要说早熟，猴王的确早熟，表现在从小就有了择偶标准。

八十年代是中日关系的蜜月期，刚刚邦交正常化的两个国家真像回到了唐朝时期，如好友重逢，度尽劫波，相逢一笑，毫无芥蒂，可惜，后来不知为何，若即若离，渐行渐远，直到韩剧流行，日本已很陌生。

艺术是超越国界的，其实是有一个共同的标准的，这点我深信不疑，那就是真善美。不论是高仓健的男子汉气概，山口百惠的纯真无邪，还是阿信的坚韧，真由美的性感，人性的光辉最能打动人。不瞒诸位，当年我幼小的心灵是不大相信荧屏中的这些善良美丽的人与那几十年前的军国主义者有什么传承关系，我认为他们都是无辜者的后代。是什么让人作恶？长大了才知道，原来精神世界也有鸦片，不过戒了就好了。

猴王一直重复一个观点：历史是重复的，因为，变化的只有外部的物质世界，人性在那里始终岿然不动，在物质世界里沉迷太久的人终究会厌弃冷漠的钢筋水泥森林而回头寻找丢弃的灵魂。

男人就应该像高仓健那样富有担当，女人就应该像山口百惠那样温柔善良，否则，岂不是白活了？

《论语》还是《孙子兵法》[1]？

　　《百年马拉松——中国取代美国成为全球超级大国的隐秘战略》，当我看到这个书名时，还真有点飘飘然，难得美国如此看重中国，中国果真有那么厉害？在2049年中华人民共和国100周年诞辰之际超越美国做世界的老大？

　　第二个感觉，作者的确是位"中国通"，每一个章节前面引用的都是中国传统文化里的经典，比如《孙子兵法》里的"三十六计"。但是，作者实在是太看重"机关算尽"的"三十六计"了，而不知道中国还有更厉害的思想——《论语》，它管了中国超过两千五百年。其实，谁更深得《孙子兵法》的精髓呢？不是中国，而是中国的一位邻居，日本。

　　中国要实现中华民族的伟大复兴，这个雄心是写在历届中国政府的年度报告里的，公开的，透明的，但是这个复兴与超越美国有必然的联系吗？必须超越美国才算复兴吗？

　　为什么美国这么在意自己全球超级大国的地位？中国有一句老话：高处不胜寒。难道不感到孤独吗？不觉得无聊吗？不觉得力不从心吗？崛起的中国势必会承担更多的国际义务和责任，陪美国在山巅上下下棋，喝喝茶，聊聊天，指点江山，这样不是更好吗？

　　我不在意中国如何或何时超越美国成为超级大国，我更在意崛起的中国如何使这个世界更安全、更稳定、更繁荣和更美好。

我认为,中美对抗是一个伪命题,也是我们大家共有的一个噩梦,虽然这两个国家有很多的分歧,但在可预测的未来,这两个国家走向兵戎相见的可能性几乎为零,除非双方的执政层都在同一时间吃错了药。纵观历史,冷兵器时代的开疆拓土基本上止于工业革命之前,那个时代的战争似乎的确有增进本民族福利的可能,当然也是建立在别的民族的福利损失之上的,可谓是损人利己。但是在热兵器时代,你很难找到一个战争是损人利己的,几乎无一例外是损人不利己的,特别是大规模杀伤性武器如核武器的出现,人类的战争基本走向了终结的阶段,在这个背景下的大国之间的战争基本上都可以定义为同归于尽的战争。

二战的文明成果之一是联合国,其次是自由贸易,联合国阻止了当今世界滑向弱肉强食的丛林时代,自由贸易成了全球融合的新平台。从商业角度而言,一个行业里你很难找到一个占绝对地位的霸主,如果有,也会很短暂,你只能保持阶段性的和暂时性的领先。苹果手机厉害吧,但苹果之外有三星,有华为,有小米,全球政治治理也是如此,中美两国既竞争又合作的态势会增进全球的福利,中美两国在新能源、气候变化、地区安全、疾病预防和控制、环境保护、反恐等方面,都有共同的利益,为什么不坐下来好好商量一下如何增进全球福利的事情,却在那里考虑无端猜疑对方是敌是友的伪命题呢?

不得不强调作者对中国历史的熟知,达到了如数家珍的程度,比如他多次提及两千多年前的战国时代,他认为当今世界很类似于中国的战国时代,中国好比秦国,携"势"和"外儒内法"以挑战美国的霸权。他还分享了一个"问鼎"的故事,此事也发生在东周列国时期,东周是既有霸权,楚国是崛起的大国,楚庄王问周天子的使臣关于"鼎"的轻重和大小问题,"鼎"乃帝王的象征,"问鼎"意味着觊觎天下。他也提及了三国和三国时期的一场著名战争——赤壁之战,这是一个典型的以弱胜强的案例,他还提到曹操和刘备"青梅煮酒论英雄"的典故,曹操是如何的志得意满而刘备又是如何的韬光养晦,所有这些引用都是有趣的,但是这些丛林时代的规则是否真实反映了现实世界？不得而知，且听且思考。不过，需要肯定作者的战略思维，知彼知己，百战不殆。

公元 1405 年至 1433 年，明朝永乐三年至宣德八年，中国发生了一件标志性的事件，郑和七下西洋，历时二十八年，遍及东南亚、中东和非洲，访问了三十多个国家，比哥伦布和麦哲伦环球航行还早了一个世纪。中国谋求过当地一片领土吗？没有。欺凌过一个当地的土著吗？没有。当时的中国有这个能力吗？绝对有！

附英文原文：

At first sight, I felt excited to read *The Hundred-Year Marathon* by Michael Pillsbury[2], an American strategist who values China so much. Does China indeed deserve so much attention? In 2049, the 100th anniversary of founding of the People's Republic of China, will China surpass the US to become the boss of the world?

My second thought, the author is indeed an old China hand, referencing traditional Chinese culture with ease, including Sun Tzu's "The Thirty-Six Stratagems" and *The Art of War*. However, the author places too much emphasis on "The Thirty-Six Stratagems" and doesn't give *The Analects of Confucius* the attention it deserves as the truly dominant philosophy in China for the past 2,500 years.

But who really got the essence of Sun Tzu's *The Art of War*? It is not China but one of China's neighbors, Japan.

China is well on its way to realizing its goal to become a new, rejuvenated nation. This ambition has long been a public one, published annually in reports from the Chinese government. But is there an inevitable or an inseparable connection between the revival of China and surpassing the US? To engender a Renaissance must China go beyond the US?

Why does America care about self — world's superpower status so much?

As an old Chinese-saying goes: doesn't it get lonely at the top? I don't care how or when China will surpass the United States to become a superpower, I care more about how a risen China will make the world safer, more stable, more prosperous and more beautiful.

The conflicts between China and the US, I believe, are a false proposition and a nightmare for all of us. Even though the two countries have many differences, in the foreseeable future, the possibility of the two countries going to war is almost zero. Throughout history, superpower stand-offs ended with the economic revolution and enhanced welfare for the winner, and perhaps some welfare loss for the loser. But for hot conflicts, war isn't a zero-sum game. Both sides lose without exception, and with the emergence of weapons of mass destruction, warfare basically means perishing together.

From business perspective, it is very difficult for you to find a dominant player in any industries over the long term; there are only periodic and temporary leads. Fair competition generates more and more players and followers. For example, Apple's iPhone is so strong right now, but consumers also have other options like Samsung, Huawei and MI. Competition and cooperation between the US and China will enhance the welfare of the world, as both parties have so much common ground and so many common interests, from developing renewable energy to climate change to anti-terrorism. Why not get the two giants together to sit down and discuss how to improve the welfare of the world without suspicions of whether the counterpart is an ally or an enemy?

Interesting things lie in so many references the author digged out from Ancient China history. For example, Mr. Michael talked more about Warring States, that dates back to nearly 2,000 years ago. He also mentioned Three Kingdom Period and described a typical battle: The Battle of Red Cliff. Furthermore, he elaborated the well-known story: enjoying warmed wine beneath plum trees, which was a conversation between Cao Cao and Liu Bei.

He definitely thought current world status quite resemble Warring States-China is Qin, one ambitious country that is so anxious to gain hegemony by "shi(势)" or "wai ru nei fa(外儒内法)" against the US.

He also shared an interesting story about "wen ding(问鼎)" that happened between Chu and Zhou. Zhou is the existing hegemon and Chu is the rising power. All these references are fascinating, but does it really reflect current situation? We just listen to these ideas and need think further whether it works or not in this modern society that is fundamentally different from so called jungle age. But we should appreciate writer's strategical ideas and get to know our competitors better.

In the early 15th century, in the third year of Yongle to the eighth year of Xuande during the Ming Dynasty, a landmark event happened in China. Favored eunuch Zheng He launched seven expeditions to the West by sea. The voyages took 28 years, and they ventured to Southeast Asia, the Middle East and Africa, visiting more than 30 countries—all nearly one century earlier than Columbus and Magellan's own journeys around the world. On this voyage, did

China try to secure territory for itself? No. Did the Chinese bully any local habitants? No. Did China have the greatest military might then? Yes, absolutely!

注释：

[1] 本文是应中国美国商会杂志 *Business Now* 之邀为 *The Hundred-Year Marathon:China's Secret Strategy to Replace America as the Global Superpower* 一书所作的书评,原文为英文,发表在 *Business Now* 2015 年 10 月期。

[2] Michael Pillsbury, 美国哈德逊中国战略研究中心主任,长期供职于美国政府(从尼克松到奥巴马),曾担任美国兰德公司分析师和哈佛大学研究员,曾是美国国防部和美国参议院四个委员会的高级官员,他也是美国外交委员会的成员之一。

以大历史的视角看全球最大的煤老板申请破产

　　没有人能永远成为主角,在你当主角的时候,就要想着以后当配角,当编剧,当导演,当制片,甚至当剧务,永远不变的是变化,你能做的是在变化前变化。

　　今天能源圈里都在刷一条新闻,世界上最大的煤老板申请破产保护,这家公司是美国 Peabody(博地能源)。Peabody 的前亚洲总裁史先生是我的朋友,我们都曾在中美能源合作项目(ECP)组织里兼职,这是一个高大上的组织,是前国家主席胡锦涛与现任美国总统奥巴马于2009 年发起的,旨在推动中美两国在能源上的合作。史先生曾担任ECP 董事会的执行董事,清洁煤炭工作组的联席主席,我曾兼任分布式能源和热电联产工作组联席主席,我们每月都开例会,他来主持,我来积极发言,我们曾一起去我的老家山西推动清洁能源大计,小有成绩,当然也一起去过新疆、内蒙古等地。史兄急流勇退,见好就收,去年就早早隐退了,云游四海,过着逍遥的日子。去年年底,我也离开了前东家,管理层玩砸了,不看好新能源,早早也偃旗息鼓了。

　　都说煤炭式微了,那么新能源呢?昨天早上和一位搞风电的朋友通话,他是世界上最大的风电公司在中国的副总裁,他持保留态度。都说长江后浪推前浪,把前浪拍死在沙滩上,现在倒好,前浪已经死在了沙滩上,后浪还没影呢。

　　历史是波浪式前进,螺旋式上升,再过几年,没准煤价又飞涨起来,这取决于新能源这波后浪能不能赶趟,不赶趟,人类还得回归传统能源,再说了,如果清洁煤的技术突飞猛进,脱胎换骨,前浪跑得更快了,后浪就更追不上了。一切皆有可能,历史终结论在能源领域目前还是个例外。

读尽历史有什么好处? 至少有一大好处,貌似洞悉一切,早于他人做趋势的判断,另外,就是豁达,"过尽千帆皆不是,斜晖脉脉水悠悠"。阅人阅事,寥寥数语,就能看得清楚。或许也有个坏处,看破红尘,泥古不化,钻牛角尖。记得好像是当年明月说过,读史读到后面越来越觉得悲观,因为看到太多的英雄豪杰再怎么折腾,最后都不过尔尔,有种虚无缥缈感。

读历史的最高境界就是产生共鸣,共鸣是物理学名词,两种物体的频率达到一致,琴瑟相和,它本是中性的。共鸣可以令人很 high,也可以让人很 low,很多人把自己带入别人的故事里一起体验悲欢离合,这和爱哭的女孩看电影一样,跟着角色哭得稀里哗啦的,但自己在现实中并没有受到真正的伤害。又好比演员入戏太深,张国荣演了一部《霸王别姬》,把自己当成了程蝶衣,最后如化蝶般从中环的文华东方酒店飘落下来,飘落成一段传奇。刚刚斩获奥斯卡的小李子,也是在不得不付出生命体验后才拥吻了小金人。人们不禁会问,他的下一部作品会是什么? 似乎到了极限。

人生的轨迹其实非常类似星星运行的轨迹,卫星绕着地球,速度刚刚好,第一宇宙速度,7.9km/s,再快点,就会脱离轨道,再慢点,就会掉下来。庄子说:游刃有余。真正的妙处不在于刀背和刀柄,而在于刀刃,以无厚而入有间乃最高的境界,按照孔子的话那就是:从心所欲而不逾矩。细细琢磨庄子和孔子的话,其实也是高数中微分和积分的概念。高数里面学的导数,即是一段曲线上某一点的斜率,斜率越大,说明此处变量变化得越快,好比卫星绕地球,这个轨迹一定是椭圆的,每一点的斜率差别不大,如果在某一点上斜率突然过大或过小,那么卫星就很可能脱离轨道,也就逾矩了,也就游刃不有余了。人生如此,企业、组织、国家皆如此,大同小异。

有一次周末陪二老逛街,看到一幅照片,上面有一行字,"雅痞改变世界",觉得很有哲理。男人不能全是雅,还要有点痞子气,这才是 new balance(新的平衡),活着就要学会死皮赖脸,男人不"坏",岂止女人不爱? 整个世界都不爱。

世界上最大的煤老板即将退出历史的舞台,但是其中的人并没有退出,他们还会在其他领域开启自己新的精彩。铁打的营盘,流水的兵,N 多年后,营盘也许还是那个营盘,但是当年的那个兵说不定已经成了元帅。

其实,研究历史也是研究大数据,基于既往无数同质化的事件和人物的研究来判断和把握未来的趋势和方向。常有人问我为什么要回头看,为什么要研究历史。终于找到理由了。这恐怕是当前最接地气,也是最时髦的一个理由吧!

跨界生存

　　下午见了一位朋友,他工作变动了,去某新三板上市公司做 CEO,一起喝了下午茶,祝贺一下,不过,他表情严肃,看不出有多高兴,看来是重任在肩啊! 不过,做 CEO 的,就要喜怒不形于色,hold 一下是对的。

　　记得前几天也见了几位老板,很奇怪,都是牢骚满腹,难道中国真进入了干啥都不挣钱的时代? 猴王的回答是 yes。即使是赚钱很容易的时代,那也分亲疏远近和先来后到,现如今,该刮的地皮已经被刮过了,该炒的行业也被炒完了,该转移的资金也转移得差不多了,日本高速增长了三十年后开始了 lost decade(失落的十年),中国会是例外? No,没有谁可以成为例外。不出所料,以后的中国经济会是长长的韩剧,全是家长里短,全是柴米油盐,全是爱恨情仇,不再有史诗巨篇了。

　　前几天有报道说,瑞士苏黎世保险因为天津爆炸案巨亏,"大脑袋"自杀了,但我相信没有天津爆炸案,很多"大脑袋"也一样会想自杀。我见证过太多跨国公司老板们的生活,严格说那不叫生活,他们是一群用特殊材料制成的血肉之躯,他们基本是在各种报表、各种电子邮件、各种 PPT、各种数字、各种谎言、各种废话、各种会议、各种时差、各种 business travel(差旅)、各种 office politics(办公室政治)中度过一天 24 小时。他们勤奋地工作,但失去了生活,他们外表亢奋如公牛,但内心脆弱如豆腐,他们冷血,他们绝情,他们矫揉造作,他们言不由衷,他们像一个个高速运转的陀螺,自己抽打自己,不知疲倦地转着。当经济高涨时,他们还可以聊以自慰,在人前风光一把,因为他们清楚这是傻子都能干的活,而一旦经济退潮时,他们会首先裸体浮出水面。

必须要那么做吗?是的。可以选择放弃,但是一旦放弃了,他们会发现没有了生活,因为,工作就是全部的生活。

这个世界上有很多人不快乐,只因他们只会干一件事情,官员只想着升官,商人只想着赚钱,明星只想着登台,工作狂只知道工作。官员不升官就不快乐,商人不发财就不快乐,明星不登台就不快乐,工作狂不工作就不快乐,这样的人生犹如赌博,不是 A 面就是 B 面。

所以,不能把鸡蛋放在一个篮子里,人生要有爱好,要尝试做不同的事情,总有一件会让你快乐,比如摄影,比如喝茶,比如读书,比如远行……

送走了朋友,逛逛旁边的书店,这时又接了一位朋友的电话,说是朋友,但是有十多年没有见过他,也没通过一个电话,互联网可以保持友情的 update regularly(定期更新)却不用见面,也是醉了。他让我帮忙搞定一个燃气压缩设备,我离开那个行业已经近十年了,但是就传统工业而言,好像没有什么质的变化,经验依旧可用。我打了几个电话,搞定。其实,想想看,互联网弄得再酷,衣食住行永远是刚需,在这刚需的支撑体系里,不会有什么质的变化,过去如此,未来也一样,好比吃饭,刚开始用手,后来用筷子、勺子、叉子、吸管等等,诸如此类,只是工具变了,食物还在那里。

朋友问我的新书如何,最近问的朋友特别多,我统一回复:in process(进行中),不急。其实,我也知道,真有时间和闲情看俺的书的人不多,大伙都是客气而已,对大多数人而言,手机基本可以代替书了,所以我也开始玩公众号了。

大家只不过是对我这样游走在政商学界边缘的四六不靠的怪人表

示好奇而已,身边有位朋友竟然还在写书?嘿!有点意思。

还有朋友问,为什么不写小说?这是个好问题,其实想写来着,也写过,但没拿出来。个人以为,只有两种小说抓人的眼球,一是爱情题材,二是讽刺题材。爱情题材不好写,因为要去爱呀!要有 affair(风流韵事),挺残酷的,会影响家庭四项基本原则,君不见有的作家写着写着就离婚了,这叫戏里戏外、假戏成真了。讽刺嘛!我比较得心应手,但是也有个隐患,难免对号入座。我不知道钱锺书写完《围城》后会不会得罪同僚,那些东西绝不可能凭空捏造,都是有人物原型的,这个分寸感不好拿捏啊!按理说,我们这个时代足够荒诞,戏剧冲突随处可见,先忍忍吧!毕竟还要在江湖上行走啊!

回首这么多年,没赚到过什么大钱,没飞黄腾达过,也没遇到过特别的贵人,倒是小人和我一路有缘,感谢他们的鞭策,我一定不会让他们失望的。

想想看,一个 100% 的纯"北漂"能在帝都的万家灯火里有一盏属于自己的,啥时想开就开、想关就关的灯,知足了,起码比当年的白居易强,要知道北京的牛人太多了,官多不说,有钱人更多。据说,北京居民存款余额占全国居民存款余额的 1/4 还多,快赶上首尔之于韩国了,而北京相对全国才多大的地儿啊!

我为拖了伟大首都的后腿而感到汗颜。

唯一一个愿望,希望身边的朋友都发达起来。我想好了,俺最佳的定位是什么?跨界生存,去给他们当"食客",希望他们都能成为孟尝君、春申君、平原君和信陵君,但千万不要成为"鸡贼"啊!"鸡鸣狗盗"之徒那可是俺们"食客"的专业啊!

读尽历史的最大感受是,不要一条道走到黑,跨界才能生存。

后　记

　　第一本书出版后,看到读者的一些积极反馈,颇受鼓舞,遂有了写第二本书的打算。

　　与第一本书一样,本书依旧是沿着时间轴的顺序来写,并且特意补了涉及元朝的几篇文章,整个历史就显得愈加丰满起来。

　　一年多来,很多人问猴王:一个理科生为什么要写中国历史?这个问题问得实在是好,虽然在书里的字里行间里多有涉及,但在本书即将付梓之前,猴王还是要特别回应一下。

　　很早之前我就看到过一副楹联,据说是题写在四川乐山的凌云寺里,但并没有亲眼见过,希望下次去乐山有时间考证一下:

　　上联:笑古笑今,笑东笑西笑南笑北,笑来笑去,笑自己原来无知无识

　　下联:观事观物,观天观地观日观月,观上观下,观他人总是有高有低

　　这其实就是一种历史观,笑古笑今,观事观物,总会发现有高有低。人生的境界往往取决于你的历史观,历史观本来就是世界观和人生观的一部分,积极的人必有一种积极的历史观,消极的人必有一种消极的历史观。

　　今年盛夏的一个下午,我独游山西榆次老城的凤鸣书院,一进门看

到左侧有一座乡贤祠，门前有一副对联，写得非常好。

　　上联：潇河罕山皆有灵，其秀气必钟英哲

　　下联：王侯将相俱无种，在儒生自强精神

　　落款：耿彦波

　　好一个"儒生自强精神"，一句话管了几千年。

　　这其实就是猴王的答案，拥有一个积极的历史观，因为我们有"儒生自强精神"。

　　在本书即将面世之前，要特别致谢编辑杨利军和张一弛女士，感谢陈丽霞女士，还要特别致谢杨念讯先生，感谢那些一直给予鼓励的读者朋友，本书虽力求做到有引用必有出处，但纰漏在所难免，敬祈赐教。

侯兴国

2016 年 10 月 29 日于北京

图书在版编目(CIP)数据

历史岂有底稿. II / 侯兴国著. —杭州:浙江大
学出版社,2017.1
ISBN 978-7-308-16356-9

Ⅰ.①历… Ⅱ.①侯… Ⅲ.①中国历史—文集 Ⅳ.
①K207-53

中国版本图书馆 CIP 数据核字(2016)第 257964 号

历史岂有底稿 II

侯兴国 著

责任编辑	张一弛
责任校对	杨利军 陈 园
出版发行	浙江大学出版社
	(杭州市天目山路 148 号 邮政编码 310007)
	(网址:http://www.zjupress.com)
排 版	浙江时代出版服务有限公司
印 刷	浙江海虹彩色印务有限公司
开 本	700mm×960mm 1/16
印 张	20
字 数	260 千
版 印 次	2017 年 1 月第 1 版 2017 年 1 月第 1 次印刷
书 号	ISBN 978-7-308-16356-9
定 价	39.80 元